Styling Map
検定テキスト

一般社団法人日本ファッションスタイリスト協会 著

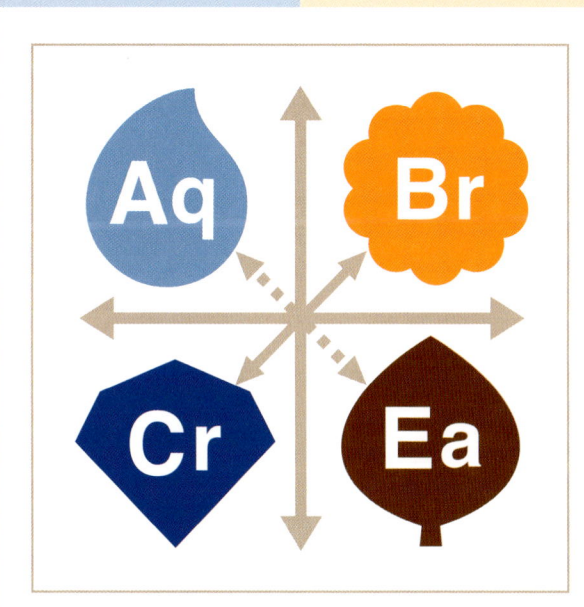

祥伝社

はじめに

　日々、接客の仕事をしている人にとって、いかにお客さまの満足度を上げるかは、大きな課題です。どのようなアイテムやスタイルを提案するか、どう対応すればよろこんでもらえるか、自分の接客に悩んだり迷ったりしている人は多いのではないでしょうか。

　日本ファッションスタイリスト協会では、すでにスタイリストとして第一線で活躍している方、スタイリストを目指している方たちに必要なスタイリングスキルを高めるメソッド Styling Map を構築しました。

　Styling Map は、人と物のマッチング「似合う」ということを、色・形・素材・内面といった切り口で、スタイリング提案のメソッドとして体系化したものです。このメソッドを学ぶことで、お客さまに最適なスタイリング提案をできるようになり、その結果、お客さまの満足度を高めることにつながります。それは、「なぜ似合うのか」「なぜ似合わないのか」を、論理的に分析・分類することによって、言葉できちんと説明ができるようになるからです。そして、お客さまと的確なコミュニケーションがとれるようになることで信頼関係を築くことにつながっていきます。

　私たちは、このメソッドをスタイリストに限らず、より多くの人に活用していただきたいと思っています。生活に Styling Map を取り入れていただき、スタイリングスキルを上げることで、コミュニケーションを円滑にして、みなさまの生活がより豊かになっていくことを願っています。

　さあ、Styling Map の扉を開けてみましょう。

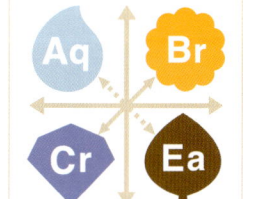

Styling

Aq アクアテイスト

色のイメージ
- 梅雨時
- あじさい
- グレイッシュ
- まとまりのある色合い

ヘアメイク・ネイルカラー

物
- 色
- 形 — 形の特徴：流線形、なだらか 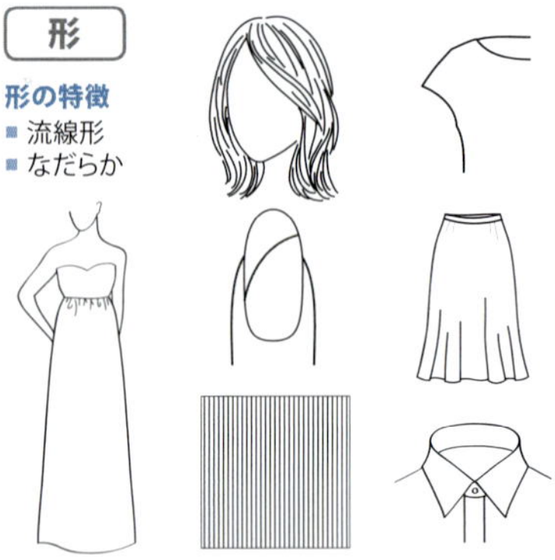
- 素材 — 素材の特徴：なめらかな肌ざわり

ライト
- 色：明るい
- 形：小さい、細い・短い

スタイリング
- フェミニン
- エレガント
- ロマンチック
- 清楚
- コンサバ
- ベーシック

人
外面
- 目：瞳は明るめの黒、もしくは赤茶で、おだやかな印象
- 肌：色白。パウダリーできめ細かい、繊細な肌
- 髪：ソフトでマットな髪
- 顔：線が細く、おだやかな顔立ち
- 体：線が細く、華奢な体つき

内面
- 気持ち優先
- 共感・共有
- 人となじみたい
- やさしく人を思いやる
- 献身的・協力的
- 柔軟性がある
- おだやかな性格
- 相手の表情や感情に敏感
- 人間関係を大切にする
- 人を援助することが好き

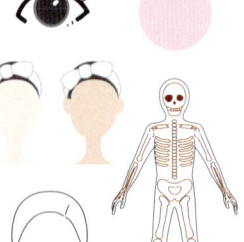

グラデーションゾーン
- 色：おだやか
- 形：なじむ

クールゾーン
- 色：ブルーベース
- 形：直線
- 素材：フラット
- 内面：静的、規則

人
外面
- 目：瞳は真っ黒で強いツヤがある。白目と黒目のコントラストがはっきり
- 肌：色白で肌トラブルが少なく、ハリがある
- 髪：量が多く太めでしっかりとした、コシがある黒髪
- 顔：シャープで強い印象
- 体：線が太く、しっかりした体つき

内面
- スペシャル感優先
- 未来志向
- 特別な存在
- 意志が強く最後まで貫く
- 高い目標や野心がある
- 面倒見が良い
- 情熱的でストレートな性格
- 白黒はっきりしている
- チャレンジ精神が旺盛で目立つ

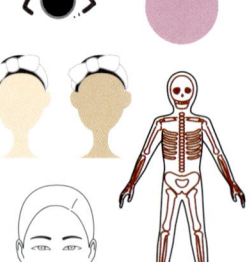

コントラストゾーン
- 素材：ツヤ
- 内面：私中心、目立ちたがり

スタイリング
- シャープ
- フォーマル
- モード
- ハード
- ロック
- マニッシュ

Cr クリスタルテイスト

色のイメージ
- 冬
- 星空
- メタリック
- シンプルな色合い

ヘアメイク・ネイルカラー

物
- 色
- 形 — 形の特徴：鋭角的、シャープ 
- 素材 — 素材の特徴：メタリック

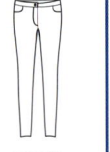
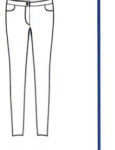

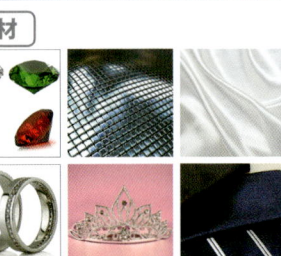

ディープ
- 色：暗い
- 形：大きい、太い・長い

Map

 日本ファッションスタイリスト協会

ブライトテイスト Br

ゾーン
- 素材: 薄い・軽い やわらかい
- 内面: 直感的 女性的

素材
素材の特徴
- やさしい輝き

形
形の特徴
- 丸み
- コンパクト

色 【物】
色のイメージ
- 春
- お花畑
- ポップ
- カラフルな色合い

ヘアメイク・ネイルカラー

コントラストゾーン
- 色: あざやか
- 形: 目立つ

内面
- 楽しさ優先
- いまの気分が大事
- 元気でにぎやか
- 無邪気・若々しい
- 好奇心が旺盛
- 発想力がある
- ポジティブな性格
- おしゃべりするのが大好き
- 楽しいことや自由を求める

外面 【人】
- 目: 明るい茶でキラキラしたガラス玉のような瞳。白目と黒目のコントラストがはっきり
- 肌: 黄みを帯びた色白。透明感のあるツヤ肌
- 髪: ふわふわとやわらかいツヤ髪、もしくは量が多く太くかたい髪
- 顔: 丸みを感じる
- 体: どことなくふっくらした印象

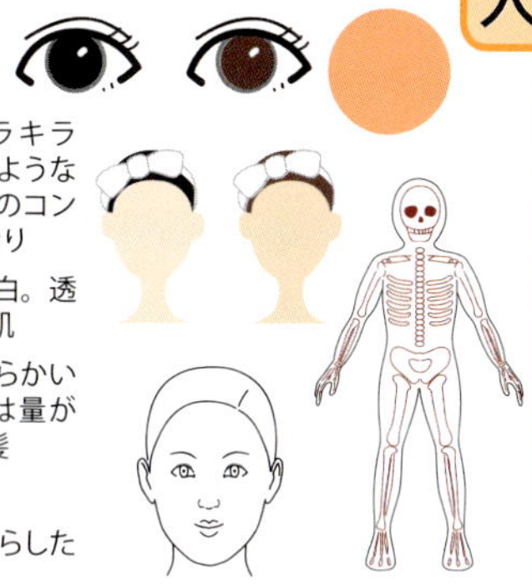

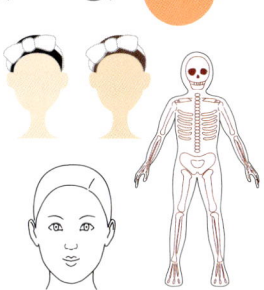

ウォームゾーン
- 色: イエローベース
- 形: 曲線
- 素材: 凸凹
- 内面: 動的 自由

スタイリング
- カジュアル
- プリティー
- ガーリー
- スポーティー
- ボーイッシュ
- キュート

内面
- 理論優先
- 思慮深い
- 機能性重視
- 安定感がある
- 継続力がある
- 計画性がある
- 自分を飾らない性格
- 計画的に物事を進めることが得意
- 物事を論理的に考える

外面 【人】
- 目: 瞳は濃い茶で落ち着いた印象。白目が黄みを帯びている
- 肌: 黄みが強い。厚みがあり、しっとりした印象
- 髪: くせがあり、重みがあって量も多い
- 顔: 曲線的で落ち着きのある印象
- 体: グラマラス、もしくは安定感がある

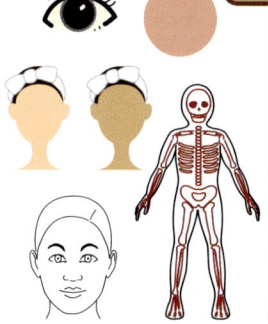

グラデーションゾーン
- 素材: マット
- 内面: 私たち中心 目立つのが苦手

スタイリング
- ナチュラル
- クラシック
- エスニック
- ワイルド
- セクシー
- ゴージャス

ゾーン
- 素材: 厚い・重い かたい
- 内面: 論理的 男性的

素材

素材の特徴
- 自然の風合い

形
形の特徴
- ボリューミー
- 安定感

色 【物】
色のイメージ
- 秋
- 紅葉
- シック
- 深みの色合い

ヘアメイク・ネイルカラー

アーステイスト Ea

この本を活用していただきたい
「スタイリスト」とは

　スタイリストというと、テレビや映画、CM、雑誌などに出演するタレントや俳優、モデルの衣装や小物などの装いをコーディネートする人を思い浮かべるのではないでしょうか。一般的には、このような職業は、ファッションスタイリストと呼ばれる人たちです。
　本書では、ファッションのスタイリングだけでなく、ヘアメイクやネイルなどをスタイリングする人、ブライダルドレスやメンズスーツをスタイリングする人も含みます。さらに、アパレルの販売員はもちろん、雑貨やインテリアショップの販売員など、お客さまに商品やサービスをすすめて販売・施術をする人、接客に携わる人をスタイリストとしています。

　スタイリストの仕事は、お客さまへのスタイリング提案です。
　スタイリストのコーディネート力やセンスが問われる職業です。
　Styling Map を学ぶことで、論理的にその人に合うスタイリング提案ができるようになります。もちろん、コーディネート力やセンスも磨かれます。お客さまに合わせて客観的にアドバイスできる力がつくことで、スタイリングの技術、接客術の向上が期待できるのです。その理由は、一過性ではなく、その都度、対象者を分析することから、その人本来の個性に似合うスタイリングが提案できるようになるからです。
　「なぜ似合うのか？」という裏付けがあるため、お客さまに納得してよろこんでいただけて、その結果、顧客との共有・共感ができ、信頼関係が生まれます。
　お客さまとの信頼関係によって、スタイリスト自身も自分の仕事（サービス・接客）に自信をもつことができ、さらにパフォーマンスが上がっていくでしょう。そして、他者との差別化につながり、スキルアップにも売上げの向上にもつながるはずです。

ヘアメイクスタイリスト
テレビや映画、CM、雑誌などの出演者のヘアとメイクのスタイリングを手がける仕事です。美容師やコスメ・メイク用品の販売員も含まれます。

ファッションスタイリスト
テレビや映画、CM、雑誌などの出演者の衣装やアクセサリーなどファッション全般をコーディネートする仕事だけでなく、店頭のアパレル販売員も含まれます。

ネイルスタイリスト
マニキュアやジェルネイルのデザインを考えたり、施したりする仕事です。店舗だけでなく、自宅で開業する人も増えています。

ブライダルスタイリスト
新婦のドレスや新郎のスーツ、アクセサリーなど、挙式で身につけるもの全般をコーディネートする仕事です。

スーツスタイリスト
スーツやシャツ、タイ、靴など、ビジネスからフォーマルまでスーツ全般をコーディネートする仕事です。既製のものだけでなく、オーダーメイドで作られるお客さまも増えています。

パーソナルブランディングスタイリスト
個人や個人事業主に向けて、装い、名刺、ウェブサイトなど、その人の目的や特徴を活かしてビジュアル表現、スタイリング提案をする仕事です。

本書の特徴と使い方

●本書の特徴

本テキストは、Styling Mapを活用できる6つの業種向けの内容になっています。
業種別アイコンのないページは、6業種共通内容です。
特定の業種向けのページは、下記のアイコンで対象業種を表示しています。

 ファッションスタイリスト

 ヘアメイクスタイリスト

 ネイルスタイリスト

 ブライダルスタイリスト

 スーツスタイリスト

 パーソナルブランディングスタイリスト

また、本文内容に加え、おぼえておきたい注意点やコツは、先生アドバイスとして、吹き出しで示しています。

このページは、ファッションスタイリスト向けページであることを示しています。

●繰り返し練習ページ

Styling Mapを活用して、スタイリング技術を向上させるためには繰り返し練習が必須です。そのための、実践力を身につける練習ページを用意し掲載しています。

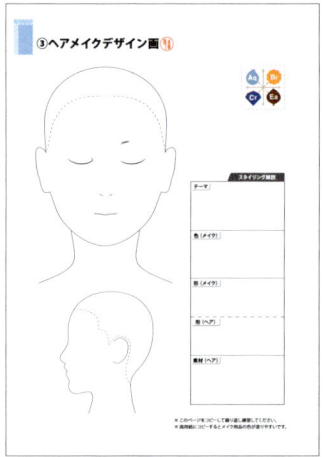

❶ WORK／Chapter3「物の色」を分析しよう～Chapter9「内面（思考・言動）」を分析しよう、までの分析・分類の学習ページの最後に、WORKがついています。写真の切り抜きを集めたり、身近な物や人の分析・分類をして、その章の理解を深めるためのページです。

❷ Chapter10 Styling Mapのまとめは、すべてを学習したあとに、実践編として、デザイン画を描いたり、コーディネートのトータル分析の練習ができるページです。練習を重ねることで、実践力を高めることができます。

❸ 各業種のカルタと3種類のカラーカードは、切り取ってゲーム感覚で視覚的トレーニングを行うことができます。より実践に則した力が身につき、体感的におぼえることができます。

この3種の練習によって、論理をしっかりおぼえ、それを言葉にして人に伝えることや、視覚的な学習から、可視化して人に伝えることなど、資格検定のためだけでなく、現場で活かせる力を養うツールとして活用してください。

Chapter 0

Styling Map
セルフチェック

Styling Map を学ぶ前に、まずはスタイリングのセルフチェックから始めましょう。Q1 ～ Q5 の質問に、直感で答えてください。A から D のグループの中で好きなグループをチェックして、最後にどれがいちばん多かったかを見てみましょう。

Q.1

■ あなたの好きな色のグループは？

A. ☐

A

C

B

D

Chapter0 | Styling map セルフチェック

Q.2

■ あなたの好きな形のグループは？

A. ☐

Q.3

■ あなたの好きな素材のグループは？

A. ☐

A

シルバー

ピンクゴールド

ローズクォーツ

パール

C

シャンパンゴールド

ビーズ、ガラス玉

ターコイズ

スパンコール

B

ダイヤ、エメラルド、サファイヤ、ルビー

プラチナ

スワロフスキー

スタッズ

D

ゴールド

皮革(ひかく)

ブロンズ

木、石、麦、籐(とう)

Q.4

■ あなたの好きなスタイリングイメージのグループは？　A. ☐

A

マイルド	ロマンチック
清潔	繊細な
やさしい	フェミニン
コンサバ	エレガント
ベーシック	マイルド
ノーブル	清楚
おだやか	さわやか

C

プリティー	アクティブ
ガーリー	ポップ
子どもっぽい	爽快
キュート	カジュアル
親しみやすい	活動的
スポーティー	行動的
健康的	楽しい

B

都会的	ロック
冷静	パワフル
ダンディー	モード
クール	りりしい
ストイック	強い
シャープ	存在感
マニッシュ	ハード

D

エスニック	ナチュラル
ワイルド	家庭的
ゴージャス	リラックス
ドラマチック	フォークロア
大人っぽい	クラシック
セクシー	素朴
デコラティブ	アンティーク

Q.5

■ **あなたの性格は？**

A. ☐

Ⓐ

- おだやかな性格
- 人を援助することが好き
- 相手の表情や感情に敏感
- 聞き上手だと言われる
- 人間関係を大事にする
- 心配性

Ⓒ

- ポジティブな性格
- 好奇心旺盛である
- 直感やひらめきを大切にする
- おしゃべりするのが大好き
- 楽しいことや自由を求める
- 気まぐれで飽きっぽい

Ⓑ

- 情熱的でストレートな性格
- 意志が強く決断が早い
- 白黒はっきりしている
- 存在感やオーラがあると言われる
- チャレンジ精神が旺盛で目立つ
- 特別な存在でいたい

Ⓓ

- 自分を飾らない性格
- 計画的に物事を進めることが得意
- しっかりしていると言われる
- 落ち着きがある
- 物事を論理的に考える
- がんこで融通がきかない

■ **結果は？**

下図を見て Q.1〜Q.5 のそれぞれの答えのマークを○でかこみましょう！

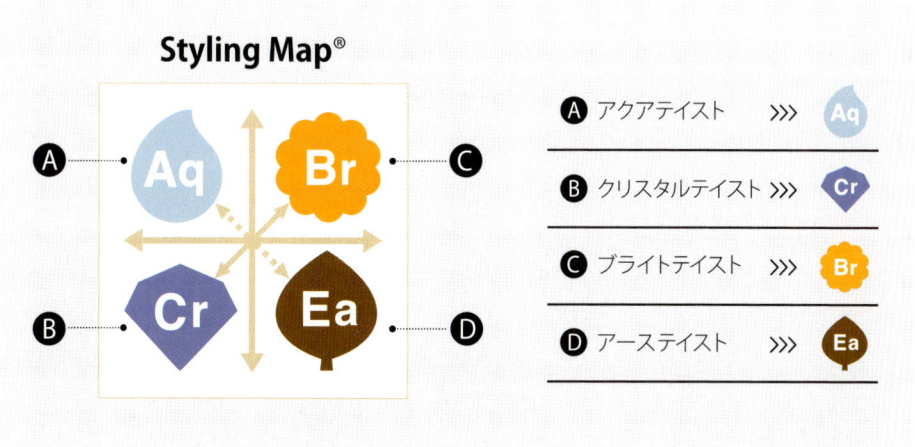

Q.1
色

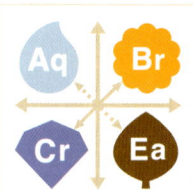

Q.4
スタイリング
イメージ

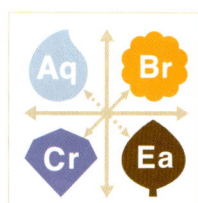

Q.2
形

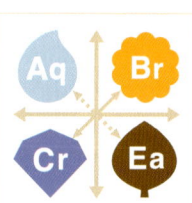

Q.5
性格

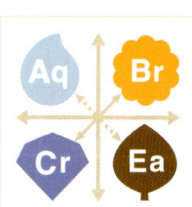

Q.3
素材

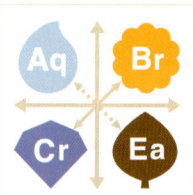

どこに○が多くつきましたか。
　A グループは〈アクアテイスト〉、B グループは〈クリスタルテイスト〉、C グループは〈ブライトテイスト〉、D グループは〈アーステイスト〉を、それぞれ集めています。ここで選んだのは自分の好きなテイストです。自分の「好きな」テイストと「似合う」テイストが合っているかどうか、これから学んでいきましょう。

CONTENTS

●はじめに……………………………………………………………………………… 3

Styling Map 　　　　　　　　　　　　　　　　　　　　　　　　　　　4
　この本を活用していただきたい「スタイリスト」とは……………………………… 6
　本書の特徴と使い方…………………………………………………………………… 8

Chapter 0　Styling Map セルフチェック　　　　　　　　　　　　　　　9
　Q.1 あなたの好きな色のグループは？……………………………………………… 10
　Q.2 あなたの好きな形のグループは？……………………………………………… 11
　Q.3 あなたの好きな素材のグループは？…………………………………………… 12
　Q.4 あなたの好きなスタイリングイメージのグループは？……………………… 13
　Q.5 あなたの性格は？………………………………………………………………… 14
　結果は？……………………………………………………………………………… 15

Chapter 1　Styling Map を学ぶ前に　　　　　　　　　　　　　　　　19
　スタイリングとは？…………………………………………………………………… 20
　Styling Map とは？…………………………………………………………………… 22
　Styling Map 検定とは？……………………………………………………………… 24
　　　COLUMN 1　日本ファッションスタイリスト協会（F.S.A.）について……… 26

Chapter 2　Styling Map の基本　　　　　　　　　　　　　　　　　　27
　4つのテイストに分類する…………………………………………………………… 28
　アクアテイストってどんなテイスト？……………………………………………… 30
　クリスタルテイストってどんなテイスト？………………………………………… 31
　ブライトテイストってどんなテイスト？…………………………………………… 32
　アーステイストってどんなテイスト？……………………………………………… 33
　6つのゾーンに分類する……………………………………………………………… 34
　「色」の分析・分類キーワード……………………………………………………… 36
　「形」の分析・分類キーワード……………………………………………………… 37
　「素材」の分析・分類キーワード…………………………………………………… 38
　「内面（思考・言動）」の分析・分類キーワード………………………………… 39
　Styling Map の分析・分類キーワードのまとめ…………………………………… 41
　　　COLUMN 2　Styling Map の各テイストを歴史的背景から見てみると……… 42

Chapter 3　「物の色」を分析・分類しよう　　　　　　　　　　　　　43
　色のいろいろ…………………………………………………………………………… 44
　色が見えるしくみ……………………………………………………………………… 45
　色とは何か？…………………………………………………………………………… 46
　色の三属性……………………………………………………………………………… 47
　Styling Map の基であるパーソナルカラー………………………………………… 48
　物の色の分析・分類　①色み………………………………………………………… 49
　物の色の分析・分類　②明るさ……………………………………………………… 50
　物の色の分析・分類　③あざやかさ………………………………………………… 51
　物の色　4つのテイスト…………………………………………………………… 52
　色が与える心理的作用………………………………………………………………… 53
　「物の色」 WORK　物の色の分析・分類　ワーク………………………………… 54
　　　COLUMN 3　Styling Map テイストカラーのイメージ分布図………………… 56

Chapter 4 「人の色」を分析・分類しよう　57

似合う色・似合わない色による変化……58
似合う色・似合わない色であらわれる変化……59
実際に人の「色」を分析するには……60
人の色の分析・分類　①色み……61
人の色の分析・分類　②明るさ……62
人の色の分析・分類　③あざやかさ……63
人の色　4つのテイスト……64
「人の色」WORK　人の色の分析・分類　ワーク 目視で分析……65
12色カラーウィッグの構成……67
「人の色」WORK　人の色の分析・分類　ワーク カラーウィッグで分析……68
「色」の分析・分類キーワードのおさらい……70

Chapter 5 「物の形」を分析・分類しよう　71

物の形の分析・分類　①動き……72
物の形の分析・分類　②大きさ……73
物の形の分析・分類　③きわだち……74
物の形　4つのテイスト……75
ファッションアイテムの形／スリーブ・ネックライン……76
ファッションアイテムの形／スカート・パンツライン……77
ファッションアイテムの形／柄……78
ヘアメイクの形……80
ネイルの形／柄……82
ブライダルの形／ドレスライン……84
ブライダルの形／ネックライン……85
ブライダルの形／スリーブライン……86
ブライダルの形／ブーケ……87
スーツの形／襟……88
シャツの形／襟・ネクタイの形……89
靴の形……90
スーツの形／柄……91
「物の形」WORK　物の形の分析・分類　ワーク……92

Chapter 6 「人の形」を分析・分類しよう　93

人の形の分析・分類　①動き……94
人の形の分析・分類　②大きさ……95
人の形の分析・分類　③きわだち……96
人の形　4つのテイスト……97
「人の形」WORK　人の形の分析・分類　ワーク 目視で分析……98
「形」の分析・分類キーワードのおさらい……100

Chapter 7 「物の素材」を分析・分類しよう　101

物の素材の分析・分類　①凸凹（でこぼこ）……102
物の素材の分析・分類　②厚さ・重さ・かたさ……103
物の素材の分析・分類　③ツヤ……104
物の素材　4つのテイスト……105
ファッションアイテムの素材／装飾用品・その他……106
ファッションアイテムの素材／生地……108
ブライダルアイテムの素材／生地……109
ブライダルアイテムの素材／アクセサリー……110
スーツアイテムの素材／スーツ生地……111
スーツアイテムの素材／ネクタイ生地……112
「物の素材」WORK　物の素材の分析・分類　ワーク……113
COLUMN 4　素材の分析がいちばん難しいわけ……114

Chapter 8 「人の素材」を分析・分類しよう　　　　　　　　　　　　　115

　人の素材（質感）の分析・分類　①凸凹……………………………………… 116
　人の素材（質感）の分析・分類　②厚さ・重さ・かたさ…………………… 117
　人の素材（質感）の分析・分類　③ツヤ……………………………………… 118
　人の素材（質感）4つのテイスト………………………………………………… 119
　「人の素材」 WORK 人の素材（質感）の分析・分類　ワーク 目視で分析… 120
　「素材」の分析・分類キーワードのおさらい………………………………… 122

Chapter 9 「内面（思考・言動）」を分析・分類しよう　　　　　　　　123

　人の内面を知るとは……………………………………………………………… 124
　内面（思考・言動）の分析・分類　①行動…………………………………… 125
　内面（思考・言動）の分析・分類　②感情…………………………………… 126
　内面（思考・言動）の分析・分類　③対人…………………………………… 127
　内面（思考・言動）4つのテイスト…………………………………………… 128
　アクアテイストはどんな人？…………………………………………………… 129
　クリスタルテイストはどんな人？……………………………………………… 130
　ブライトテイストはどんな人？………………………………………………… 131
　アーステイストはどんな人？…………………………………………………… 132
　「内面」 WORK 内面（思考・言動）の分析・分類　ワーク………………… 133

Chapter 10 Styling Map のまとめ　　　　　　　　　　　　　　　135

　①デザイン画を描く前に………………………………………………………… 136
　②ファッションデザイン画……………………………………………………… 137
　③ヘアメイクデザイン画………………………………………………………… 138
　④ネイルデザイン画……………………………………………………………… 139
　⑤アイテム分析シート…………………………………………………………… 140
　⑥トータル分析シート…………………………………………………………… 142
　⑦内面分析シート………………………………………………………………… 144

参考資料　　　　　　　　　　　　　　　　　　　　　　　　　　　145

　ファッション用語の基礎………………………………………………………… 146
　ヘアメイク用語の基礎…………………………………………………………… 148
　ネイル用語の基礎………………………………………………………………… 150
　ブライダルの基礎………………………………………………………………… 152
　スーツ用語の基礎………………………………………………………………… 154
　接客の基本………………………………………………………………………… 156

カルタ＆カラーカードの使い方　　　　　　　　　　　　　　　　158

　カルタ……………………………………………………………………………… 159
　カラーカード①（横切り用）…………………………………………………… 185
　カラーカード②（縦切り用）…………………………………………………… 187
　カラーカード③（赤・青・黄・緑）…………………………………………… 189

　●おわりに………………………………………………………………………… 191

Chapter 1

Styling Mapを学ぶ前に

　物と人の個性を分析するモノサシがStyling Mapです。これを活用することで、論理的に、客観的に、イメージどおりのスタイリングをすることが可能になります。

　この章では、Styling Mapを学ぶ前に、「スタイリングとは何か」といった基礎知識や「Styling Mapが生まれた背景」、「学ぶことで得られるメリット」などを学習します。本書でいうスタイリングとは、単に相手に似合いそうなものや好みそうなもの、流行のものを提案するのではないということを、この章では解説しています。

　さらに、日本ファッションスタイリスト協会が主催している、スタイリング提案の習得レベルをはかる「Styling Map検定」のしくみについても説明しています。

スタイリングとは？

■ 目的を達成するためのビジュアル表現

　一般的にスタイリングという言葉は、服を選び帽子、靴、アクセサリーなどの小物をコーディネートする、ヘアスタイルを作る、部屋のインテリアを整えるなど、効果的なスタイルを形づくる際のさまざまな場面で使われています。

　本来、スタイリングというのは、鉛筆や名刺などの小さいものから、大きなビルや街並みまで、すべてのビジュアルデザインをいいます。すべての"物"に目的があり、見せたい・訴えたいイメージがあるという点で、これらは共通なのです。

　名刺でいえば、名前や住所を相手に伝えるツール（目的）ですが、紙や書体を選ぶことで、カッコよく見せたい、堅実なイメージをもってほしい、などというイメージがプラスされているというわけです。

　ここでは、ファッション・ヘアメイク・ネイル・ブライダル・スーツなど人の装いにかかわる部分のスタイリングについて学んでいきます。

　さて、スタイリングによって、その人のイメージや個性を演出したり、人に与える印象を変えたりすることができますが、そのほとんどは自分の好みや人からのアドバイス、そのときの流行などで決めているのではないでしょうか。

　本書でいう「スタイリング」とは、相手の目的を達成するために行うビジュアルデザインを指します。接客業の人でいえば、対象はお客さまとなり、目的とは、その人がどのようになりたいかということです。

　例えば、実際より若く見られることを望んでいる、友人の結婚式に出席するためのTPOに合った服がほしいなどの"目的"を達成するためのアドバイスがスタイリングであると一般社団法人日本ファッションスタイリスト協会®では定義づけています。

■ スタイリングに必要な3つの要素

　スタイリングの"目的"には、①似合う、②TPO、③なりたいイメージの3つがあります。このバランスがとれていれば、目的に合ったスタイリングに成功しているということです。

　大好きな色の服でも、似合わない、しっくりこないといった経験がだれでもあるでしょう。それは好きな色が似合う色とは限らないからです。

　似合うか似合わないか、なぜ似合わないのかは、その人の肌色や肌質、髪色、髪質、骨格などさまざまな要素から分析することでわかるようになります。これは色だけに限らず、形や素材も同様です。

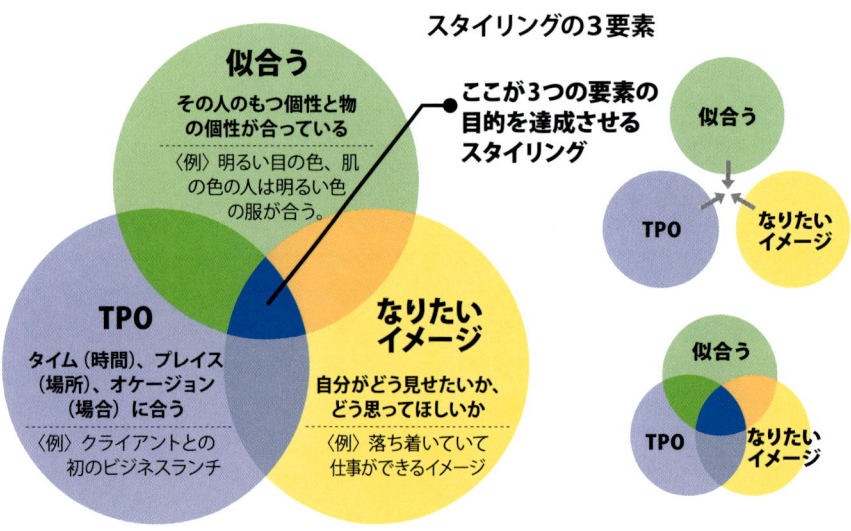

スタイリングの3要素

■ 最適なスタイリングを導き出すために

その1　似合う

　物だけではなく、人も「色・形・素材」からできています。似合うスタイリングとは、その構成要素である人と物の「色・形・素材」をどう選ぶか、どう組み合わせるかによって"その人らしさ"を実現します。

　ここでおぼえておきたいのは、好きな色や形が必ずしも似合うわけではないということ。人の色（目、肌、髪の色）、形（顔のパーツや骨格、体のライン）、素材（髪質や肌質など）を知ることで、その人に似合う物がわかるようになっていきます。

その2　TPO

　TPO に合わせるスタイリングとは、自分のためではなく相手への礼儀や周りの人たちとの社会、文化の共有といった意味合いとなります。その時々の相手やシチュエーションといった、TPO を踏まえてスタイリングをすることも重要です。

その3　なりたいイメージ

　スタイリングするということは何かを形づくり、表現することです。そこには自分が表現したいイメージがあります。例えば「フェミニン」「クール」「カジュアル」「クラシック」などのファッションスタイル、「仕事ができそう」「親しみやすそう」「威厳がありそう」といった人に与えたい印象も同様です。こうしたイメージは、すべて物の「色・形・素材」からできていて、これらの組み合わせですべてのイメージを表現できます。

Styling Map©とは？

■ 人と物の個性を分析するモノサシ

　スタイリングの構成要素である人の「色・形・素材・内面」と物の「色・形・素材」を論理的に分析・分類し、情報を目に見える形＝可視化することでセンス（感性）を客観的に表現できるメソッドが「Styling Map」です。

　Styling Mapは、"人と物の個性を分析するモノサシ"です。まず、このモノサシを使って、①分析・分類し、②地図的に表現しています。

　多くの人が共有して、理解しやすいモノサシとするため、分析軸を左右・上下・斜めとし、これまで感覚的で主観的なものといわれていた感性を論理的に、わかりやすく配置しています。そのためStyling Mapを活用することで、その人に似合う色・形・素材を判断し、理想のスタイリングを提案することが可能になります。

　Styling Mapの構成は、物がもつ個性（物の色・形・素材）と、人がもつ個性（人の色・形・素材・内面）をそれぞれの要素ごとに客観的に分析し、4つのテイスト（アクアテイスト・クリスタルテイスト・ブライトテイスト・アーステイスト）に分類します。このテイストについては、28～33ページで詳しく解説しています。

■ Styling Mapが生まれたわけ

　Styling Mapの基となっているのが「自分に似合う色」を診断するカラーシステム「パーソナルカラー」です。パーソナルカラーは1970年代にアメリカで誕生し、80年代に日本に上陸、ファッションの新分野として注目されました。

　パーソナルカラーとは人がもって生まれた目、肌、髪の色であり、個性を引き立てて自分を美しく見せてくれる色のことです。これは本人の好き嫌いにかかわらず、客観的に決まります。どのような感じの色が似合うかを診断し、系統別に分類する方法で、基本的には四季に例えて春（スプリング）、夏（サマー）、秋（オータム）、冬（ウインター）の4つのグループに分類しています。

　この四季名は、日本人にとっては季節そのものの印象がダイレクトに伝わる傾向があり、診断を受けた人もその季節のファッションアイテムが似合うもの、ととらえるケースも少なくありませんでした。

　そこで日本ファッションスタイリスト協会では、スタイリングの目的を果たすために"似合う色"を広くとらえ、同時に"似合わない色"も分析。さらに「色」だけでなく"物"と"人"の「形」と「素材」、

4つのテイスト

物
- 物の「色」
- 物の「形」
- 物の「素材」

分析・分類 →

Aq　Br
Cr　Ea

← 分析・分類

人
- 人の目・肌・髪の「色」
- 人の顔・体の「形」
- 人の目・肌・髪の「素材」
- 人の思考・言動「内面」

さらに人の「内面」も分析していくという Styling Map を考案しました。そして、これまでの四季の名称に代わり、分類の「イメージ」に合った名称として、4つのテイストとしています。

テイストには、スタイリングの味という意味が含まれています。そのテイストらしさが出せるスタイリング技術を、本書と実際の練習によって身につけていきましょう。

■ 学ぶことでどんなメリットがあるのか？

では、Styling Map を理解し、活用することで何が得られるのでしょうか？

まず、流行や販売員の好みではなく、対象（お客さま、もしくは自分）に似合うもの・目的に合ったものを客観的にアドバイスできる力がついてきます。身につけた裏付けによって「なぜ似合うのか？」「なぜ似合わないのか？」を論理的に説明することができるようになります。

次に、内面的な思考や言動の傾向もあわせて分析・分類することで、スムーズなコミュニケーションも含めて最適なスタイリング提案ができるようになります。

例えば、本来似合わない色であっても、Styling Map を理解していれば、その色をうまく取り入れるテクニックも身についていきます。論理的な裏付けがあることで相手に納得してもらえて、さらには相手との共有・共感、信頼関係が生まれます。

そして、それまで自分の感性だけでスタイリングしていたことが、裏付けがあることで自信をもってスタイリングできるようになるというメリットもあります。

正しい知識をもつことで、それまで不明確だったスタイリングに対するパフォーマンスも、より具体的な結果が見えてくることになるでしょう。

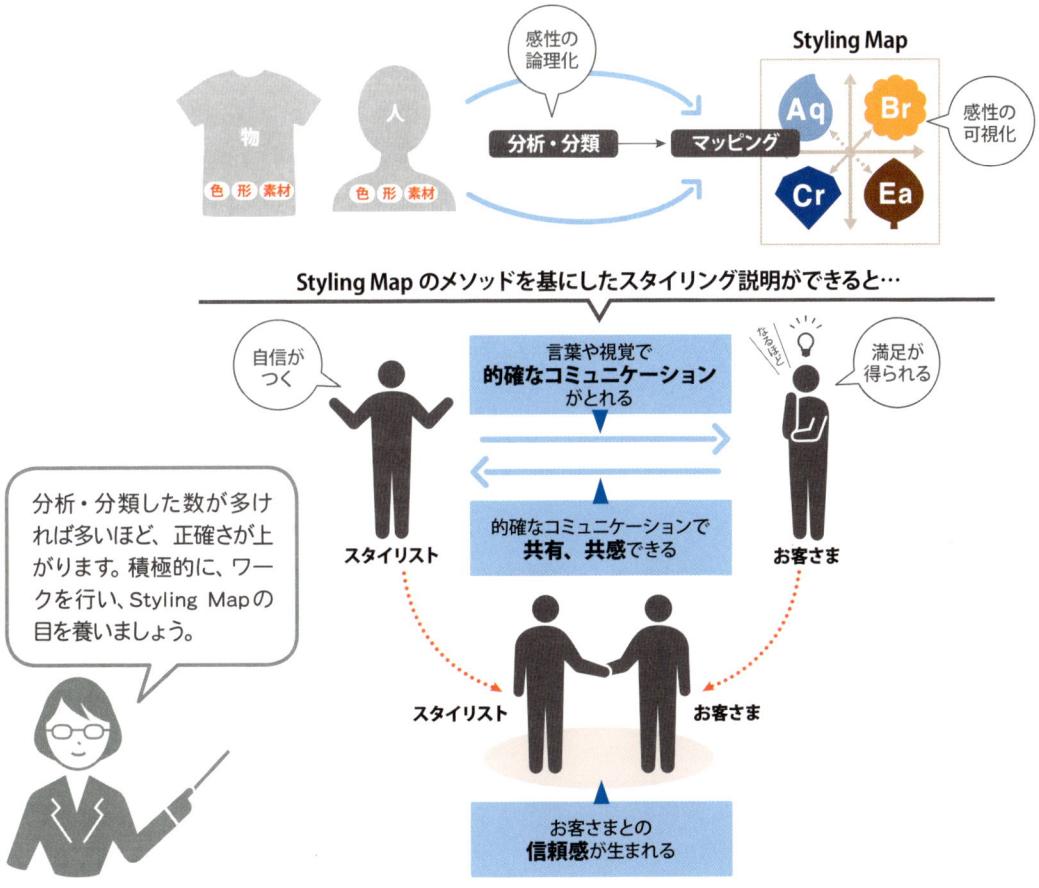

Styling Map©検定とは？

■ スタイリング提案の習得レベルをはかる

「Styling Map 検定」は、スタイリング提案をする販売職のプロフェッショナルの方々、またはこれからプロを目指す方々の**スタイリングの知識・スキルの評価認定**として、Styling Map の習得に対する一定の基準を設け、スタイリング提案の習得レベルをはかることを目的としている検定です。

この検定は、日本ファッションスタイリスト協会（略称 F.S.A.）が主催するもので、ジュニアレベル、プレイヤーレベル、マスターレベルの 3 段階がありますが、本書は、ジュニアレベルをメインに構成されています。

まずは、ジュニアレベルでスタイリングと Styling Map の基礎知識を身につけてください。

また本書は、主に、業種別にファッションスタイリスト、ヘアメイクスタイリスト、ネイルスタイリスト、ブライダルスタイリスト、スーツスタイリスト、パーソナルブランディングスタイリストなど、"装い"にかかわるプロフェッショナルや、それらの職業をめざしている方たちを対象としています。

さらには、接客に携わる方だけではなく、一般の方にも、スタイリングによるコミュニケーション力を高めていただくことをめざしています。それにより、自分らしいファッションを楽しんだり、ビジネスシーンで自信がもてたりするようになることで、日々の生活がより豊かに、充実したものになるでしょう。

Styling Map 検定には現在 6 業種があります。
■ ファッションスタイリスト
■ ヘアメイクスタイリスト
■ ネイルスタイリスト
■ ブライダルスタイリスト
■ スーツスタイリスト
■ パーソナルブランディングスタイリスト

合格者には、レベル別の認定証として、ジュニアには認定書（A4 サイズ）、プレイヤーは認定カード（名刺サイズ）、マスターは認定バッチ（ピンバッチ）が贈られます。

※ 2016 年 4 月現在の認定証のサンプルです。予告なく変更することがあります。

ジュニアレベル [Junior Level]
知る

レベル
スタイリングと Styling Map の基礎知識

検定内容
試験：筆記 60 分

プレイヤーレベル [Player Level]
できる / 使える

レベル
- 思考・言動パターンを活かした接客スキル
- デザイン画でスタイリング提案
- 多数の人の分析・分類
- 幅広いアイテムの分析・分類

検定内容
試験：筆記 60 分（デザイン画含む）

受検資格
ジュニアスタイリスト合格者
（同一業種に限ります）

マスターレベル [Master Level]
教える / 研究する / 企画する

レベル
- Styling Map 指導
- Styling Map を活かしたスタイリング研究
- Styling Map ビジネス企画

検定内容
課題：研究発表
　　　ビジネス企画書
試験：筆記 90 分
　　　面接
　　　模擬セミナー

受検資格
プレイヤースタイリスト合格者
（同一業種に限ります）この業種の 6 カ月以上の実務経験者

※2016 年 4 月現在の情報です。

この本は、ジュニアレベルをメインに解説しています。基礎をしっかり学んでいきましょう。

※検定の詳しい内容は、日本ファッションスタイリスト協会(F.S.A.) のサイトでご確認ください。http://stylist-kyokai.jp/

COLUMN 1　日本ファッションスタイリスト協会（F.S.A.）について

■ 協会の目的

① スタイリングの研究
　スタイリングは、そもそもいろいろなものを形作るということです。私たちは下記のような研究を通じて、スタイリングの可能性を追求しています。
- このテキストにもある、人と物の組み合わせがどのようなことでマッチング（＝似合う）となるのかという外面的な研究。
- 人の外面には内面的にもっている性質が表れていて、内面的性質が外面から読み取れるというアナログ的な研究。
- 顔写真からコンピューターによる Styling Map 分析システムの開発。また、人の分析は DNA で分析する日が来ると考え、スタイリングの IT 化であるデジタル分析も研究課題です。

② スタイリストの新しい仕事
　スタイリングは新しい形のコミュニケーションツールであると私たちは考えています。
　そこで、①の研究を基に現在も活躍されている「装いの提案者＝スタイリスト」の活動の場の提供だけでなく、パーソナルブランディングのようにその人「個」のビジュアル表現をしたり、商品がもつ個性・特性をビジュアル表現したり、セールスプロモーションの際のコミュニケーション方法の提案など、新しいスタイリスト活躍の場を作りだしたいと考えています。

③ スタイリストの地位向上
　F.S.A. の考えるファッションスタイリストとは、「ファッション＝文化」。ファッションは服そのものだけでなく暮らしや生き方、地域などのさまざまな要素が含まれているものととらえています。
　そして、スタイリングとは「ファッション＝文化」を形作ることを指しています。文化をスタイリングするスタイリストがもっと身近に、もっと大勢が活躍することでより豊かな社会になるはずです。
　F.S.A. は、これらのことを通じて、スタイリングで豊かな社会づくりに貢献していきます。

Chapter 2

Styling Mapの基本

　この章では、Styling Map の基本となる、「テイスト」と「ゾーン」について学びます。
　「テイスト」とは何か、「ゾーン」とはどういうものかなど、スタイリングするうえで基本となるこれらの考え方は、Styling Map を学ぶ基本の考え方となります。
　Styling Map の基本は、4 つのテイストと 6 つのゾーンです。本書では、「物の色・人の色」「物の形・人の形」「物の素材・人の素材（質感）」「内面（思考・言動）」の順に、分析・分類の手法を学んでいきます。その際に必要なのが分析・分類キーワードで、「色」「形」「素材」「内面」のそれぞれに、分析キーワードと分類キーワードがあります。
　各テイストや各ゾーンについて、それらの特徴やイメージ、代表的な色や形、素材、思考・言動などをしっかり学びましょう。

4つのテイストに分類する

■ **物と人の色・形・素材、思考・言動から分類する**

Styling Map は、物の「色」「形」「素材」、人の「色」「形」「素材（質感）」「内面」を論理的に分析し、「4つのテイスト」に分類して地図のように配置しています。これらを組み合わせることで、イメージどおりのスタイリングを創りだすことができるのです。

地図を構成しているのは、左右、上下、斜めに分ける 3 つの軸と、その軸によって分析・分類された 4 つのテイスト（スタイリングイメージ）位置です。

3 つの軸で分析し、その 3 つの結果の重なったところを、〈アクアテイスト〉〈クリスタルテイスト〉〈ブライトテイスト〉〈アーステイスト〉という 4 つのテイスト名で呼んでいます。

テイストとは、ずばり"スタイリングの味"。物と人のテイストを分析し、どんな味にスタイリングするのか、スタイリングの方向性をわかりやすく示しています。

F.S.A. が考えるテイストのイメージを「スタイリングイメージワード」と呼び、右の図は、4 つのテイストのスタイリングイメージワードを Styling Map に配置したものです。

これらはスタイリングをするうえで、とても重要になるものです。また、4 つのテイストには、それぞれのテイストを視覚的にわかりやすく表現したテイストマークがあります。テイストマークのカラーやマークイメージも確認しましょう。

■ **分析軸を考える**

Styling Map 上のテイストの位置には、意味があります。

左右軸は、色の分析でいうと左側が《クールゾーン》（ブルーベース）で、右側が《ウォームゾーン》（イエローベース）となります。上下軸は、上側の《ライトゾーン》が明るく、下側の《ディープゾーン》は暗いというのがルールです。

左右斜めの軸は、あざやかさの違いを表し、左斜めの軸は共通しておだやかな《グラデーションゾーン》、右斜めの軸は共通してあざやかな《コントラストゾーン》となります。このゾーンという考え方は、「色」だけでなく「形」「素材」の分析でも同じです。この 6 つのゾーンの考え方については、34 ～ 35 ページで詳しく解説しています。

4 つのテイスト位置は、このルールに従って決められています。4 つのテイストを代表する色や形・素材を見て、まずはそれらの特徴を押さえておきましょう。例えば色を分析するとき、ブルーベースかイエローベースか、明るさはどうかを分析して、どのテイストに入るのかを分類します。

テイストは、「色」の分析・分類に使う、「色み」「明るさ」「あざやかさ」をすべて分析して初めてどのテイストになるのか決まります。左右、上下、斜めの分析軸を整理しておぼえましょう。

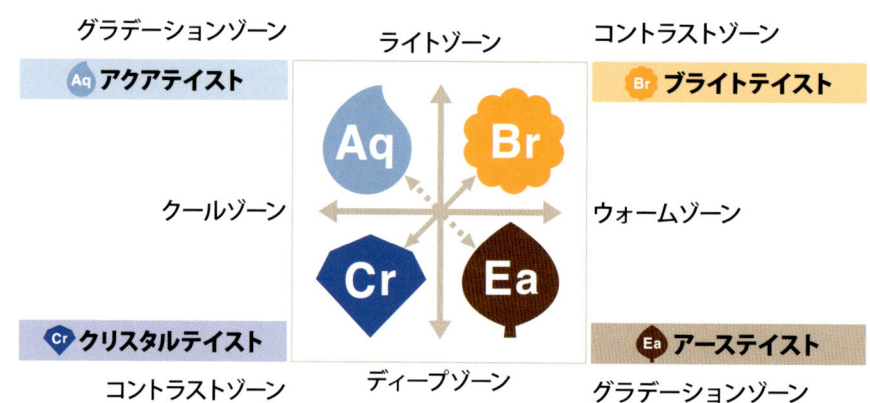

4つのテイストのスタイリングイメージワード

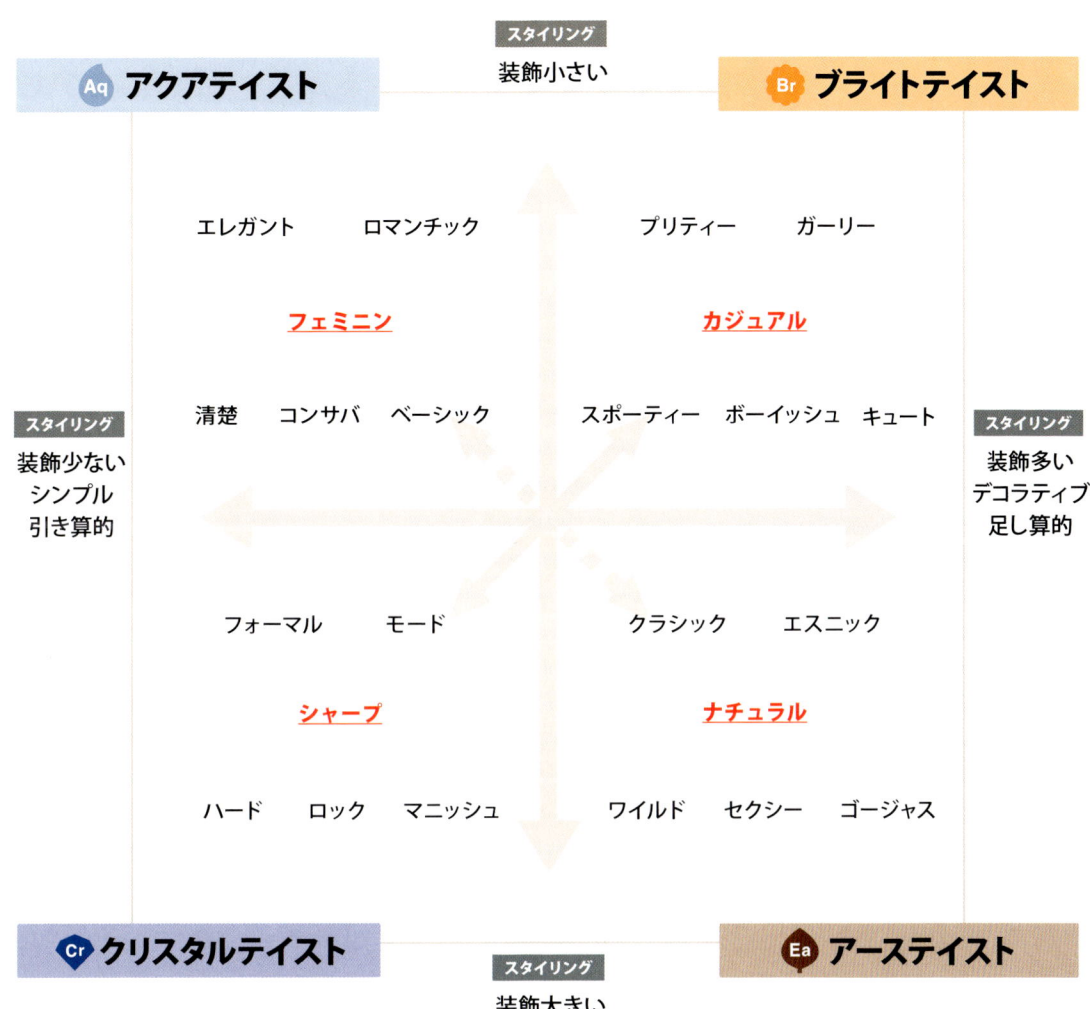

アクアテイストってどんなテイスト？

■ やさしく思いやりのある "フェミニン" イメージ

Chapter1のセルフチェックで、好きな色・形・素材・スタイリングイメージ・性格チェックが、Aのグループに多かった人は、「アクア」のテイストが好きな人だといえます。では、〈アクアテイスト〉とはどんなテイストでしょうか。

アクアテイストのメインのキーワードは「フェミニン」。女性らしい、何にでも形を変えられる、柔軟な、なじむ、なめらかな、やさしい……こんな言葉から想像されるイメージです。アクアのマークは、ミストや水滴のイメージから流れるようなしずくをモチーフにしています。

「色」の特徴は、ブルーベースで明るめのおだやかな中間色。パステルカラーやスモーキーな色、無彩色ではライトグレーからミディアムグレーが当てはまります。

「形」の特徴は、女性らしい直線的なやさしいイメージのラインで、柄は規則的で整然としていて、目立たないのが特徴です。

「素材」は、凸凹があまりなく、薄くて軽いマットなタイプのなめらかな肌ざわりが特徴です。

「スタイリングイメージ」は、繊細でシンプル、洗練されていてフェミニンな印象になります。ソフトな色使い、上質な素材、主張しすぎない柄の定番アイテムが似合います。

「性格」はおだやかでやさしく人を助けることが好き、人間関係を大切にする、心配性で慎重な面があります。

「気持ち・心」という言葉が、このテイストの人から連想される言葉です。

マークカラー	色	形
ミストや水滴のイメージからしずくをデザイン		

素材

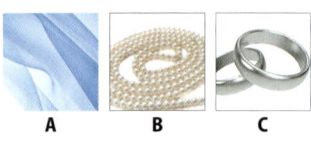

A シフォン
B パール
C ホワイトゴールド

スタイリングイメージ

- フェミニン
- エレガント
- 清楚
- コンサバ

性格

- 保守的・おだやか
- 気配りができる
- 人間関係や協力関係を大切にする
- 柔軟性がある
- 補佐役が好き
- 心配性・不安症

クリスタルテイストってどんなテイスト？

■ 個性的で存在感のある "シャープ" イメージ

Chapter1のセルフチェックで、好きな色・形・素材・スタイリングイメージ・性格チェックが、Bのグループに多かった人は、「クリスタル」のテイストが好きな人だといえます。では、〈クリスタルテイスト〉とはどんなテイストでしょうか。

クリスタルテイストのメインのキーワードは「シャープ」。きりっとした、力強いパワーを感じさせるイメージで、メタリック、未来、洗練された……などの言葉がイメージワードです。マークは冷たい光を放つ宝石をモチーフにしています。

「**色**」の特徴は、ブルーベースでシャープ、モダンなはっきりとした色。4つのテイストの中で、もっともあざやかで、無彩色ではホワイトとブラックが当てはまります。

「**形**」の特徴は、直線的で鋭角的、はっきりと目立つラインです。柄は、太目のストライプなど目立つものがこのテイストになります。人の場合はしっかりした骨格、シャープではっきりとした顔立ちです。

「**素材**」は、凸凹があまりなくフラットで、ハリやツヤ、光沢があり厚みがあるのが特徴です。

「**スタイリングイメージ**」は、シャープでモード、ロックで都会的な印象になります。ハードでコントラストのはっきりした色使い、インパクトのある素材を使った、大胆で強いアイテムがフィットします。

「**性格**」はエネルギッシュで決断が早く、意志が強いリーダータイプ。行動は大胆で、独断的になる傾向があります。「未来」という言葉が、このテイストの人から連想される言葉です。

マークカラー	色	形
 冷たい光を放つ宝石をデザイン		

素材

A　　　　　B　　　　　C

A　サテン
B　ダイヤ、エメラルド、サファイヤ、ルビー
C　プラチナ

スタイリングイメージ

- シャープ
- モード
- ロック
- マニッシュ

性格

- エネルギッシュで決断が早い
- 意志が強く最後までやりぬく
- 高い目標や野心がある
- 影響力がある
- リーダータイプ
- 支配的・独断的になる

 # ブライトテイストってどんなテイスト?

■ 快活で好奇心旺盛な"カジュアル"イメージ

Chapter1のセルフチェックで、好きな色・形・素材・スタイリングイメージ・性格チェックが、Cのグループに多かった人は、「ブライト」のテイストが好きな人だといえます。では、〈ブライトテイスト〉とはどんなテイストでしょうか。

ブライトテイストのメインのキーワードは「カジュアル」。元気でフレッシュな、明るいイメージで、楽しい、華やかな、親しみやすい……などからイメージをふくらませてください。連想される言葉は"楽しい"です。マークは丸みのあるかわいらしい花をモチーフにしています。

「**色**」の特徴は、イエローベースであざやか、若々しくにごりのない色になります。

「**形**」は曲線と細い線が特徴。柄はやはり曲線がある水玉やコミックプリントのような楽しい柄、細めのランダムなストライプなど動きのあるものになります。人の場合はどことなく丸みのある印象です。

「**素材**」は凸凹(でこぼこ)があり、ハリやツヤ、光沢があって薄く軽く、やわらかい透け感が特徴です。

「**スタイリングイメージ**」は、軽さや動きがあり、若々しい印象。アクティブでキュート、カラフルな色使いで丸みのあるポップな形になります。

「**性格**」は、元気でポジティブ、自分の感性や直感を大事にするムードメーカー。好奇心旺盛で無邪気ですが、飽きっぽい面もあります。

マークカラー	色	形
 丸みのあるかわいらしい花をデザイン		

素材	スタイリングイメージ	性格
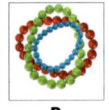 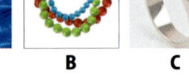 **A** ナイロン **B** プラスチック **C** シャンパンゴールド	■ カジュアル ■ ポップ ■ プリティー ■ キュート	■ 明るく快活 ■ 新しいことや自由を優先 ■ 無邪気 ■ 好奇心旺盛 ■ ムードメーカー ■ 飽きっぽくて続かない

 アーステイストってどんなテイスト？

■ 自然の力強さを感じさせる "ナチュラル" イメージ

　Chapter1のセルフチェックで、好きな色・形・素材・スタイリングイメージ・性格チェックが、Dのグループに多かった人は、「アース」のテイストが好きな人だといえます。では、〈アーステイスト〉とはどんなテイストでしょうか。

　アーステイストのメインのキーワードは「ナチュラル」。自然界や地球の歴史から想像される色や形、素材をベースにした落ち着きがありシックな印象です。このテイストから連想される言葉は、"自然"。マークは、大地に根付く大木の葉をモチーフにしています。

　「色」の特徴は、イエローベースで暗めの深みのある自然色。ナチュラルなアースカラーや深みのある渋い色も、このテイストに入ります。

　「形」は曲線で線が太く、ボリューミー。柄は不規則でアシンメトリー、大柄でも目立たずに溶け込むのがこのテイストです。人の場合は落ち着きのある印象で、グラマラスで安定感があります。

　「素材」は凸凹していて、厚みがあり重く、マットなのが特徴です。

　「スタイリングイメージ」は、アースカラーをベースにさまざまな形、素材で、ナチュラルな物からワイルドやセクシーな物まで幅広いのが特徴。深い色の多色使いや動きのある素材、デコラティブなスタイリングなどもこのテイストです。

　「性格」は落ち着きがありじっくり考えて行動する慎重派、計画性や継続力がある仲介役。人に信頼感を与えるタイプですが、変化を嫌い、がんこな面もあります。

マークカラー

大地に根付く大木の葉をデザイン

色

形

素材

　　A　　　B　　　C

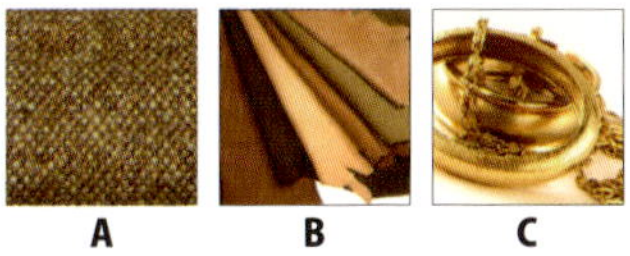

A　ツイード
B　皮革
C　ゴールド

スタイリングイメージ
- ナチュラル
- ワイルド
- クラシック
- エスニック

性格
- 落ち着いた大人の印象
- 計画性がある
- 持続力がある
- 安定感がある
- 仲介役
- がんこで融通がきかない

6つのゾーンに分類する

■ **2つのテイストの共通項が、ゾーン**

28ページで説明したように、Styling Mapを構成しているのは3つの軸からなる6つのゾーンと、ゾーンが重なり合う4つのテイストです。軸はStyling Map上の矢印で、左右、上下、斜めに3つあり、このそれぞれの軸が地図を2つのゾーンに分けています。

ゾーンは、Styling Mapを左右、上下、斜めに分けて計6つあります。必ず2つのテイストの共通項が、ゾーンという考え方です。3つのゾーンの重なりが1つのテイストというわけです。

ゾーンの配置を色の分析で説明すると、まずはStyling Mapを左右で分けて、左側の〈アクアテイスト〉〈クリスタルテイスト〉を《クールゾーン》、右側の〈ブライトテイスト〉〈アーステイスト〉を《ウォームゾーン》と分類します。

右側がウォームゾーンなのは、Styling Mapの右斜め上に太陽がある、というイメージから光が多く当たる右側があたたかく、左側が冷たくなることから、ウォームゾーンとクールゾーンとしています。

次に、Styling Mapを上下で分類して、上側の〈アクアテイスト〉〈ブライトテイスト〉を《ライトゾーン》、下側の〈クリスタルテイスト〉〈アーステイスト〉を《ディープゾーン》とします。これも上は太陽の光が多く、下は光が少なくなることから、上を明るいライトゾーン、太陽から離れた下が暗いディープゾーンになるというイメージです。

3つめが、斜めの対角線に分類するゾーンです。左斜めの〈アクアテイスト〉〈アーステイスト〉が《グラデーションゾーン》、右斜めの〈ブライトテイスト〉〈クリスタルテイスト〉が《コントラストゾーン》となります。このゾーンはあざやかさと配色の違いを表し、左斜めの軸はおだやかでまとまりのあるグラデーションゾーン、右斜めの軸はあざやかで色の違いや明るさの違いがはっきりしたコントラストゾーンです。

分析の結果、左右・上下・斜めのゾーンが重なる部分がテイストです。つまり3つのゾーンが重なりあうと、より細かな条件が当てはまり、凝縮された1つのテイストができあがることになります。

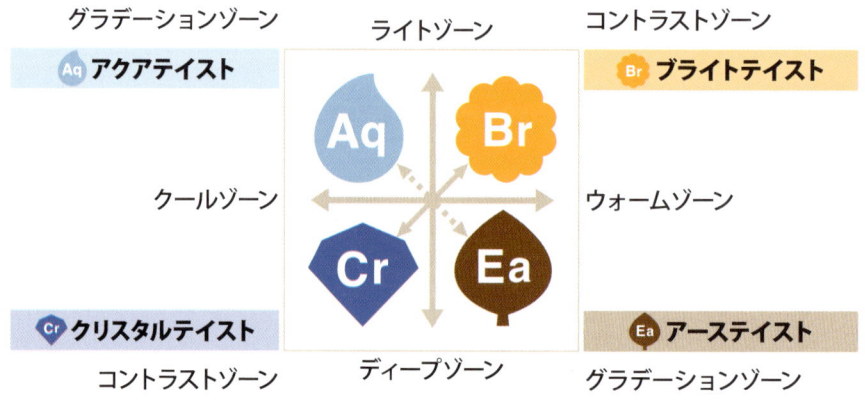

6つのゾーン

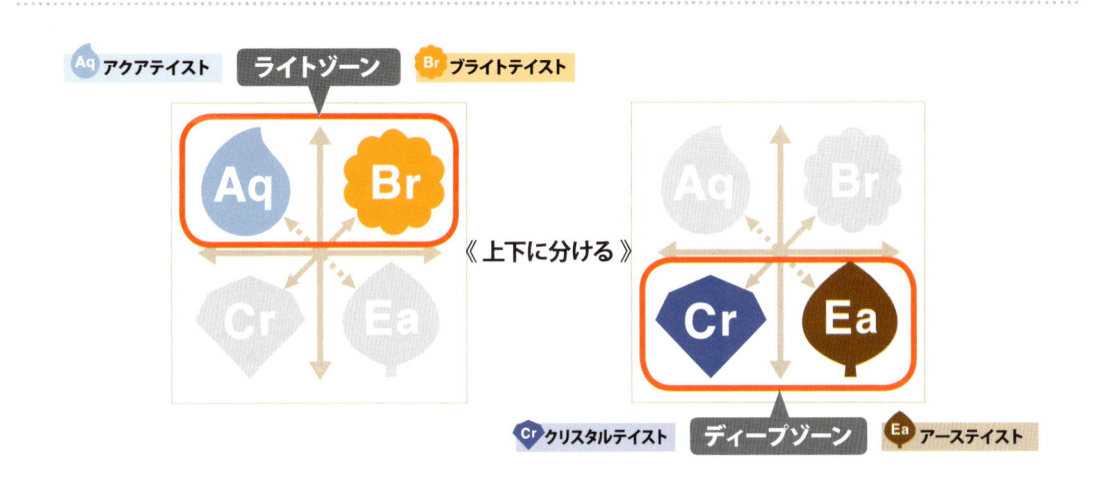

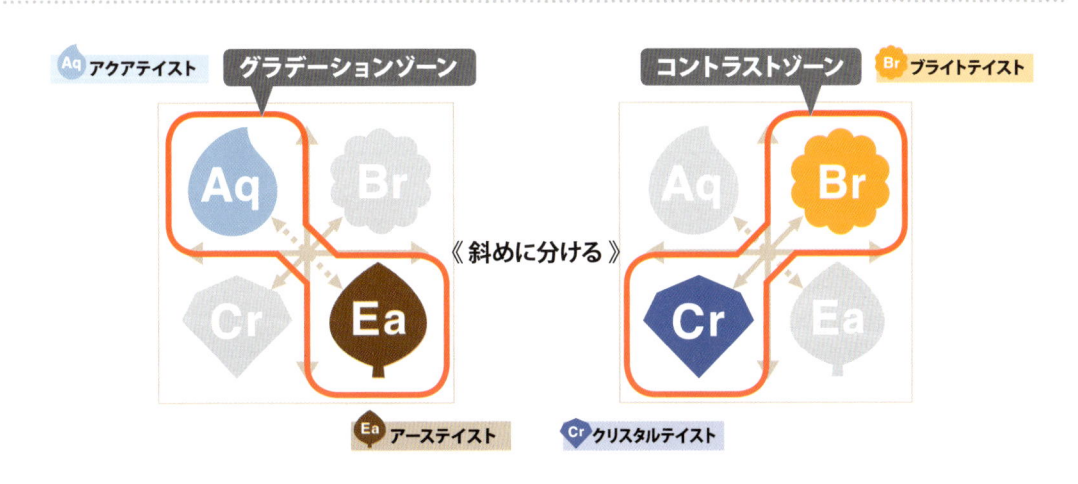

クールゾーン / アクアテイスト / クリスタルテイスト 《左右に分ける》 **ウォームゾーン** / ブライトテイスト / アーステイスト

アクアテイスト / **ライトゾーン** / ブライトテイスト 《上下に分ける》 クリスタルテイスト / **ディープゾーン** / アーステイスト

アクアテイスト / **グラデーションゾーン** / アーステイスト 《斜めに分ける》 **コントラストゾーン** / ブライトテイスト / クリスタルテイスト

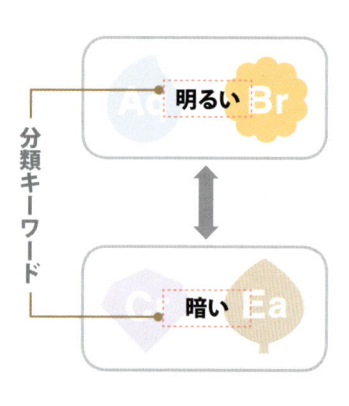

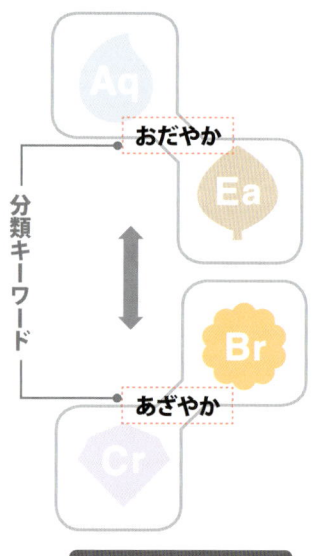

「色」の分析・分類キーワード

■ **色み・明るさ・あざやかさで分析**

「色」を分析する際には、3つのキーワードで分析し、6つのキーワードのどこに分類されるのかを考えます。同じように「形」と「素材」にも、3つの分析キーワードと6つの分類キーワードを使います。

例を挙げてみましょう。左のカラーチップを分析・分類してみます。1つめの分析キーワードは、**「色み」**です。《クールゾーン》か《ウォームゾーン》に分類するためのキーワードは、「ブルーベース」か「イエローベース」かということです。この場合はブルーベースですから、クールゾーンに当たります。

2つめの分析キーワードは、**「明るさ」**です。分類キーワードの「明るい」か「暗い」かを分析して、明るいと《ライトゾーン》、暗いと《ディープゾーン》です。この場合は、暗いほうに入るためディープゾーンになります。

そして3つめの分析キーワードは**「あざやかさ」**です。「おだやか」か「あざやか」かという分類キーワードで分析し、おだやかなら《グラデーションゾーン》、あざやかなら《コントラストゾーン》です。この場合はあざやかなほうに入るためコントラストゾーンになります。

分析・分類の結果、「色み」は《クールゾーン》、「明るさ」は《ディープゾーン》、「あざやかさ」は《コントラストゾーン》となり、カラーチップはこの3つが重なる〈クリスタルテイスト〉になります。このキーワードは、物の色だけでなく、人の色（目、肌、髪の色）を分析・分類するときも同様です。

色の分析キーワード

① 色み　　**② 明るさ**　　**③ あざやかさ**

「形」の分析・分類キーワード

■ 動き・大きさ・きわだちで分析

　次に、「物の形・人の形」の分析・分類キーワードです。

　左のイラストを分析・分類してみましょう。まずは1つめの分析キーワードである、**「動き」** を見てみます。丸い形に曲線が多く、「直線」か「曲線」かという分類キーワードに照らすと、「直線」なら《クールゾーン》で「曲線」なら《ウォームゾーン》なので、これは「曲線」ですから《ウォームゾーン》に当たります。

　2つめの分析キーワードは、**「大きさ」** です。分類キーワードは「小さい・細い・短い」か「大きい・太い・長い」かとなり、小さい・細い・短いなら《ライトゾーン》、大きい・太い・長いなら《ディープゾーン》です。この場合は、細い線で表現されているため、ライトゾーンになります。

　そして3つめの分析キーワードは **「きわだち」** です。「なじむ」か「目立つ」かという分類キーワードに照らしてみて、なじむなら《グラデーションゾーン》、目立つなら《コントラストゾーン》です。この場合は、線のふちがはっきりしているので目立つほうに入り、コントラストゾーンになります。

　分析・分類の結果、「動き」は《ウォームゾーン》、「大きさ」は《ライトゾーン》、「きわだち」は《コントラストゾーン》となり、このイラストは3つのゾーンが重なる〈ブライトテイスト〉になります。このキーワードは、物の形だけでなく、人の形（顔のパーツや骨格、体のライン）を分析・分類するときも同様です。

形の分析キーワード

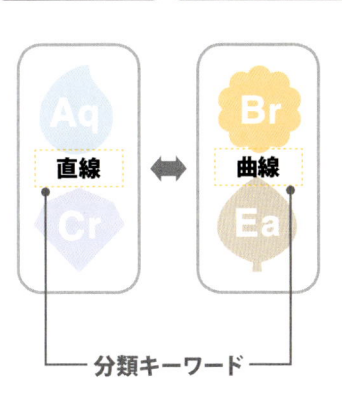

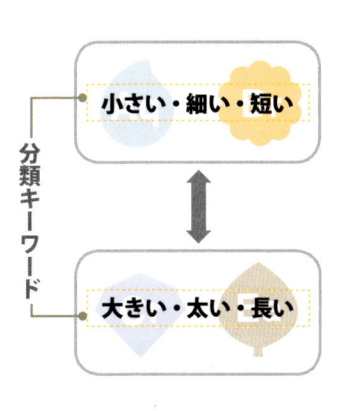

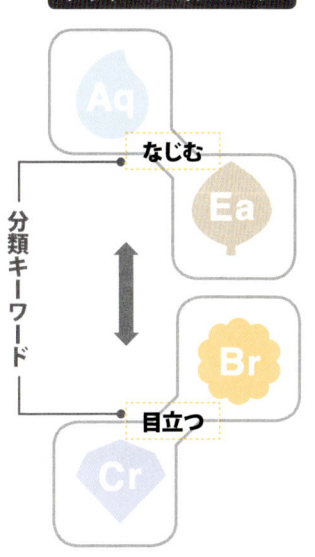

① 動き
- クールゾーン：直線
- ウォームゾーン：曲線
- 分類キーワード

② 大きさ
- ライトゾーン：小さい・細い・短い
- ディープゾーン：大きい・太い・長い
- 分類キーワード

③ きわだち
- グラデーションゾーン：なじむ
- コントラストゾーン：目立つ
- 分類キーワード

「素材」の分析・分類キーワード

■ 凸凹・厚さ・ツヤで分析

「物の素材・人の素材（質感）」にも、分析・分類キーワードがあります。

左の写真を分析・分類してみましょう。まずは1つめの分析キーワード**「凸凹」**を見てみます。分類キーワードは、表面が「フラット」か「凸凹」があるかで、フラットなら《クールゾーン》、凸凹なら《ウォームゾーン》となります。これは表面にウネがあるためウォームゾーンになります。

2つめの分析キーワードは、**「厚さ・重さ・かたさ」**です。分類キーワードは「薄い・軽い・やわらかい」か、「厚い・重い・かたい」かとなり、薄い・軽い・やわらかいは《ライトゾーン》で、厚い・重い・かたいは《ディープゾーン》になります。この場合は厚みがあるため、ディープゾーンになります。

3つめの分析キーワードは**「ツヤ」**です。表面にツヤがなく不透明な「マット」タイプか「ツヤ」があるタイプかという分類キーワードに照らしてみて、マットタイプなら《グラデーションゾーン》、ツヤタイプなら《コントラストゾーン》です。この場合は表面がマットなので、グラデーションゾーンになります。

分析・分類の結果、「凸凹」は《ウォームゾーン》、「厚さ」は《ディープゾーン》、「ツヤ」は《グラデーションゾーン》となり、この写真は3つのゾーンが重なる〈アーステイスト〉になります。このキーワードは、物の素材だけでなく、人の素材（目、肌、髪）を分析・分類するときも同様です。

素材の分析キーワード

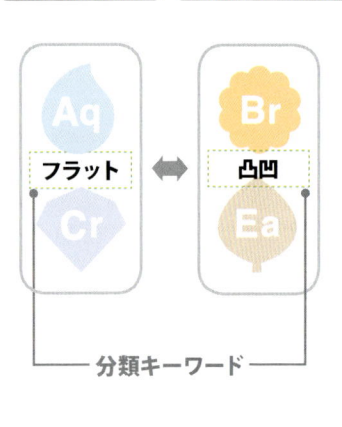

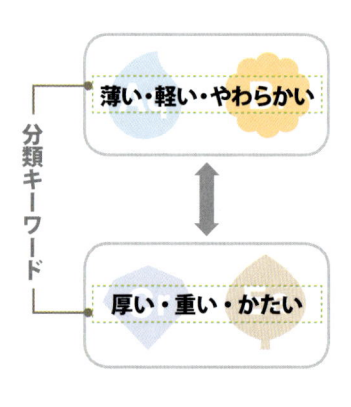

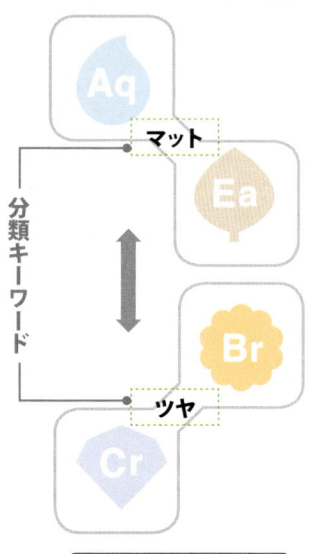

| ① 凸凹 | ② 厚さ・重さ・かたさ | ③ ツヤ |

「内面(思考・言動)」の分析・分類キーワード

■ 行動・感情・対人で分析

「色」のもつイメージや「形」「素材」のもつイメージは、人の内面にも当てはまります。人の「内面(思考・言動)」を分析することで、その人の考え方や行動パターンも読み取れるのです。これは、人とのコミュニケーション力を高めるため、接客の仕事についている人の接客スキルを向上させるだけでなく、スムーズな人間関係を築くことにも役立つでしょう。また、パーソナルブランディングを学ぶ人にとって、思考と行動パターンを読み取ることは非常に大切になります。

1つめの分析キーワードは、**「行動」**です。分類キーワードは、「静的・規則」か「動的・自由」で、静的・規則なら《クールゾーン》、動的・自由なら《ウォームゾーン》となります。クールゾーンは自発的に行動するよりは受け身のことが多く、ルールにはきちんと従う傾向です。ウォームゾーンは自発的に行動し、ルールに縛られずに行動する傾向があります。

例えば、A子さんは学生時代から校則をきちんと守り、友だちとの待ち合わせにも遅れることがありません。このA子さんは、クールゾーンだと分析できます。

2つめの分析キーワードは、**「感情」**です。分類キーワードは「直感的・女性的」か「論理的・男性的」となり、直感的・女性的なら《ライトゾーン》で、論理的・男性的なら《ディープゾーン》になります。ライトゾーンの特徴は、物事を好き嫌いでとらえる傾向にあり、ディープゾーンは物事を正しいかどうかで判断する傾向にあります。

ショッピングに行くと直感で買うタイプのA子

内面(思考・言動)の分析キーワード

① 行動

クールゾーン / ウォームゾーン
- Aq, Cr: 静的・規則
- Br, Ea: 動的・自由

― 分類キーワード ―

② 感情

ライトゾーン
- 直感的・女性的
- 論理的・男性的

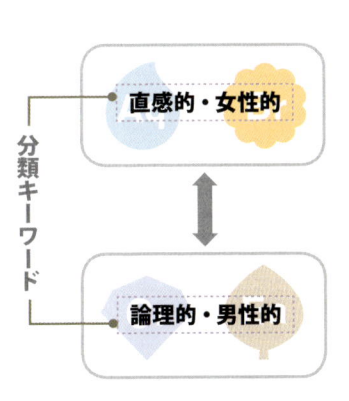

ディープゾーン

分類キーワード

③ 対人

グラデーションゾーン
- Aq, Ea: 私たち中心・目立つのが苦手
- Br, Cr: 私中心・目立ちたがり

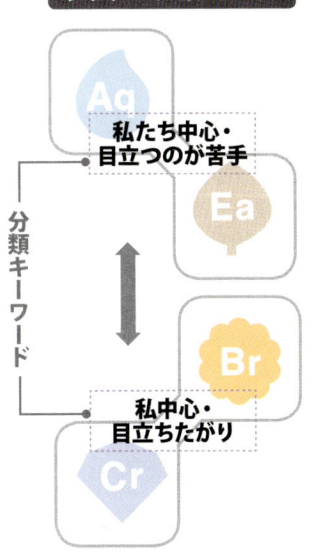

コントラストゾーン

分類キーワード

さんは、ライトゾーンだと分析できます。

3つめの分析キーワードは**「対人」**です。分類キーワードは、「私たち中心・目立つのが苦手」なタイプと、「私中心・目立ちたがり」のタイプとなり、私たち中心・目立つのが苦手なら《グラデーションゾーン》、私中心・目立ちたがりなら《コントラストゾーン》です。周囲となじみたい人はグラデーションゾーン、自分がはっきりと目立ちたい人はコントラストゾーンという分類になります。

人の話を聞くのが上手な人はグラデーションゾーン、自分の意見をはっきり言える人がコントラストゾーンです。人から何かと相談され、話を聞くのがうまいA子さんは、グラデーションゾーンと分析されます。

分析・分類の結果、「行動」はルールを守る《クールゾーン》で、「感情」は直感で買い物をする《ライトゾーン》、「対人」は聞き上手な《グラデーションゾーン》で、A子さんは3つのゾーンが重なる〈アクアテイスト〉となります。

ただし、「内面（思考・言動）」は、「色」や「形」などと違って、はっきりと分類しにくい面があります。「クリスタルテイスト寄りのアクアテイスト」などの結果になることも珍しいことではありません。

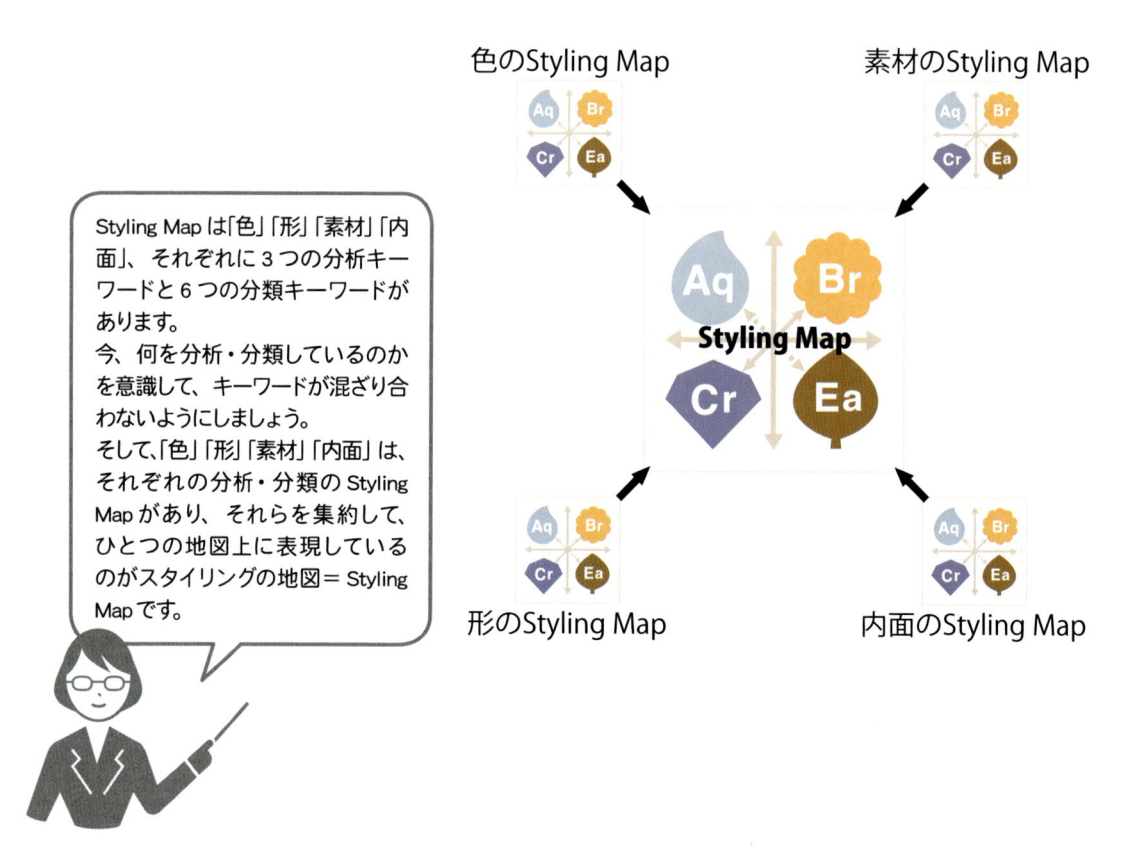

色のStyling Map　　素材のStyling Map

Styling Map

形のStyling Map　　内面のStyling Map

> Styling Mapは「色」「形」「素材」「内面」、それぞれに3つの分析キーワードと6つの分類キーワードがあります。
> 今、何を分析・分類しているのかを意識して、キーワードが混ざり合わないようにしましょう。
> そして、「色」「形」「素材」「内面」は、それぞれの分析・分類のStyling Mapがあり、それらを集約して、ひとつの地図上に表現しているのがスタイリングの地図＝Styling Mapです。

Styling Map の分析・分類キーワードのまとめ

色

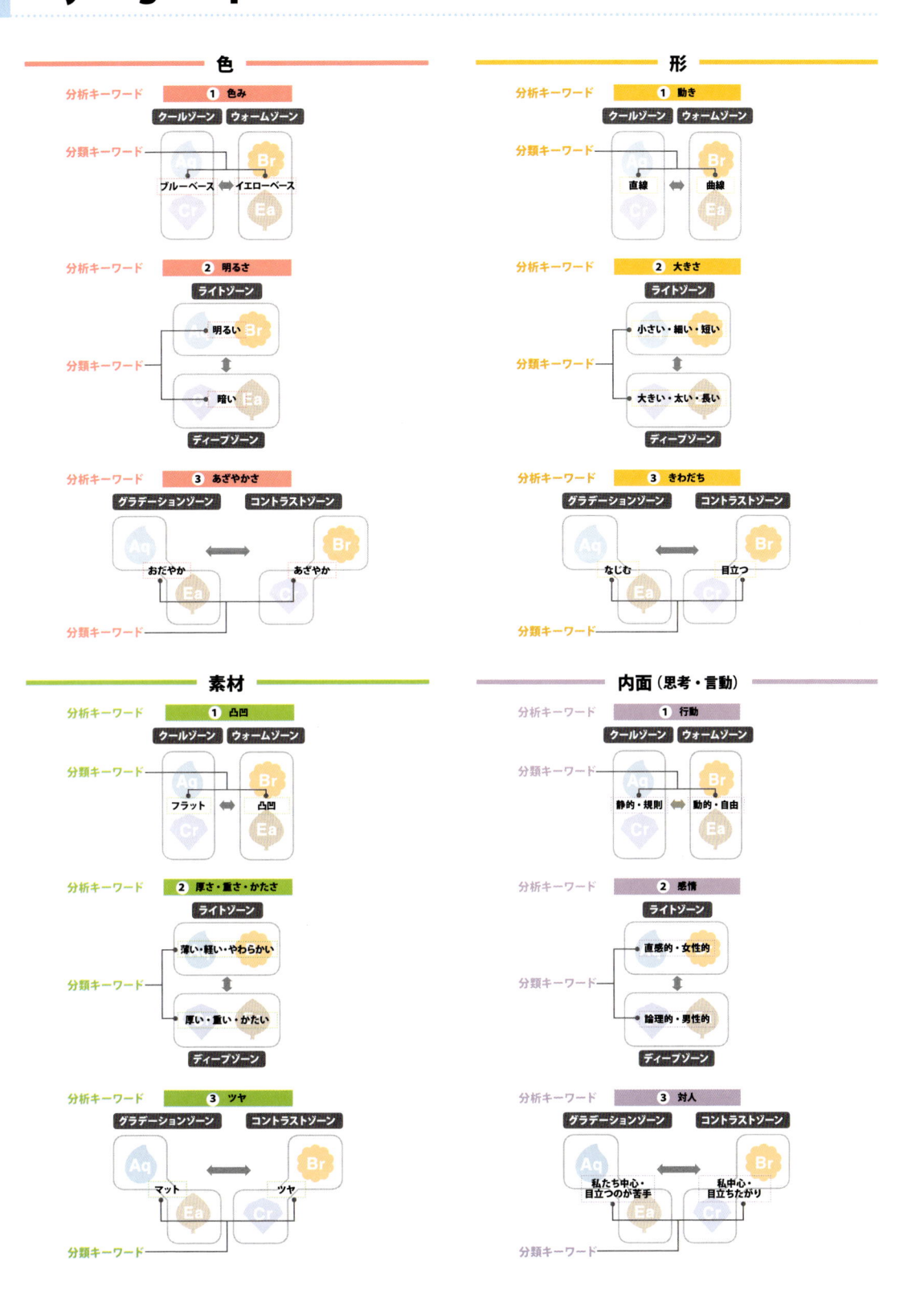

分析キーワード ① 色み
クールゾーン / ウォームゾーン
分類キーワード: ブルーベース ⇔ イエローベース

分析キーワード ② 明るさ
ライトゾーン
分類キーワード: 明るい ⇕ 暗い
ディープゾーン

分析キーワード ③ あざやかさ
グラデーションゾーン / コントラストゾーン
分類キーワード: おだやか ⇔ あざやか

形

分析キーワード ① 動き
クールゾーン / ウォームゾーン
分類キーワード: 直線 ⇔ 曲線

分析キーワード ② 大きさ
ライトゾーン
分類キーワード: 小さい・細い・短い ⇕ 大きい・太い・長い
ディープゾーン

分析キーワード ③ きわだち
グラデーションゾーン / コントラストゾーン
分類キーワード: なじむ ⇔ 目立つ

素材

分析キーワード ① 凸凹
クールゾーン / ウォームゾーン
分類キーワード: フラット ⇔ 凸凹

分析キーワード ② 厚さ・重さ・かたさ
ライトゾーン
分類キーワード: 薄い・軽い・やわらかい ⇕ 厚い・重い・かたい
ディープゾーン

分析キーワード ③ ツヤ
グラデーションゾーン / コントラストゾーン
分類キーワード: マット ⇔ ツヤ

内面(思考・言動)

分析キーワード ① 行動
クールゾーン / ウォームゾーン
分類キーワード: 静的・規則 ⇔ 動的・自由

分析キーワード ② 感情
ライトゾーン
分類キーワード: 直感的・女性的 ⇕ 論理的・男性的
ディープゾーン

分析キーワード ③ 対人
グラデーションゾーン / コントラストゾーン
分類キーワード: 私たち中心・目立つのが苦手 ⇔ 私中心・目立ちたがり

COLUMN 2　Styling Map© の各テイストを歴史的背景から見てみると

　もともと、すべてのテイストは〈アーステイスト〉から生まれていると考えられます。ビジュアル的なものはすべて自然界から生まれて、中世まで色や形、素材すべてがアーステイストだったのではないでしょうか。その後、歴史の中でさまざまなテイストに枝分かれしていったのだと考えています。

　F.S.A. ではアーステイストが進化して、フェミニンな〈アクアテイスト〉が生まれたり、アーステイストがカジュアルに変化して〈ブライトテイスト〉になったりしたと考えています。最後に誕生したのは〈クリスタルテイスト〉で、これは、アーステイストのもつ自然界のイメージではなく、人の手を加えた人工的なイメージやコンピューターなど機械的でデジタルなイメージ、宇宙といった近未来的な要素がクリスタルテイストにはあるからです。

　例えば、色で原始時代を表現するときには、アーステイストの色が使われていることが多く、形や素材もアーステイストの特徴が色濃く出ています。

　中世ヨーロッパのデコラティブなドレスまでが、アーステイストの時代で、その後女性のドレスはやわらかでフェミニンな形、素材となり、アクアテイストの時代になります。それがアクティブでスポーティー、カジュアルな色・形・素材となったのがブライトテイストの時代で、よりモードなファッションが生まれてクリスタルテイストの時代が訪れた、と考えると、それぞれのテイストのスタイリングイメージキーワードや、アーステイストにさまざまな要素が含まれていることが理解できるのではないでしょうか。

　アーステイストは、すべての原点といえます。そのため、ナチュラルからゴージャスまで幅広く含まれているのです。

Chapter 3

「物の色」を分析・分類しよう

　この章から具体的に、Styling Map はどのように分析・分類するのかを学びます。

　最初に、分析・分類するのが「物の色」です。スタイリングの際に、その人に似合う、「色」「形」「素材」を分析・分類していきますが、なぜ「色」から学ぶのでしょうか。まず、その理由を理解し、私たちが見ている色とは何なのか、色が見えるしくみや色の三属性などの基礎を押さえておきましょう。

　次に、「物の色」の色の分析キーワード、①色み、②明るさ、③あざやかさを理解しましょう。

　ファッションやメイクなどの物の色としてだけでなく、色が与える心理的作用も大切です。

　色の特性をしっかり学び、だれにでも論理的なスタイリングの説明ができる知識を身につけてください。

色のいろいろ

■ 五感の中でも視覚からの情報が圧倒的

人は情報を五感で認識しています。五感とは、視覚・聴覚・味覚・嗅覚・触覚のことです。その五感の中でも、もっとも優先されるのが視覚といわれています。その割合は80％以上になり、またその中でも色の情報は80％以上の割合で優先されるといわれています。

実際、生後すぐの赤ちゃんの視力は、明暗を認識できる程度で、形はぼんやりしていて認識できません。生後3カ月までにはあらゆる色を認識するようになり、8カ月前後になると目の機能がさらに発達して立体視ができ、形、上下左右、自分と物との距離なども正確に把握できるようになります。3歳になると、視力は1.0ほどになります。

赤ちゃんの目は、初めはどうしてあまり見えていないのでしょうか？ それは、脳の発達と関係があります。日々、目で見たものに対する経験が重なるにつれ、だんだんと物の細部まで見られるようになり、やがて立体で物を認識するようになります。このように、目と脳が一緒に働いてはじめて「色」を理解し、それから「形」「素材」の区別をつけて、"物"を正確に見ることができるようになるのです。

これらのことを踏まえて、スタイリングの構成要素である「色」「形」「素材」の3つの要素の中で、最初に色から学んでいきます。

■ 「好きな色」と「似合う色」

スタイリングをするとき、多くの人が「好きな色」「嫌いな色」という主観的な好みで選んでいるのではないでしょうか。しかし、「好きな色」を着ていても、必ずしもそれが自分に「似合う色」とは限りません。「似合う」とは客観的に、その人が素敵に見えるということです。魅力を引き出し、輝かせてくれるのが「似合う色」で、他人にも良い印象を与えられます。

自分のことは自分がいちばんよく知っていると思うかもしれませんが、鏡を通して見る自分は、実は主観的なフィルターがかかっているのです。なぜなら、鏡を見るときは、気づかないうちに自分独自のモノサシで、見るようになってしまっているからです。まずは、自分自身が自分を客観的に眺められるようになることから始めましょう。

■ 似合う色の論理をStyling Mapで学ぶ

Styling Mapでは、それぞれの人に、それぞれ似合う「色」「形」「素材」を見つけ出すための手段として、最初に「色」を学んでいきます。Styling Mapを学び、**プロフェッショナルなスタイリストとして主観的な好みや趣味を優先することなく、「似合う理由」「似合わない理由」を論理的に分析して導き出し、的確なスタイリングができるようになりましょう。**

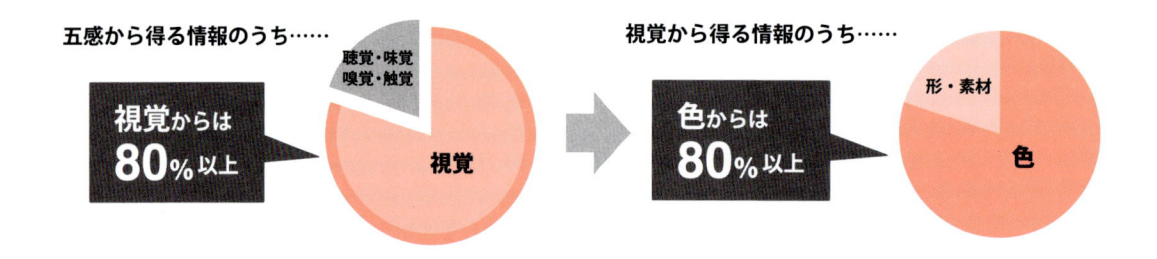

五感から得る情報のうち……
視覚からは80％以上
聴覚・味覚・嗅覚・触覚
視覚

視覚から得る情報のうち……
色からは80％以上
形・素材
色

色が見えるしくみ

■ 視覚現象の三要素を知る

　光がない世界に「色」は存在しません。光がない暗闇の中では「色」はもちろん、物の形や質感を目で認識することはできません。「色」を理解する第一歩として、「色」が見えるしくみについて知りましょう。

　まず、色を見るためには3つの条件が必要になります。それは①光（光源）、②物（物体）、③目（視覚）です。この3つのうちのどれかひとつが欠けても色は見えません。これを「視覚現象の三要素」と呼びます。

　では、どのようにして「色」を認識しているのかというと、「光」自体に色がついているわけではありません。光が物にぶつかると、「物」は光を吸収したり、反射したりします。一部が吸収され、吸収されなかった光が反射して、目の網膜に像として映り、それが大脳へ伝わり、「色」として感知します。

　脳で感知した「色」が感情に働きかけます。つまり、「色」は「物」についているのではなく、人間の脳で感知しているということです。

視覚現象の三要素

❶ 光（光源）
光がない暗闇の中では、色を見ることはできません

❷ 物（物体）
物（色＋形＋素材）がなければ、色は存在しません

❸ 目（視覚）
目を閉じていては、色を受け取ることができません

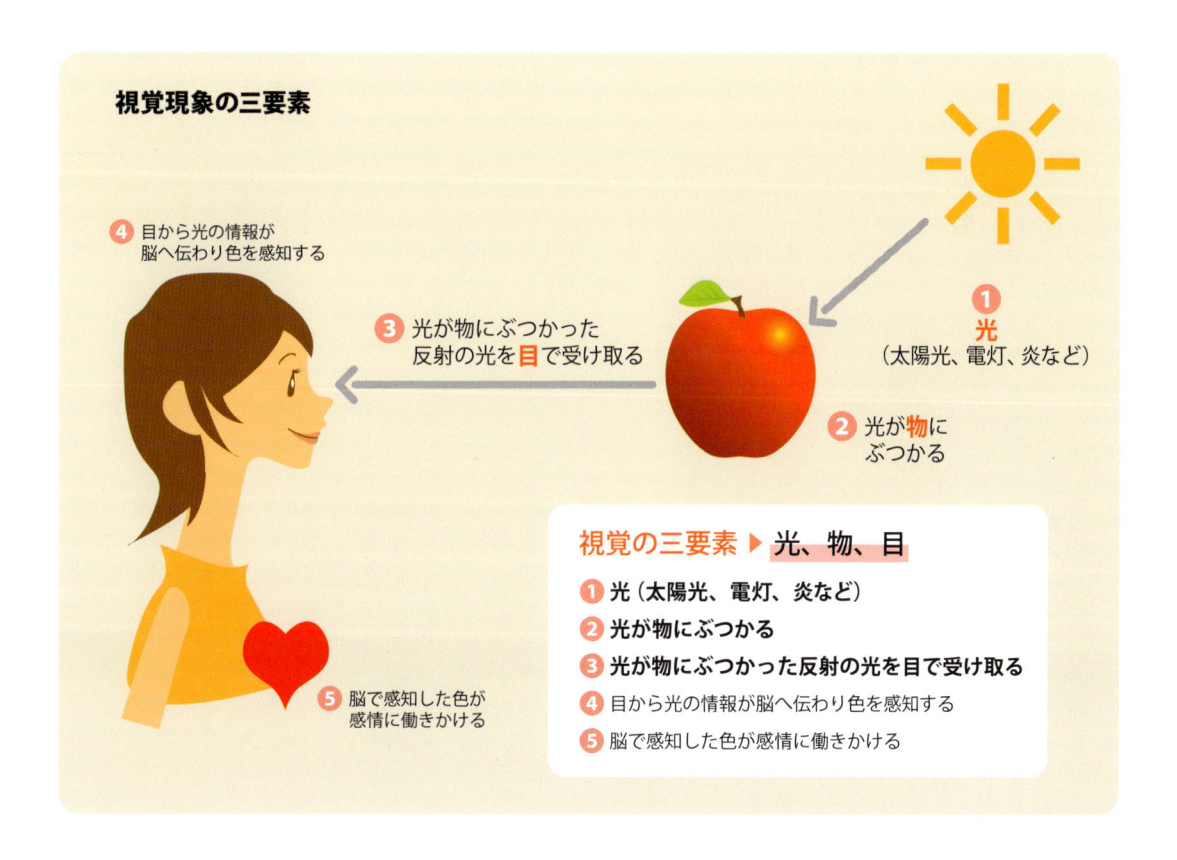

視覚現象の三要素

❶ 光（太陽光、電灯、炎など）
❷ 光が物にぶつかる
❸ 光が物にぶつかった反射の光を目で受け取る
❹ 目から光の情報が脳へ伝わり色を感知する
❺ 脳で感知した色が感情に働きかける

視覚の三要素 ▶ 光、物、目

❶ 光（太陽光、電灯、炎など）
❷ 光が物にぶつかる
❸ 光が物にぶつかった反射の光を目で受け取る
❹ 目から光の情報が脳へ伝わり色を感知する
❺ 脳で感知した色が感情に働きかける

色とは何か？

■「色」とは「光」のこと

　太陽の光は無色透明で、色がついているようには見えません。ところが、この光をプリズム[※1]に通すと、いろいろな色の光に分かれます。つまり、光の中にはいろいろな色が含まれているということです。

　約350年前イギリスの物理学者、アイザック・ニュートンは、太陽光がガラスのプリズムを通ると「赤・橙・黄・緑・青・藍・紫」の虹の7色に色が分かれて見えることを発見しました。無色透明と思われていた光が、実は7色の単色光の集まりであると証明したのです[※2]。

　19世紀になると、光が電磁波としての性質をそなえていることが明らかにされました。電磁波の波の間隔を波長といい、波長の長さによって、赤外線、可視光線、紫外線などに分かれます。人間の目に見える光は可視光線と呼ばれ、その波長は、380～780nm（ナノメートル[※3]）あります。

　光自体は「色」ではなく、波長の長さの違いで色が変わって見えます。波長が長い光は赤く、波長が短い光は青く見えます。これは目が光の強弱と波長の相違を刺激として感じ、脳が働いて、「色」の識別につながっているからです。

■ リンゴが赤く見えるのは？

　では、なぜリンゴが赤く見えるのかというと、光のエネルギーは、物にぶつかると屈折して、①吸収される、②反射される、③通り抜ける、の3つの反応をします。光がリンゴに当たったとき、リンゴは多くの光を吸収しますが、その中で、赤い色に見える波長の光を反射しているのです。その赤い色に見える光が私たちの目に入ったとき、「このリンゴは赤い」と認識されるのです。

　つまり、リンゴの表面に赤い色がついているわけではありません。リンゴの表面には「赤い色に見える光を反射する性質」があるのです。もし、リンゴが赤色を出しているのなら、暗闇でもリンゴは赤く見えるはずです。しかし、実際は暗闇でリンゴは見えません。リンゴが赤い色なのではなく、赤い色に見える光を反射させているから、私たちにはリンゴが赤く見えるのです。

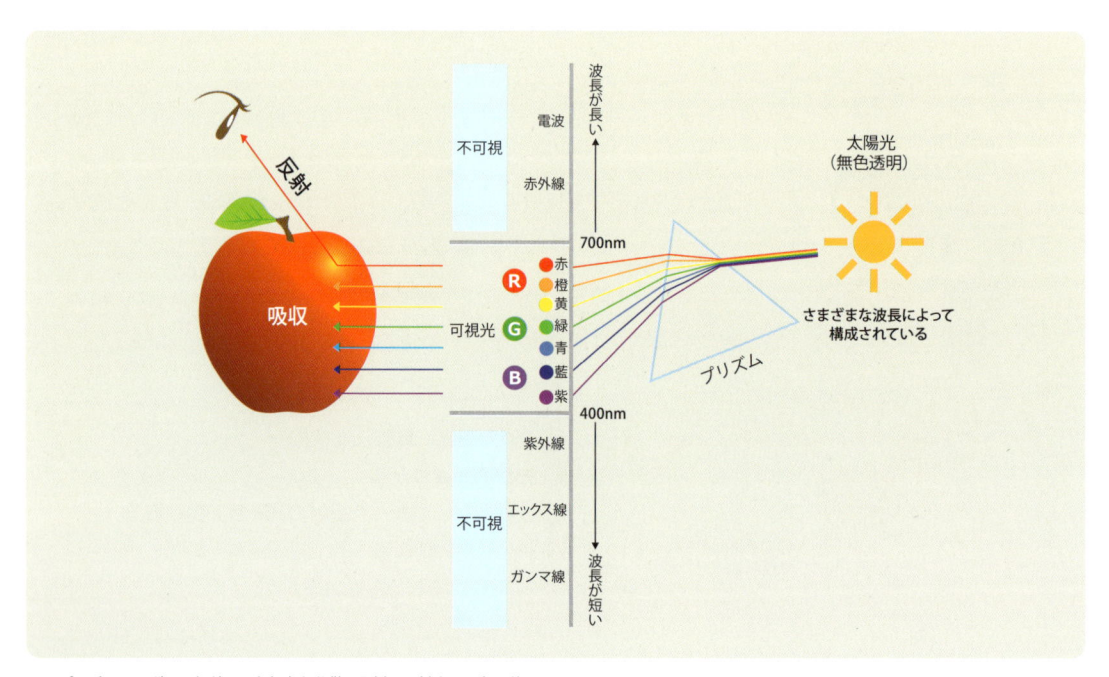

※1 プリズムは、ガラスなどでできた光を分散・屈折・反射させる多面体。
※2 分光によって見られる帯状の色光を、スペクトルといいます。
※3 1nm（ナノメートル）は、100万分の1ミリメートル。

色の三属性

■ **色の違いを区別する三要素**

色の三属性とは、色のもつ3つの性質である「色相」「明度」「彩度」をいいます。

色を測るモノサシである表色系もさまざまな種類がありますが、調和のとれた配色を考えるときにもっとも便利な表色系のひとつである「PCCSトーンマップ」で解説します。

「色相」とは、赤・黄・緑・青のように、色を特徴づける"色の違い"のことをいいます。色相を環状に配置したのが「色相環」です。

「明度」は、色合いとは別に純粋に"色の明るさ、暗さの度合い"です。明度を上げると白に近くなり、明度を落とすと暗くなります。もっとも明るい色は白で、もっとも暗い色は黒ということになります。

「彩度」は、"色のあざやかさの度合い"を表すものです。色みが強いあざやかな色は彩度が高く、色みの弱いくすんだ色は彩度が低くなります。わずかでも彩度がある色は有彩色といい、白・灰・黒などは無彩色といいます。同じ系統の色の中で、もっとも彩度の高い色は「純色」といいます。色相環は純色でできていて、白も黒も含まれていません。

色の三属性は、色を表わしたり区別したりするときに用いられるひとつの基準です。

色の三属性

①	色相	色の違い
②	明度	色の明るさの度合い
③	彩度	色のあざやかさの度合い

PCCSトーンマップ

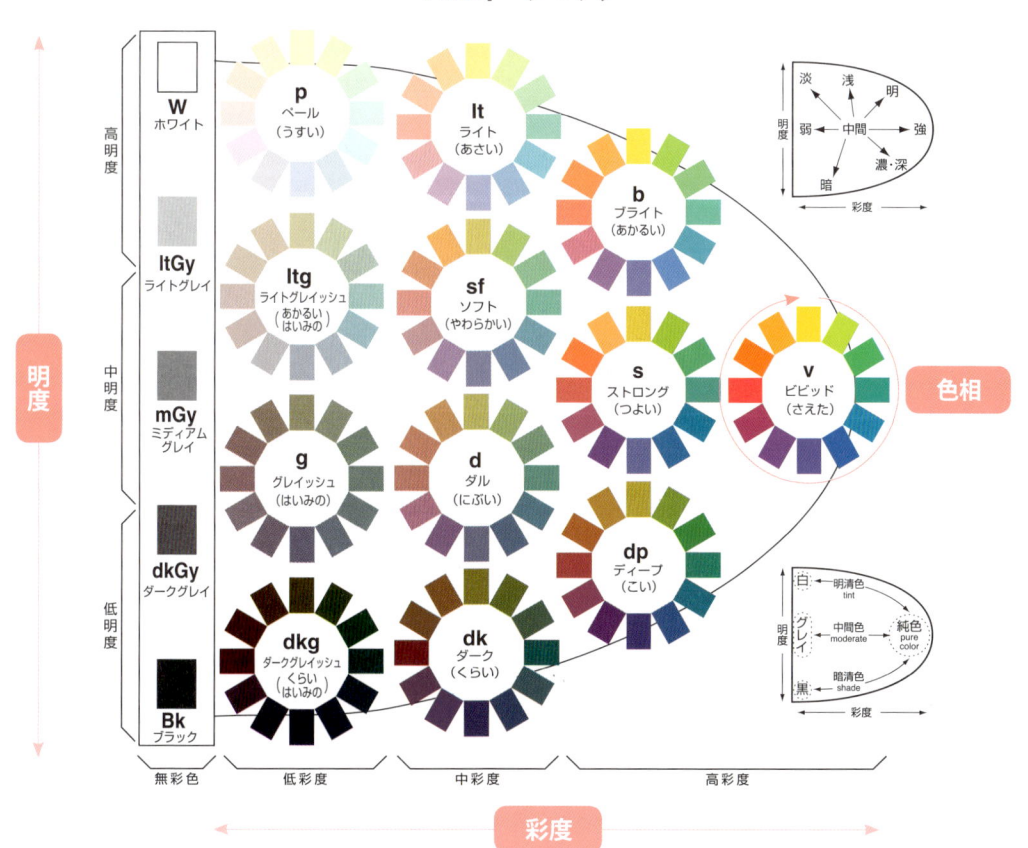

日本色研事業株式会社の資料提供によるPCCSトーン分類図に手を加えています。

Styling Mapの基であるパーソナルカラー

■ 似合う「色」がわかれば印象が変わる

　パーソナルカラーは、1970年代にアメリカで誕生した「自分に似合う色」を選ぶカラーシステムです。1980年代には日本にも上陸し、ファッションの新分野として採用されるようになりました。

　パーソナルカラーとは人がもって生まれた、目、肌、髪の色と調和し、個性を引き立て、自分を美しく見せてくれる色のことです。つまり「自分に似合う色」です。似合う色を身につけたとき、肌は透明感が増し、健康的に見えます。瞳までもがイキイキと輝いて見えるのです。逆に、似合わない色を身につけていると、人から見て疲れている、暗い、キツイなどのマイナスな印象に見えてしまうこともあるのです。

■ パーソナルカラーが生まれた背景

　1928年、アメリカのロバート・ドアによって配色調和と不調和の原則が発見されました。ドアは美術学校出身で、大学時代のペンキ塗りのアルバイトの際、それぞれのペンキに「青」か「黄色」のいずれかを少量混ぜることで全体の色に統一感が出るという伝統的な技を知りました。これが彼が考案した「カラー・キープログラム」の基になっています。

　これは、「キー1（青み）」「キー2（黄み）」の同じグループの色のどちらかから基調色を選ぶと、調和のとれたカラーコーディネートができるというものです。これは、ファッションやインテリアなどの多分野で活かされました。

　また、スイスの色彩教育者のヨハネス・イッテンは、1919年、ドイツの造形学校である「バウハウス」において、生徒たちが考えた調和のとれた配色を分析した結果、"人間の目は自然に調和と均衡を探しており、自分にとって快適な色の組み合わせに直感的に惹かれる"という説を導き出しました。この調和のとれた色は、人の肌、瞳、髪の色に調和する色であり、さらに快適な色はだれもが馴染んでいる四季の色に重ねることができるという色彩論を主張しました。

　ロバート・ドアの2分類法を主軸に、イッテンの四季の色を4分類にしたものがパーソナルカラーの基礎といえるでしょう。

　1960年代に入り、アメリカではパーソナルカラーの診断をするカラーリストが活躍しはじめ、大統領選挙では、カラーテレビによってその効果が大いに発揮されました。これ以降、アメリカの政治家たちは専属のカラーリストを雇い、有権者に好印象を与えるように努めました。

　1970年代には、一般のビジネスシーンでも「イメージ戦略」の重要性が認識されるようになり、「パーソナルカラー」という言葉が登場しました。1980年代になると世界的にパーソナルカラーの概念が普及し、日本でも広く知られるようになり、現在に至っています。

■ カラーのグループ分け

　日本でも「パーソナルカラー」は、「似合う色」の分析システムとして知られています。「似合う色」とは本人の好き嫌いにかかわらず、客観的に決まります。「赤が似合う」とか「黄色が似合わない」などといった単純な話ではなく、人それぞれの特徴によって「どんな感じの色が似合うか」を分析し、系統別に分けます。

　今では多くの流派がありますが、ほとんどがアメリカにならい四季に例えて4つのグループに分類しています（7グループや12グループに分類する流派もあります）。4つのグループは「春：スプリング」「夏：サマー」「秋：オータム」「冬：ウインター」と表現されています。

　「Styling Mapとは？」（22ページ参照）でも解説しているように、四季に分類すると、季節のイメージがそのまま受け取られてしまう傾向があるため、F.S.A.では、分類のイメージに合った独自の「4つのテイスト」を使っているのです。

物の色の分析・分類｜①色み

■ "青み"か"黄み"かのベースカラーで分類

Styling Mapの色の分析は、まず最初のキーワードである「色み」の分析から始めます。

最初に、**色彩調和論**[※1]**のベースカラーを基にして、「ブルーベース」か「イエローベース」に分類**します。

自然界にあふれる色の見え方を、青みと黄みに分けたのは、アメリカの自然科学者であるルードでした。それは、光と影の色を意味していて、生い茂る木々の緑は、日を浴びた面は黄みを帯びて見え、影は青みを帯びて見えるというものです。

イメージとしてリンゴの絵を見てみましょう。右上から太陽の光が差しています。そのとき、陰になって青みを帯びている側、つまり《クールゾーン》の分類キーワードが「ブルーベース」、日が当たって黄みを帯びている《ウォームゾーン》の分類キーワードが「イエローベース」となります。これは、イエローベースの色には必ずあたたかみの黄色が入っているということです。

※1 色彩学の分野で、色彩調和はカラーハーモニーとも呼ばれ、色彩調和論は人気の研究テーマです。多くの研究者がさまざまな持論を発表しています。

物の色の分析・分類｜②明るさ

■ 色の明暗「明度」を分析しましょう

次は、2つめのキーワードである「明るさ」を分析します。

分類キーワードに従って、**明るい色を《ライトゾーン》、暗い色を《ディープゾーン》に分類**します。「色み」のときと同じように、イメージとして右上から太陽の光が差したリンゴの絵を見てみましょう。

そのとき、太陽に近いライトゾーンの分類キーワードは「明るい」（高明度）となり、地面に近いディープゾーンの分類キーワードは「暗い」（低明度）になります。

「明るい」（高明度）色は軽い印象に、「暗い」（低明度）色は重い印象になります。

50

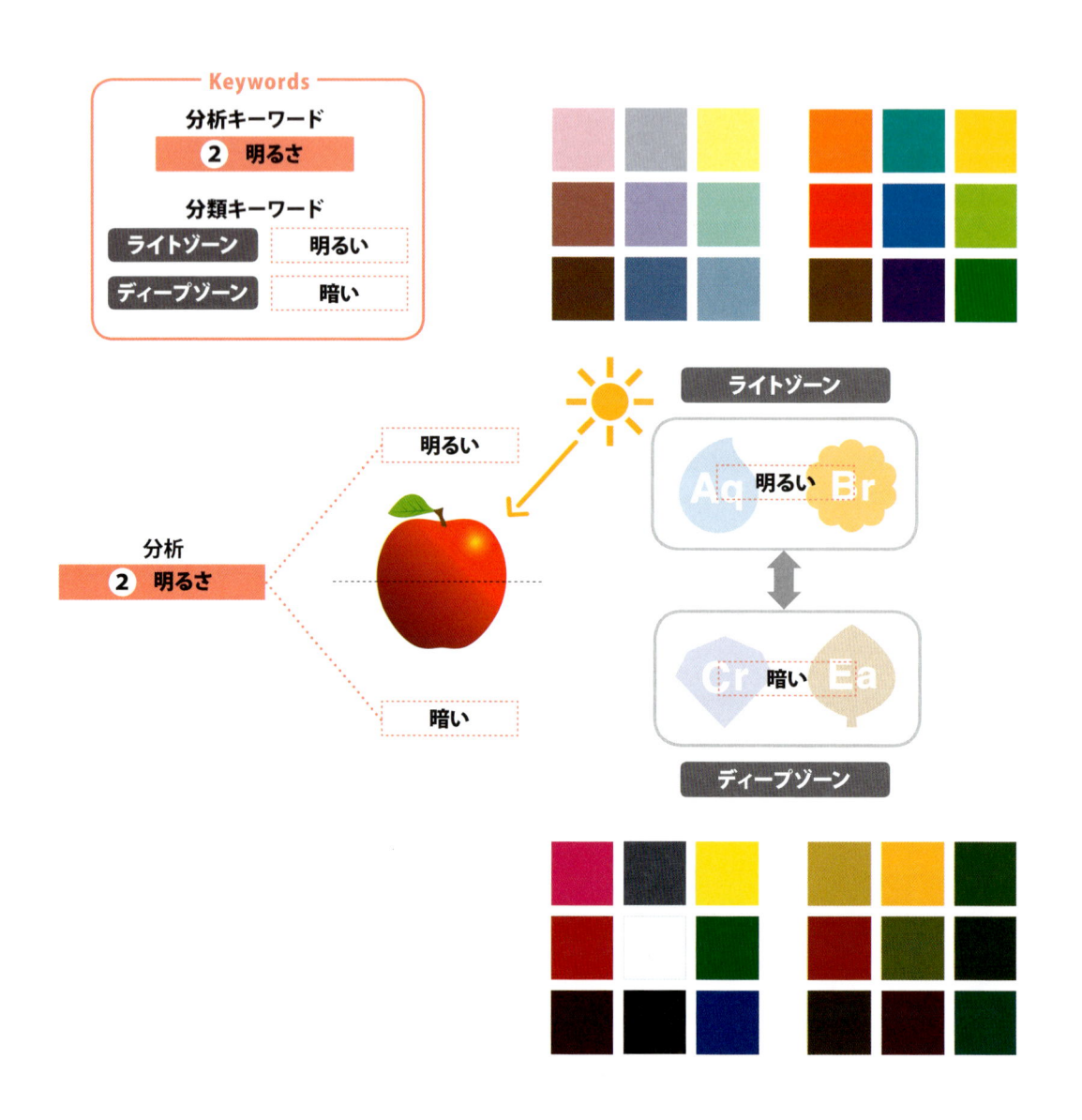

物の色の分析・分類｜③あざやかさ

■ 色のあざやかさの度合い「彩度」を分析しましょう

次に3つめのキーワードである、色の「あざやかさ」を分析します。

分類キーワードに従って、**おだやかな色を《グラデーションゾーン》、あざやかな色を《コントラストゾーン》**と分類します。

「色み」のときと同じように、イメージとして右上から左下へ太陽の光が差したリンゴの絵を参考にしましょう。

光が当たらない陰の部分がグラデーションゾーンで、分類キーワードは「おだやか」になります。反対に光が当たっているラインがコントラストゾーンで、色があざやかにうつしだされるため、分類キーワードは「あざやか」になります。

色のグループの特徴としては、グラデーションゾーンは中間色同士の組み合わせで、コントラストゾーンは色相環の離れた色でにごりのない清色同士の組み合わせになります。中間色とは、純色のようなはっきりとした色ではなく、いくつかの色を混ぜた抑えめの色のことです。

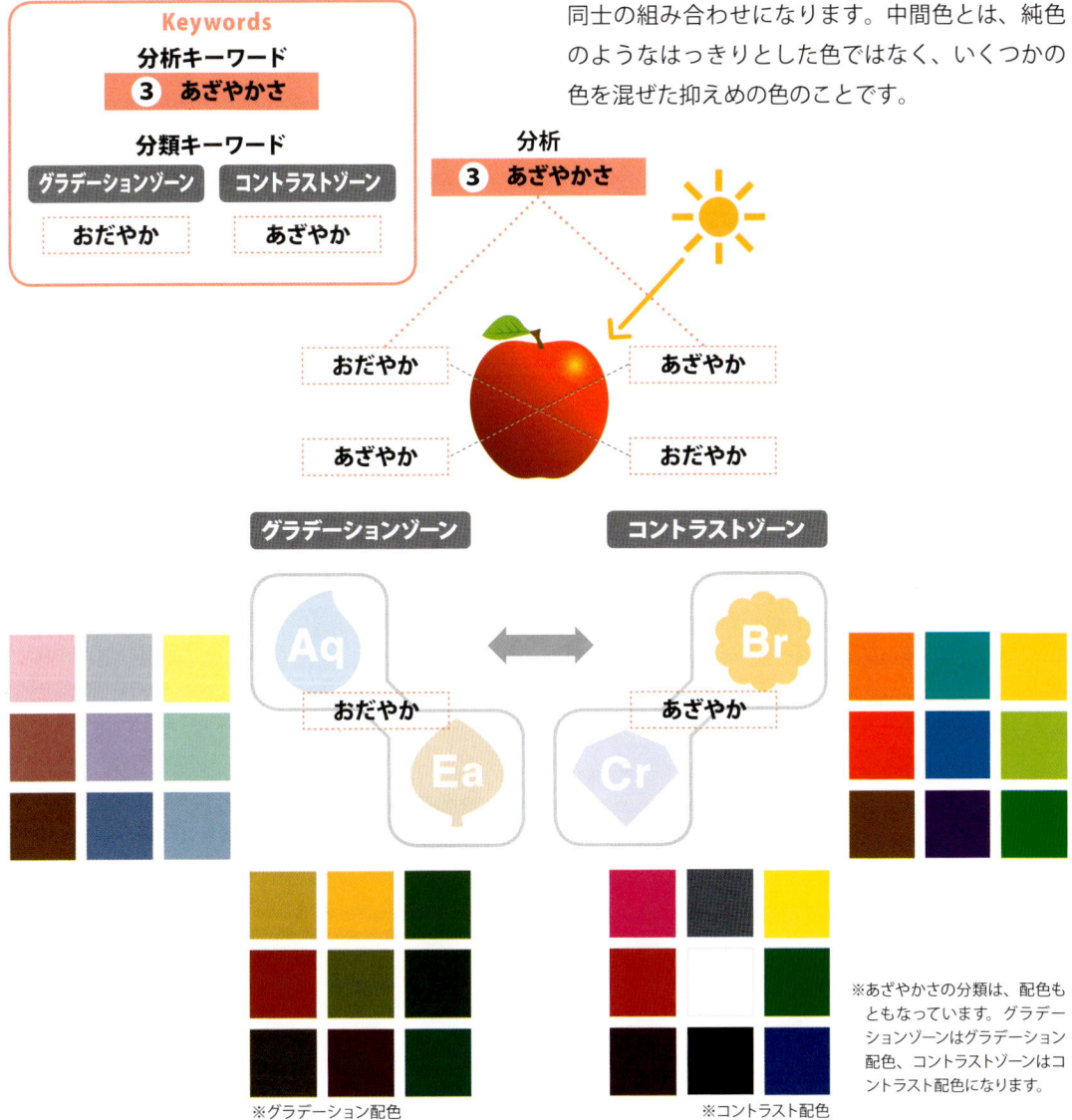

Keywords
分析キーワード
③ あざやかさ

分類キーワード
グラデーションゾーン	コントラストゾーン
おだやか	あざやか

分析
③ あざやかさ

※グラデーション配色

※コントラスト配色

※あざやかさの分類は、配色もともなっています。グラデーションゾーンはグラデーション配色、コントラストゾーンはコントラスト配色になります。

物の色 4つのテイスト

「物の色」を、4つのテイストに分析・分類しました。
分析・分類キーワードとともに、色のイメージワードもおぼえましょう。

Aq アクアテイスト

❶ 色み	ブルーベース
❷ 明るさ	明るい
❸ あざやかさ	おだやか

ヘアメイクカラー
- **ヘア**
地毛の色を活かすのがベスト。染めるなら暗めのアッシュ系、バイオレット系
- **アイシャドウ**
グレーやラベンダー、薄い水色、グレイッシュな色めでグラデーション
- **チーク**
ソフトピンク系で控えめな色
- **リップ**
淡いピンク系〜色みの少ないベージュ

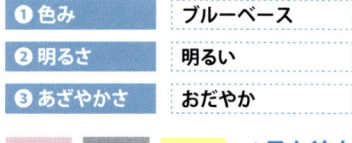

色のイメージ
- 梅雨時
- あじさい
- グレイッシュ
- まとまりのある色合い

Br ブライトテイスト

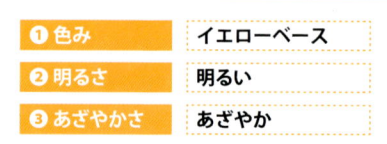

❶ 色み	イエローベース
❷ 明るさ	明るい
❸ あざやかさ	あざやか

ヘアメイクカラー
- **ヘア**
明るいゴールド系、イエロー系、オレンジ系
- **アイシャドウ**
アイボリーやベージュなど明るい。カラフルな色の多色使い
- **チーク**
ピーチ、オレンジ系でキュート、元気な印象
- **リップ**
オレンジベースでビビッドに

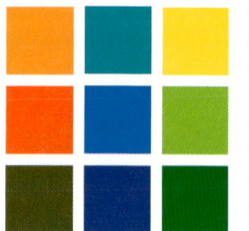

色のイメージ
- 春
- お花畑
- ポップ
- カラフルな色合い

```
        明るい
おだやか       あざやか
      Aq  Br
ブルーベース    イエローベース
      Cr  Ea
あざやか       おだやか
        暗い
```

Cr クリスタルテイスト

❶ 色み	ブルーベース
❷ 明るさ	暗い
❸ あざやかさ	あざやか

ヘアメイクカラー
- **ヘア**
深いワインレッド、パープル系
- **アイシャドウ**
シンプルな色使い。ラインで引き締めてクールな印象に
- **チーク**
冷たさを感じるクールなピンク
- **リップ**
色みを感じさせないグロスでツヤを出す。インパクトのあるビビッドなワインレッドもOK

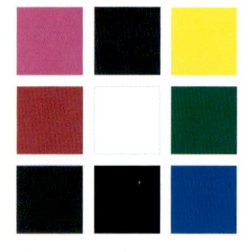

色のイメージ
- 冬
- 星空
- メタリック
- シンプルな色合い

Ea アーステイスト

❶ 色み	イエローベース
❷ 明るさ	暗い
❸ あざやかさ	おだやか

ヘアメイクカラー
- **ヘア**
暗めの深みのあるカッパー系、オレンジ系、マット系
- **アイシャドウ**
深みのある鈍い光のゴールド系、シックな落ち着いたアースカラー
- **チーク**
深みのあるカッパー系
- **リップ**
深みのあるブロンズ系

色のイメージ
- 秋
- 紅葉
- シック
- 深みのある色合い

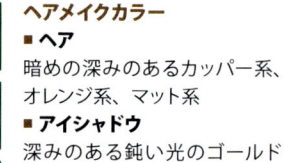

色が与える心理的作用

■ どんな色にも与える印象がある

色にはそれぞれ特徴があり、心や体にさまざまな影響を与えます。例えば、黒い箱と黄緑色の箱があったとします。同じ大きさだとしたら、どちらが重く感じるでしょう。答えは、黒い箱。色によって、重さの違いも感じるのです。

また、赤をメインにスタイリングした部屋と、青をメインにした部屋では、赤のほうが時間が長く感じられます。赤はエネルギッシュで興奮させる色なので、思ったほど時間が進んでいないと感じるのです。

下に各テイストを代表する色と、その色がもつ心理的作用をあげました。スタイリングの参考にしてください。

Aq アクアテイスト

色	印象
水色	上品、清潔、浄化、親切、ナイーブ
ピンク	やさしい、やわらかい、女性的、かわいい、頼りない
グレー	保守、控えめ、中立、公平、停滞
ラベンダー	品性、高尚、洗練、繊細、幻想的

Br ブライトテイスト

色	印象
オレンジ	社交的、親近感、元気、よろこび、団らん
黄色	明るい、冒険、無邪気、軽快、素直
黄緑	スタート、再生、成長、希望、若さ
ターコイズ	変化、創造、自己表現、解放、感性

Cr クリスタルテイスト

色	印象
青	冷静、誠実、礼儀、理性、規律
赤	行動、自発、情熱、エネルギッシュ、派手
黒	都会的、威厳、絶対的、孤高、完全主義
フューシャピンク	成熟、美、個性、魅力、自己価値

Ea アーステイスト

色	印象
茶色	自然、伝統、素朴、安定、信頼
緑	リラックス、おだやか、調和、回復、バランス
ベージュ	常識、家庭的、安らぎ、おおらか、さりげない
紫	直感、精神性、神秘的、エキゾチック、思慮深い

物の色の分析・分類｜ワーク

「物の色」WORK

このワークは、色の分析・分類キーワード、色のイメージや特徴をとらえて、「物の色」の分析・分類を練習するページです。各業種別で扱うアイテムを、雑誌・カタログの写真や身近なものなどから集めて各テイストに分けたり、持っている道具を各テイストの位置に塗ったりして、各テイストの色の違いを確認しましょう。並べてみると、色の違いがわかりやすくなります。

- ファッションアイテム（トップス、ボトムス、靴、バッグ、アクセサリーなど）の切り抜き写真。

- 自分が持っているアイブロウ、アイシャドウ、チーク、リップを使って、右ページに塗り、各テイストに分析・分類しましょう。
  ※右ページをコピーして、繰り返し練習してください。

- 自分が持っているネイルカラーをネイルチップ、または右ページに直接塗り、各テイストに分析・分類しましょう。
  ※右ページをコピーして、繰り返し練習してください。

- ブライダルアイテム（ドレス、ブーケ、ヘアードなど）の切り抜き写真。

- スーツアイテム（シャツ、スーツ、ネクタイ、靴、バッグなど）の切り抜き写真を集めて、各テイストに分析・分類しましょう。

- 身の回りのアイテム（ファッション、インテリア、ステーショナリーなど）の切り抜き写真。

いかがでしたか？　各テイストの色の違いだけでなく、グラデーション・コントラストの配色も意識して分析・分類することはできたでしょうか。また、自分の持っている道具は、各テイストすべてが揃っていましたか。雑誌やカタログによっては、探しにくい色があったかもしれませんが、集めることで足りない色、片寄りの有無をチェックできます。クリスタルテイストの色は、白や黒以外の色も集めてみましょう。

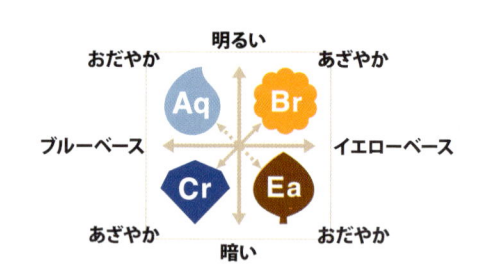

〈ワーク例〉

右のページをコピーして、自分の持っているメイク道具や色鉛筆などを使って、各テイストの色の特徴をとらえて塗ってみましょう。メイク道具での色塗りの場合は、画用紙にコピーすると紙に色がのりやすくなります。特に、ブルーベース、イエローベースの色の違いをしっかり見極めましょう。

物の色の分析・分類　ワーク 色塗り

ヘアメイク
アイブロウ

アイシャドウ

チーク

リップ

ネイル

ヘアメイク
アイブロウ

アイシャドウ

チーク

リップ

ネイル

明るい
おだやか　　あざやか

Aq　Br

ブルーベース ← → イエローベース

Cr　Ea

あざやか　　おだやか
暗い

ヘアメイク
アイブロウ

アイシャドウ

チーク

リップ

ネイル

ヘアメイク
アイブロウ

アイシャドウ

チーク

リップ

ネイル

※ このページをコピーして繰り返し練習してください。

COLUMN 3　Styling Map テイストカラーのイメージ分布図

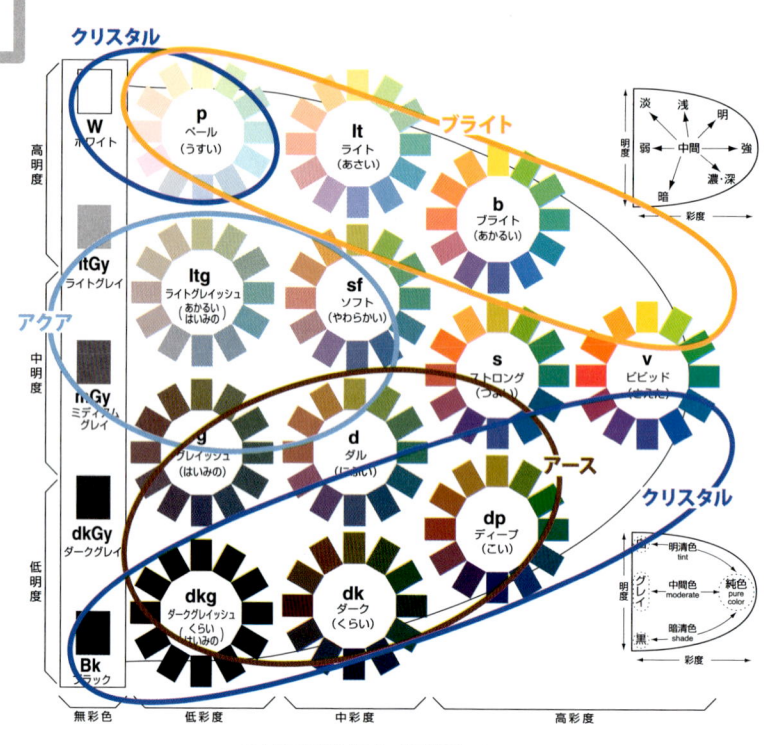

日本色研事業株式会社の資料提供によるPCCSトーン分類図に手を加えています。

　4つのテイストカラーをPCCSトーンマップ上で表すと、このような分布になります。《グラデーションゾーン》である〈アクアテイスト〉〈アーステイスト〉のグラデーション配色は近い色が配色しやすく、《コントラストゾーン》である〈ブライトテイスト〉〈クリスタルテイスト〉のコントラスト配色は遠い色でなければつくれない配色だということが、この図から視覚的にとらえることができます。

＊この図は、ブルーベース・イエローベースの概念ではありません。
＊分布はあくまでもイメージのため、テイストカラーの色だけを囲んでいるのではありません。

> Styling Mapの各テイストの色の分布をイメージとして視覚的にとらえることで、グラデーション配色・コントラスト配色をイメージしやすくなったのではないでしょうか。PCCSトーンマップで色相、明度、彩度を理解し、各テイストの色の特徴を確認しましょう。

Chapter 4

「人の色」を
分析・分類しよう

　人はそれぞれ固有の色をもっています。目や肌、髪など、一見同じようでも人によって違いがあることが、観察するとわかってくるはずです。
　この章では、人がもつ色を分析する方法や、分析ポイント、似合う色を身につけたときの効果などを学びます。
　「人の色」の分析キーワードも、「物の色」と同じ、①色み、②明るさ、③あざやかさです。
　本書では、「人の色」の分析法として、1. 目視と2. 12色カラーウィッグを紹介しますが、目視のみで分析できるようになることが目標です。
　テキストでひととおり学んだら、友人や家族、同僚など、いろいろな人を分析してみましょう。分析・分類のスキルを上げるには、メソッドを学ぶことだけでなく、たくさんの分析をして経験値を上げることが非常に大切なのです。

似合う色・似合わない色による変化

■ **似合う色とは**

「色」は、人によって"似合う""似合わない"があります。しかし、「好きな色」と「似合う色」が、残念ながら違うことがあります。それはなぜなのでしょうか？

「好きな色やアイテム」は主観的な好みから生じるものですが、「似合う色やアイテム」は客観的要素が含まれています。

人の「目・肌・髪」の「色」には、人それぞれにもって生まれた個性があり、まさに十人十色です。

「似合う色」とは、その人がもっている目の色や肌色や髪色などに調和している色のことなのです。

「似合う色」を探すには、人の色を Styling Map メソッドで分析し、4つのテイストや6つのゾーンに分類します。人の肉体的特徴を客観的に分析することで、テイストまたはゾーンに分類することができます。

人の色のテイストとアイテムの色のテイストが調和することで「似合う」は構成され、「似合う」色を身につけることは、その人を健康的に輝かせて見せ、魅力を引き出してくれるのです。

■ **似合う・似合わない「色」による変化**

それでは、似合う色のアイテムを装うと、具体的にどのような変化があらわれるのでしょうか。右ページは、Styling Map を使って人を分析した、似合う色と似合わない色であらわれる変化の例です。

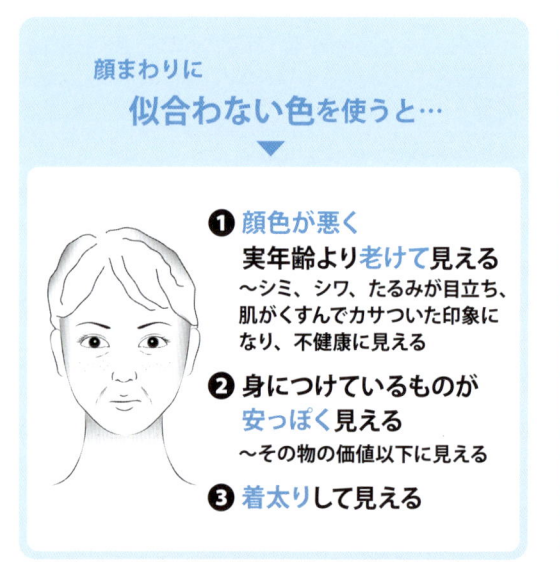

顔まわりに 似合わない色を使うと…

❶ **顔色が悪く 実年齢より老けて見える**
〜シミ、シワ、たるみが目立ち、肌がくすんでカサついた印象になり、不健康に見える

❷ **身につけているものが 安っぽく見える**
〜その物の価値以下に見える

❸ **着太りして見える**

顔まわりに 似合う色を使うと…

❶ **健康的で若々しく見える**
〜シミ、シワ、たるみが目立たなくなり、肌に透明感が出て健康的に見える

❷ **身につけているものが 高価に見える**
〜その物の価値以上に見える

❸ **着やせしてスタイルもよく見える**

似合う色とは ▶ その人を健康的に輝かせて見せ、魅力を引き出す色！

似合う色・似合わない色であらわれる変化

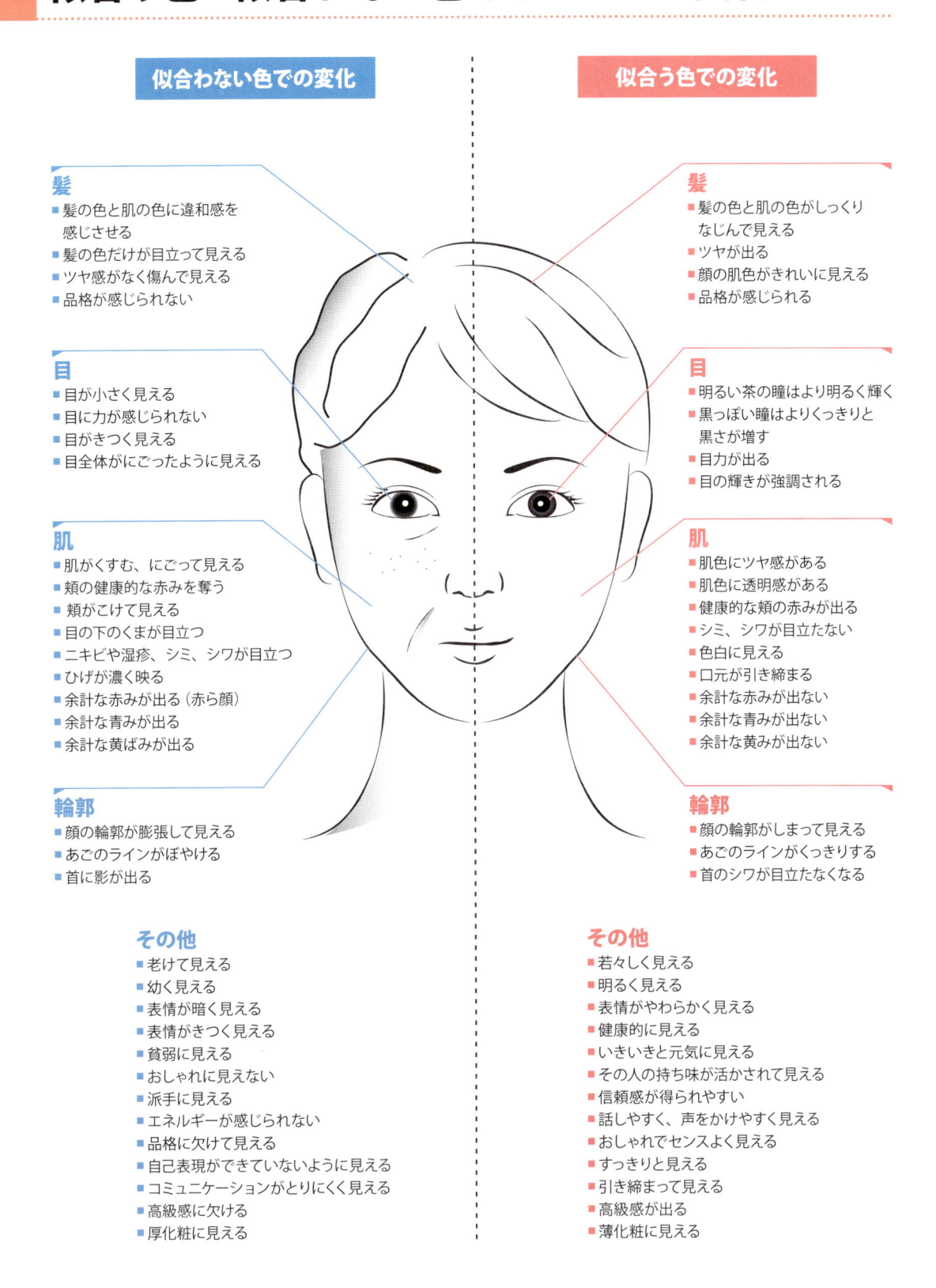

似合わない色での変化

髪
- 髪の色と肌の色に違和感を感じさせる
- 髪の色だけが目立って見える
- ツヤ感がなく傷んで見える
- 品格が感じられない

目
- 目が小さく見える
- 目に力が感じられない
- 目がきつく見える
- 目全体がにごったように見える

肌
- 肌がくすむ、にごって見える
- 頬の健康的な赤みを奪う
- 頬がこけて見える
- 目の下のくまが目立つ
- ニキビや湿疹、シミ、シワが目立つ
- ひげが濃く映る
- 余計な赤みが出る（赤ら顔）
- 余計な青みが出る
- 余計な黄みが出る

輪郭
- 顔の輪郭が膨張して見える
- あごのラインがぼやける
- 首に影が出る

その他
- 老けて見える
- 幼く見える
- 表情が暗く見える
- 表情がきつく見える
- 貧弱に見える
- おしゃれに見えない
- 派手に見える
- エネルギーが感じられない
- 品格に欠けて見える
- 自己表現ができていないように見える
- コミュニケーションがとりにくく見える
- 高級感に欠ける
- 厚化粧に見える

似合う色での変化

髪
- 髪の色と肌の色がしっくりなじんで見える
- ツヤが出る
- 顔の肌色がきれいに見える
- 品格が感じられる

目
- 明るい茶の瞳はより明るく輝く
- 黒っぽい瞳はよりくっきりと黒さが増す
- 目力が出る
- 目の輝きが強調される

肌
- 肌色にツヤ感がある
- 肌色に透明感がある
- 健康的な頬の赤みが出る
- シミ、シワが目立たない
- 色白に見える
- 口元が引き締まる
- 余計な赤みが出ない
- 余計な青みが出ない
- 余計な黄みが出ない

輪郭
- 顔の輪郭がしまって見える
- あごのラインがくっきりする
- 首のシワが目立たなくなる

その他
- 若々しく見える
- 明るく見える
- 表情がやわらかく見える
- 健康的に見える
- いきいきと元気に見える
- その人の持ち味が活かされて見える
- 信頼感が得られやすい
- 話しやすく、声をかけやすく見える
- おしゃれでセンスよく見える
- すっきりと見える
- 引き締まって見える
- 高級感が出る
- 薄化粧に見える

実際に人の「色」を分析するには

■「人の色」の分析方法

Styling Map における人の色の分析方法は、次の2つがあります。
1. 目視で分析
2. 12色カラーウィッグを使って分析

Styling Map を活用するためには、人の色を目視で分析できるようになることが大切です。

そのためには、12色カラーウィッグを使って色の分析の練習を繰り返し行うことが必要になります。多くの人を分析することで、色を分析する力が養われ、次第に目視で分析するスキルが身につきます。F.S.A.では、人の色を目視のみで分析できるようになることを目標としています。

1. 目視

道具を使わずに目で見て、人の色を分析する方法です。

分析ポイントを分析キーワードに照らし合わせて分析し、その人の特徴的なポイントに注目して分類していきます。

2. 12色カラーウィッグ

F.S.A.オリジナルのカラーウィッグを使って分析します。カラーウィッグは、前髪と顔まわりを覆うように作られた部分ウィッグです。地毛が隠れるようにフロントヘア部分にのせて使います。

判断は目、肌、唇の色や表情など、カラーウィッグの色の違いによって、顔に反映される変化を分析していきます。「似合う」「似合わない」を本人が体感できるということも、このウィッグの大きな特徴です。

〈アクアテイスト〉〈クリスタルテイスト〉〈ブライトテイスト〉〈アーステイスト〉のテイストごとに、3色のカラーウィッグで構成されています。

12色カラーウィッグ

	Aq			Br	
		シルバー	ゴールド		
	ピンク	パープル	ターコイズ	オレンジ	
	ワイン	ブルー	グリーン	カッパー	
	Cr	ブラック	ブラウン	Ea	

※ロット数により、ウィッグの色・形に違いが出る場合がございます。予めご了承ください。

Point

分析の際に重要なこと

- **時間** ▶ 日中
- **場所** ▶ 直射日光の当たらないところ
  自然の光が入るところ
  ※モデルの顔に、分析に十分な光が当たっているか確認しましょう。
  ※蛍光灯や白熱灯の光は、色が偏って見えることがあるため、自然光が入る部屋で行ってください。
- **3つのノー** ▶ ノーメイク(素肌)
  ノーカラコン(裸眼)
  ノーヘアカラー(地毛)
  ※メイクやカラーコンタクトをした状態で分析を行うと、偏った分析になることがあります。髪の毛は、染めていない地毛部分を分析します。

人の色の分析・分類｜①色み

■「色み」はベースカラーで分類しましょう

「人の色」の分析は「物の色」と同じく、まず「色み」の分析をします。

人の色を分析する際の色みの分析ポイントは「**目・肌・髪**」です。「**目・肌・髪**」それぞれの色みを、「**ブルーベース**」か「**イエローベース**」に分類します。

目や髪が青みを帯びた黒の印象が強い《クールゾーン》は「ブルーベース」、黄みを帯びた茶色の印象が強い《ウォームゾーン》は「イエローベース」になります。

Keywords

分析キーワード
① 色み

分類キーワード
クールゾーン　ウォームゾーン
ブルーベース　イエローベース

分析ポイント
目　肌　髪

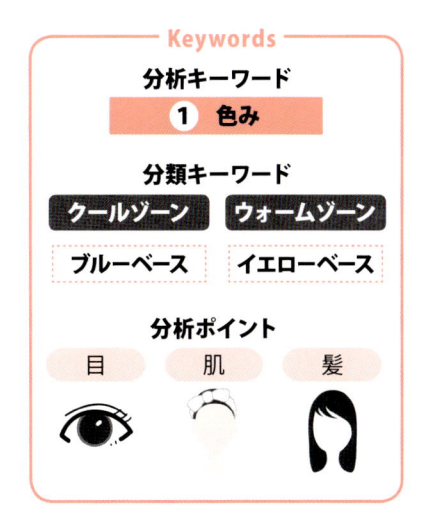

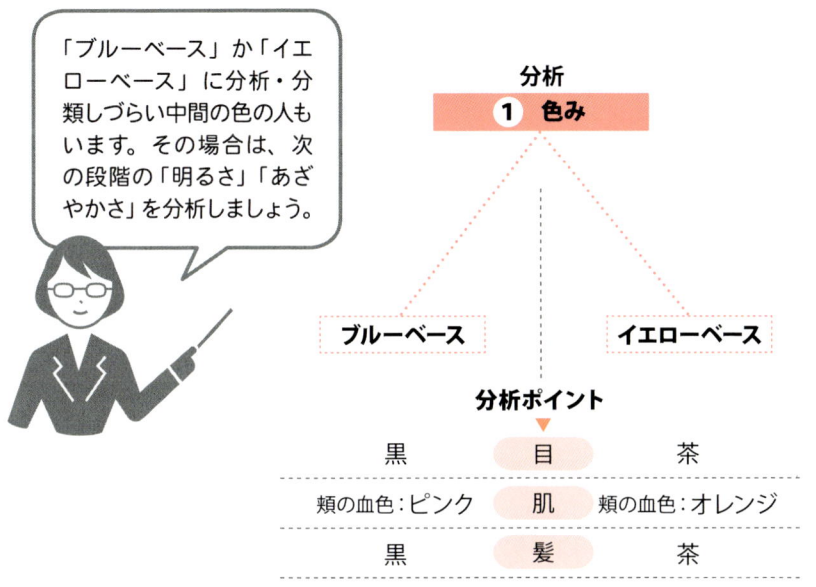

「ブルーベース」か「イエローベース」に分析・分類しづらい中間の色の人もいます。その場合は、次の段階の「明るさ」「あざやかさ」を分析しましょう。

分析
① 色み

ブルーベース　　イエローベース

分析ポイント

黒	目	茶
頬の血色：ピンク	肌	頬の血色：オレンジ
黒	髪	茶

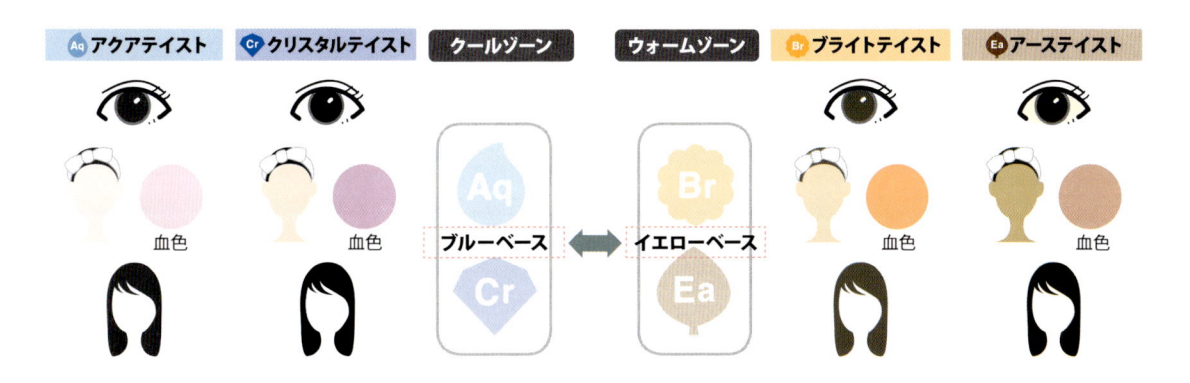

Aq アクアテイスト　Cr クリスタルテイスト　クールゾーン　ウォームゾーン　Br ブライトテイスト　Ea アーステイスト

血色　血色　ブルーベース ⇔ イエローベース　血色　血色

人の色の分析・分類 | ②明るさ

■ 色の明暗「明度」を分析しましょう

次に「人の色」の「明るさ」を分析します。

明るさの分析ポイントは「目・肌・髪」です。「**目・肌・髪**」それぞれの色の明るさを「**明るい**」か「**暗い**」に分類します。

分類キーワードは、目・肌・髪の色が全体的に明るい《ライトゾーン》は「明るい」、全体的に暗い《ディープゾーン》は「暗い」になります。

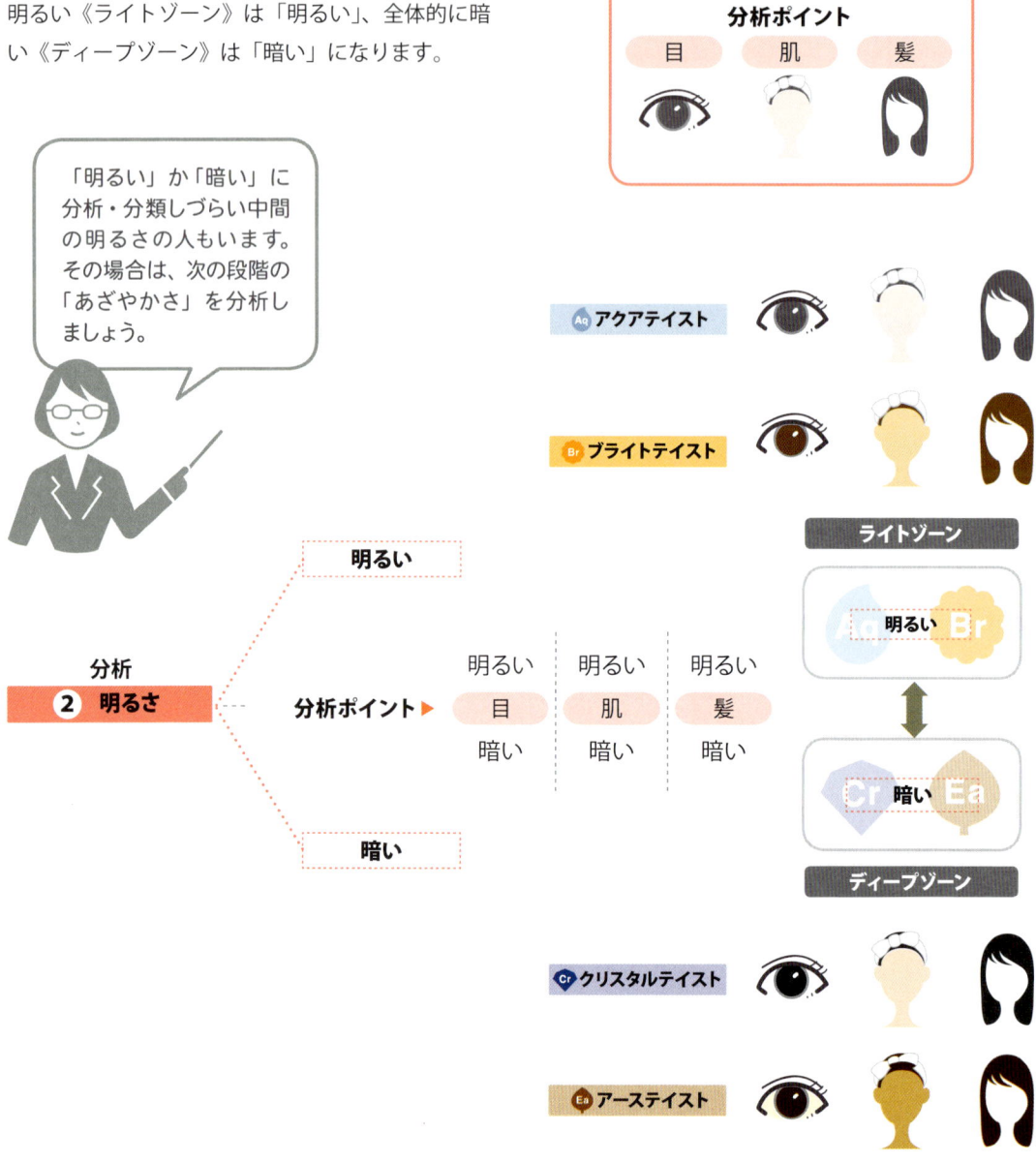

Keywords

分析キーワード
② 明るさ

分類キーワード
ライトゾーン　明るい
ディープゾーン　暗い

分析ポイント
目　肌　髪

「明るい」か「暗い」に分析・分類しづらい中間の明るさの人もいます。その場合は、次の段階の「あざやかさ」を分析しましょう。

Aq アクアテイスト
Br ブライトテイスト

分析 ② 明るさ
　明るい
　分析ポイント ▶ 目　肌　髪
　　　　　　　明るい　明るい　明るい
　　　　　　　暗い　　暗い　　暗い
　暗い

ライトゾーン
Aq 明るい Br
⇅
Cr 暗い Ea
ディープゾーン

Cr クリスタルテイスト
Ea アーステイスト

人の色の分析・分類｜③あざやかさ

■ **あざやかさの度合い「彩度」を分析しましょう**

最後に「人の色」の「あざやかさ」を分析します。あざやかさの分析ポイントも「目・肌・髪」です。**「目・肌・髪」それぞれのあざやかさを「おだやか」か「あざやか」に分類します**。おだやかとは「グラデーション」のことを、あざやかとは「色のコントラスト」のことを指します。

白目と黒目がグラデーション、肌と髪の色がグラデーションである場合は、《グラデーションゾーン》の「おだやか」、白目と黒目のコントラスト、肌と髪の色のコントラストがある場合は、《コントラストゾーン》の「あざやか」になります。

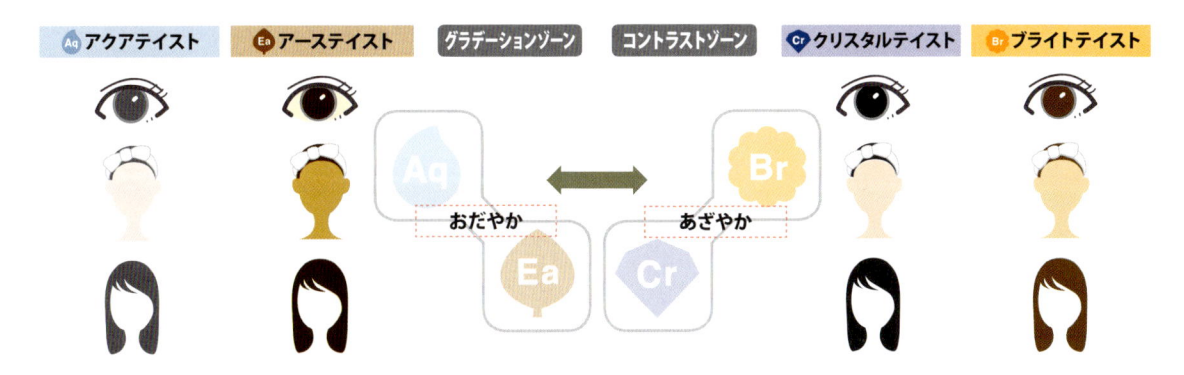

Keywords

分析キーワード
③ あざやかさ

分類キーワード
グラデーションゾーン　コントラストゾーン
おだやか　あざやか

分析ポイント
目　肌　髪

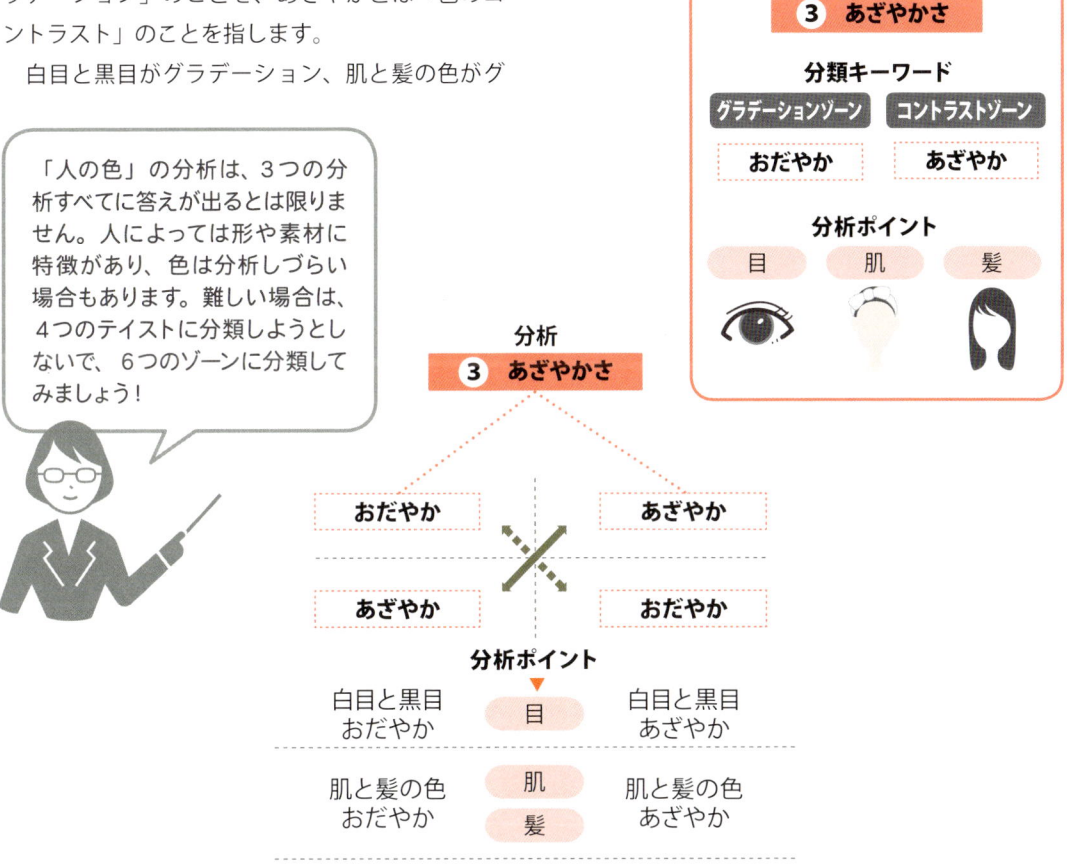

「人の色」の分析は、3つの分析すべてに答えが出るとは限りません。人によっては形や素材に特徴があり、色は分析しづらい場合もあります。難しい場合は、4つのテイストに分類しようとしないで、6つのゾーンに分類してみましょう！

分析
③ あざやかさ

おだやか　あざやか
あざやか　おだやか

分析ポイント

白目と黒目　　目　　白目と黒目
おだやか　　　　　　あざやか

肌と髪の色　　肌　　肌と髪の色
おだやか　　　髪　　あざやか

Aq アクアテイスト　Ea アーステイスト　グラデーションゾーン　コントラストゾーン　Cr クリスタルテイスト　Br ブライトテイスト

おだやか　←→　あざやか

人の色 4つのテイスト

「人の色」を、4つのテイストに分析・分類しました。
分析・分類キーワードとともに、色の特徴もおぼえましょう。

Aq アクアテイスト

❶ 色み	ブルーベース
❷ 明るさ	明るい
❸ あざやかさ	おだやか

特徴

- 目
  - 瞳は明るめの黒、もしくは赤茶
- 肌（頬の血色）
  - 色白で、頬にピンクを帯びた血色が見える
- 髪
  - 真っ黒ではなくソフトブラック

Br ブライトテイスト

❶ 色み	イエローベース
❷ 明るさ	明るい
❸ あざやかさ	あざやか

特徴

- 目
  - 瞳は明るい茶、もしくは白目と黒目のコントラストがはっきりしている
- 肌（頬の血色）
  - 黄みを帯びた色白で、頬の血色が見えやすい
- 髪
  - 明るいブラウンもしくは真っ黒

Cr クリスタルテイスト

❶ 色み	ブルーベース
❷ 明るさ	暗い
❸ あざやかさ	あざやか

特徴

- 目
  - 瞳は真っ黒
    白目と黒目のコントラストがはっきりしている
- 肌（頬の血色）
  - 色白で、頬に赤みがない
- 髪
  - 黒に近い

Ea アーステイスト

❶ 色み	イエローベース
❷ 明るさ	暗い
❸ あざやかさ	おだやか

特徴

- 目
  - 瞳は濃い茶
    白目が黄みを帯びている
- 肌（頬の血色）
  - 黄みが強く、頬の血色が見えにくい
- 髪
  - 暗めの茶色

人の色の分析・分類｜ワーク 目視で分析

「人の色」WORK

このワークは、色の分析・分類キーワード、色のイメージや特徴をとらえ、「人の色」の分析・分類を練習するページです。ワークページはコピーして使用してください。友人や家族、周りの人をより多く分析することで、人の色の分析力が身につきます。

目視で人の色を分析してみましょう。

各分析ポイントの①色み、②明るさ、③あざやかさを分析し、右の例のように分類したゾーンマークに○をつけます。

分析・分類する際には、その人がもっている色の要素を分析します。わかりにくい分析ポイントは無理に分類せず、特にわかりやすかった分析ポイントに◎をつけるようにしましょう。分析結果は○をつけた数では決めないでください。

わかりやすかった分析ポイント、特に印象的だと感じた分析ポイントの結果を、ベストテイストまたはベストゾーンへ反映させます。そのテイスト、ゾーンの要素がない場合は、ウィークテイスト、ウィークゾーンに書き込みます。

モデルの色の特徴、分析メモも書き留めましょう。

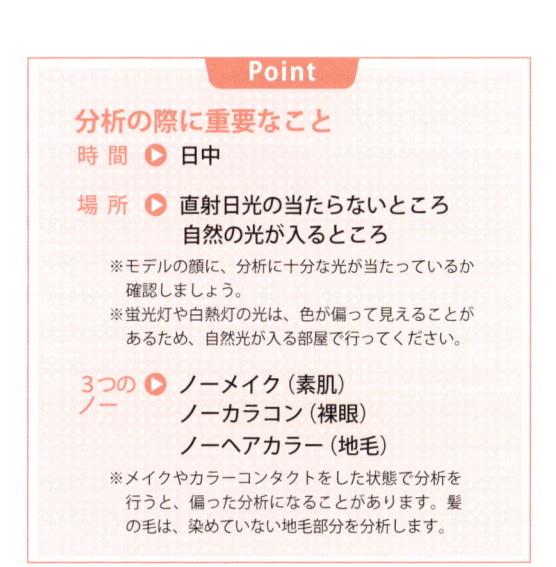

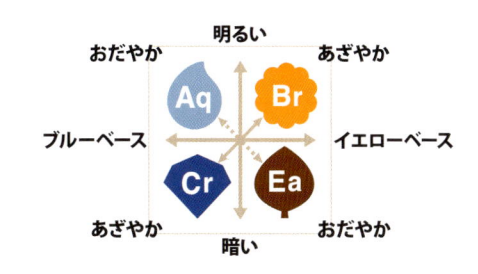

〈ワーク例〉

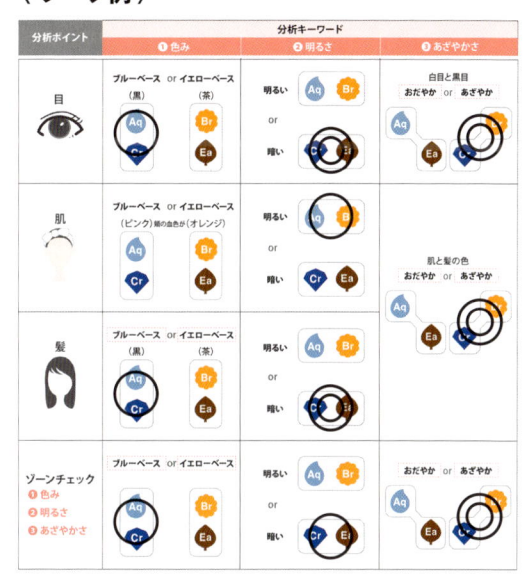

Point

分析の際に重要なこと

時間 ▶ 日中

場所 ▶ 直射日光の当たらないところ
　　　自然の光が入るところ

※モデルの顔に、分析に十分な光が当たっているか確認しましょう。
※蛍光灯や白熱灯の光は、色が偏って見えることがあるため、自然光が入る部屋で行ってください。

3つのノー ▶ ノーメイク（素肌）
　　　　　　ノーカラコン（裸眼）
　　　　　　ノーヘアカラー（地毛）

※メイクやカラーコンタクトをした状態で分析を行うと、偏った分析になることがあります。髪の毛は、染めていない地毛部分を分析します。

「人の色」目視は、今まで気にして見たことがない人が多いと思います。はじめは、とても肌の明るい人、黒目が真っ黒の人、髪が明るい茶色の人など、特徴がわかりやすい人を探してみるといいでしょう。特に難しいのは頬の血色です。わからない項目に固執せずに、わかりやすい特徴を探して分析を進めましょう。一度分析した人でも、経験を積んでからもう一度見ると、以前よりも悩まずに分析できるようになることも多くなります。

人の色の分析・分類　ワーク 目視で分析

分析ポイント	分析キーワード		
	❶ 色み	❷ 明るさ	❸ あざやかさ
目	ブルーベース or イエローベース （黒）　　　（茶） Aq / Cr　　Br / Ea	明るい　Aq Br or 暗い　Cr Ea	白目と黒目 おだやか or あざやか Aq — Br 　Ea — Cr
肌	ブルーベース or イエローベース （ピンク）頬の血色が（オレンジ） Aq / Cr　　Br / Ea	明るい　Aq Br or 暗い　Cr Ea	肌と髪の色 おだやか or あざやか Aq — Br 　Ea — Cr
髪	ブルーベース or イエローベース （黒）　　　（茶） Aq / Cr　　Br / Ea	明るい　Aq Br or 暗い　Cr Ea	
ゾーンチェック ❶ 色み ❷ 明るさ ❸ あざやかさ	ブルーベース or イエローベース Aq / Cr　　Br / Ea	明るい　Aq Br or 暗い　Cr Ea	おだやか or あざやか Aq — Br 　Ea — Cr

人の色の分析結果

ベストテイスト

ベストゾーン

ウィークテイスト

ウィークゾーン

▶ モデルの特徴

※ このページをコピーして繰り返し練習してください。

12色カラーウィッグの構成

■ **髪色による変化を見極めよう**

実際に F.S.A. オリジナルの 12 色カラーウィッグを使って、「人の色」を分析します。カラーウィッグは、前髪と顔まわりを覆うように作られた部分ウィッグです。判断は目、肌、唇の色や表情など、カラーウィッグの色の違いによって顔にあらわれる変化を見て分析していきます。

58 〜 59 ページの「似合う色・似合わない色による変化」を参考にしましょう。下の図は、12色カラーウィッグを Styling Map のテイスト別、ゾーン別に当てはめた構成図です。配置をおぼえましょう。

ライトゾーン / シルバー / ゴールド
Aq / Br
クールゾーン / グラデーションゾーン / コントラストゾーン / ウォームゾーン
ピンク / パープル / ターコイズ / オレンジ
ワイン / ブルー / グリーン / カッパー
Cr / Ea
ブラック / ブラウン
ディープゾーン

※ロット数により、ウィッグの色・形に違いが出る場合がございます。予めご了承ください。

分析方法

❶ 服の色に影響されないように、白いケープ(または白いタオル)をつける
❷ 前髪を留めて、額が出るようにする
❸ 地毛が隠れるようにウィッグをのせる
❹ 額、顔まわりを覆うようにウィッグを整える
❺ モデルの後ろに立ち、鏡を見ながら分析する

Point

分析に必要なもの
・ウィッグ
・鏡
・白いケープ(白いタオル)
・ピン(前髪を留める)

分析の際に重要なこと

時 間 ▶ 日中
場 所 ▶ 直射日光の当たらないところ
　　　　自然の光が入るところ

※モデルの顔に、分析に十分な光が当たっているか確認しましょう。
※蛍光灯や白熱灯の光は、色が偏って見えることがあるため、自然光が入る部屋で行ってください。

3つの
ノー ▶ ノーメイク(素肌)
　　　　ノーカラコン(裸眼)
　　　　ノーヘアカラー(地毛)

※メイクやカラーコンタクトをした状態で分析を行うと、偏った分析になることがあります。髪の毛は、染めていない地毛部分を分析します。

「人の色」WORK 人の色の分析・分類｜ワーク カラーウィッグで分析

カラーウィッグを使ったワークをしてみましょう。分析・分類のポイントは①色みの4色、②明るさの4色、③あざやかさの4色です。それぞれ、決められた色のウィッグを用いて、色みの比較、明るさの比較、あざやかさの比較をしていきます。
ベストテイストまたはベストゾーン、ウィークテイストまたはウィークゾーンを導き出しましょう。

12色のカラーウィッグを2色ずつモデルにのせ、「似合う」か「似合わない」か、どんな変化があらわれるのかを判断していきます。

最初は、①色みの4色、ピンク、ワイン、オレンジ、カッパーで比べます。まずは、ピンクとオレンジ、ワインとカッパーでブルーベースかイエローベースか、色みを比較します。

そして、ピンクとワインでクールゾーンの明るさの比較、オレンジとカッパーでウォームゾーンの明るさの比較もしてみましょう。

次に、②明るさの4色、シルバー、ゴールド、ブラック、ブラウンで比べます。まずは、シルバーとブラック、ゴールドとブラウンで、ライトゾーンかディープゾーンか、明るさを比較します。

そして、ライトゾーンが似合ったら、シルバーとゴールドでライトゾーンの色みの比較、ブラックとブラウンでディープゾーンの色みの比較もしてみましょう。

最後に、③あざやかさの4色、パープルとグリーン、ターコイズとブルー、どちらの2色が似合うかを比較します。パープルとグリーンが似合う人はグラデーションゾーン、ターコイズとブルーが似合う人はコントラストゾーンになります。

そして、グラデーションゾーンのパープルとグリーン、コントラストゾーンのターコイズとブルーで色みを比べたり、パープルとブルー、ターコイズとグリーンで明るさも比較してみましょう。

似合ったゾーンに○をつけ、肌色にツヤが出て明るく健康に見える[※1]など、あらわれた変化を記入しましょう。

12色カラーウィッグの使い方

モデルの後ろで、地毛が隠れるように2色のウィッグを重ねてのせ、鏡を見ながら分析します。ウィッグは、似合わないと思われる色を下にして重ね、分析が終われば上のウィッグを外します。その理由は、似合う色から似合わない色へと比べるほうが、顔色がくすんで見えるなどの変化がはっきりとわかりやすいからです。

※1 58、59ページの「似合う色・似合わない色であらわれる変化」のページを参考にしてください。

〈ワーク例〉 ※67ページの分析方法、Pointを見ながら分析を行いましょう！

分析結果がとてもわかりやすかったウィッグには◎、似合ったウィッグには○、似合わないウィッグには△をつけ、わからなかったところには印はつけません。ウィッグ分析に慣れるまでには、無理にすべてのウィッグの答えを求めずに、わかる色だけに印をつけていきましょう。10人、20人と数をこなすと、ウィッグ分析のコツがつかめてきます。

※ロット数により、ウィッグの色・形に違いが出る場合がございます。予めご了承ください。

Chapter4 「人の色」を分析・分類しよう

人の色の分析・分類　ワーク カラーウィッグで分析

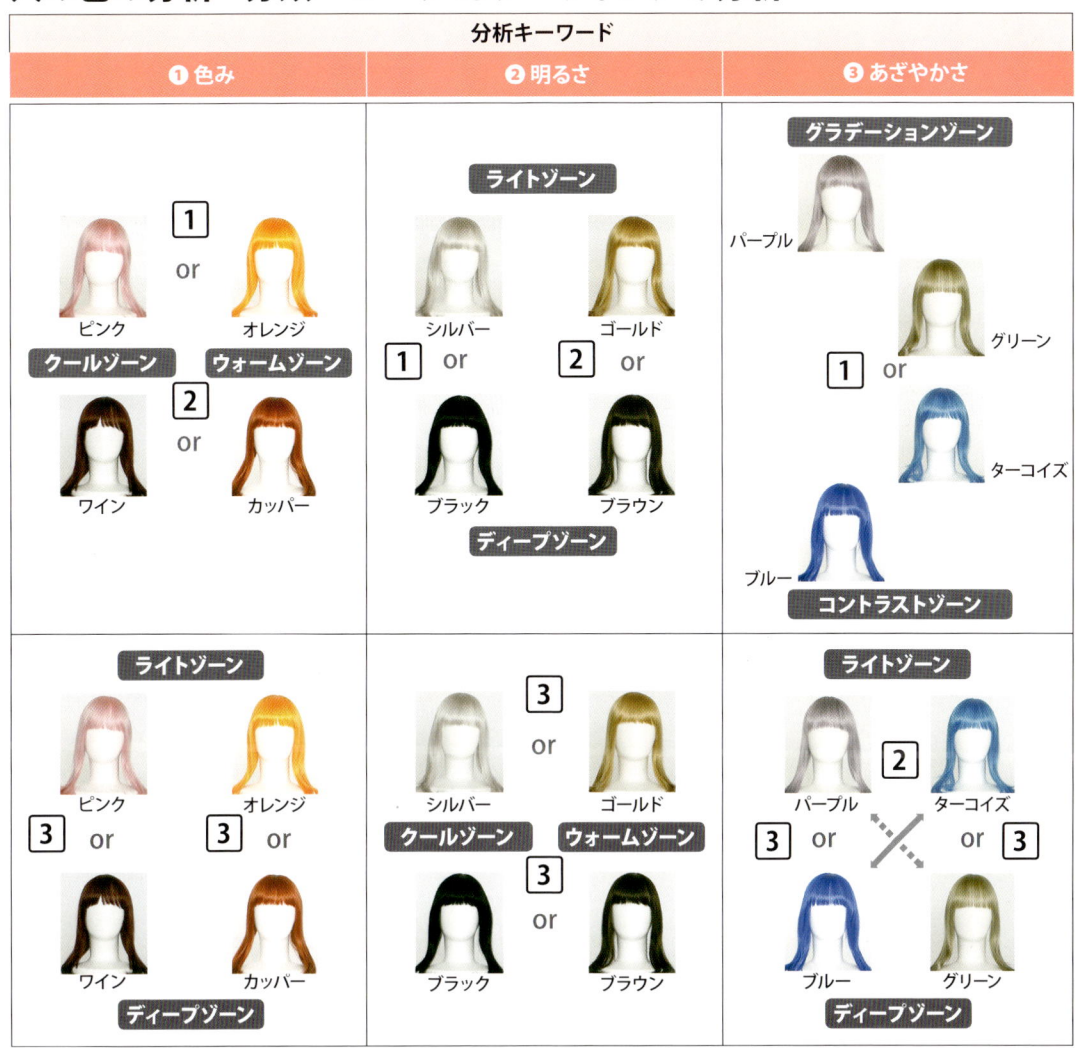

分析キーワード		
❶ 色み	❷ 明るさ	❸ あざやかさ

上段（色み）
- クールゾーン：ピンク or ワイン　①
- ウォームゾーン：オレンジ or カッパー　②

上段（明るさ）
- ライトゾーン：シルバー ① or ゴールド ②
- ディープゾーン：ブラック or ブラウン

上段（あざやかさ）
- グラデーションゾーン：パープル or グリーン　①
- コントラストゾーン：ブルー or ターコイズ

下段（色み）
- ライトゾーン：ピンク or オレンジ　③
- ディープゾーン：ワイン or カッパー　③

下段（明るさ）
- クールゾーン：シルバー or ブラック　③
- ウォームゾーン：ゴールド or ブラウン　③

下段（あざやかさ）
- ライトゾーン：パープル or ターコイズ　②
- ディープゾーン：ブルー or グリーン　③

結果記入用 Map

Aq（クールゾーン）／ Br（ウォームゾーン）／ Cr（ディープゾーン）／ Ea

- ライトゾーン：シルバー、ゴールド
- グラデーションゾーン：パープル
- コントラストゾーン：ターコイズ
- クールゾーン：ピンク
- ウォームゾーン：オレンジ
- ワイン、ブルー、グリーン、カッパー
- ディープゾーン：ブラック、ブラウン

※ロット数により、ウィッグの色・形に違いが出る場合がございます。予めご了承ください。

カラーウィッグの分析結果

- ベストテイスト
- ベストゾーン
- ウィークテイスト
- ウィークゾーン
- ▶モデルの特徴

※ このページをコピーして繰り返し練習してください。

「色」の分析・分類キーワードのおさらい

Chapter3 では「物の色」、Chapter4 では「人の色」と、「色」について学んできました。
「物」も「人」も、色の分析・分類キーワードは共通して①色み、②明るさ、③あざやかさ、です。
もう一度、分析・分類キーワードをおさらいして、位置関係と一緒におぼえましょう。

Aq アクアテイスト

① 色み	② 明るさ	③ あざやかさ
ブルーベース	明るい	おだやか
クールゾーン	ライトゾーン	グラデーションゾーン

〈アクアテイスト〉は、色みは「ブルーベース」のクールゾーン、明るさは「明るい」のライトゾーン、あざやかさは「おだやか」のグラデーションゾーンとなります。

Br ブライトテイスト

① 色み	② 明るさ	③ あざやかさ
イエローベース	明るい	あざやか
ウォームゾーン	ライトゾーン	コントラストゾーン

〈ブライトテイスト〉は、色みは「イエローベース」のウォームゾーン、明るさは「明るい」のライトゾーン、あざやかさは「あざやか」のコントラストゾーンとなります。

Cr クリスタルテイスト

① 色み	② 明るさ	③ あざやかさ
ブルーベース	暗い	あざやか
クールゾーン	ディープゾーン	コントラストゾーン

〈クリスタルテイスト〉は、色みは「ブルーベース」のクールゾーン、明るさは「暗い」のディープゾーン、あざやかさは「あざやか」のコントラストゾーンとなります。

Ea アーステイスト

① 色み	② 明るさ	③ あざやかさ
イエローベース	暗い	おだやか
ウォームゾーン	ディープゾーン	グラデーションゾーン

〈アーステイスト〉は、色みは「イエローベース」のウォームゾーン、明るさは「暗い」のディープゾーン、あざやかさは「おだやか」のグラデーションゾーンとなります。

Chapter 5

「物の形」を
分析・分類しよう

　「物の形」には、身につける服をはじめ靴やバッグ、アクセサリーなどいろいろあります。さらには、ヘアスタイルやネイルの形なども含まれます。そして物には、さまざまな形があり、柄のあるものなども指しています。
　この章では、物がもつ形を分析する方法や、ポイントなどを学びます。
　「物の形」の分析キーワードは、①動き、②大きさ、③きわだちです。物の形や柄がどのような線や大きさでできているのか、どんな輪郭をしているのかを分析・分類する手法を学習しましょう。
　たくさんの分析をすることがスキルアップにつながるので、身の回りのものなどを積極的に分析してみるようにしてください。

※ 形の分析なので、色をつけずに白黒で形を見ます。

物の形の分析・分類｜①動き

■「動き」は動きがあるかないか
　直線か曲線かで分類しましょう

「物の形」の分析は、「動き」の分析から始めます。
　線の動きを見て、「直線」か「曲線」かに分類し、**直線は《クールゾーン》、曲線は《ウォームゾーン》**に分類します。
　クールゾーンは、動きがあまりない静的なイメージです。直線的で等間隔に整列している直線、デジタル、人工的、規則的などがイメージワードです。ウォームゾーンは動きがあり、動的なイメージです。曲線的でランダムな手書きの線やアナログといった言葉がイメージワードです。

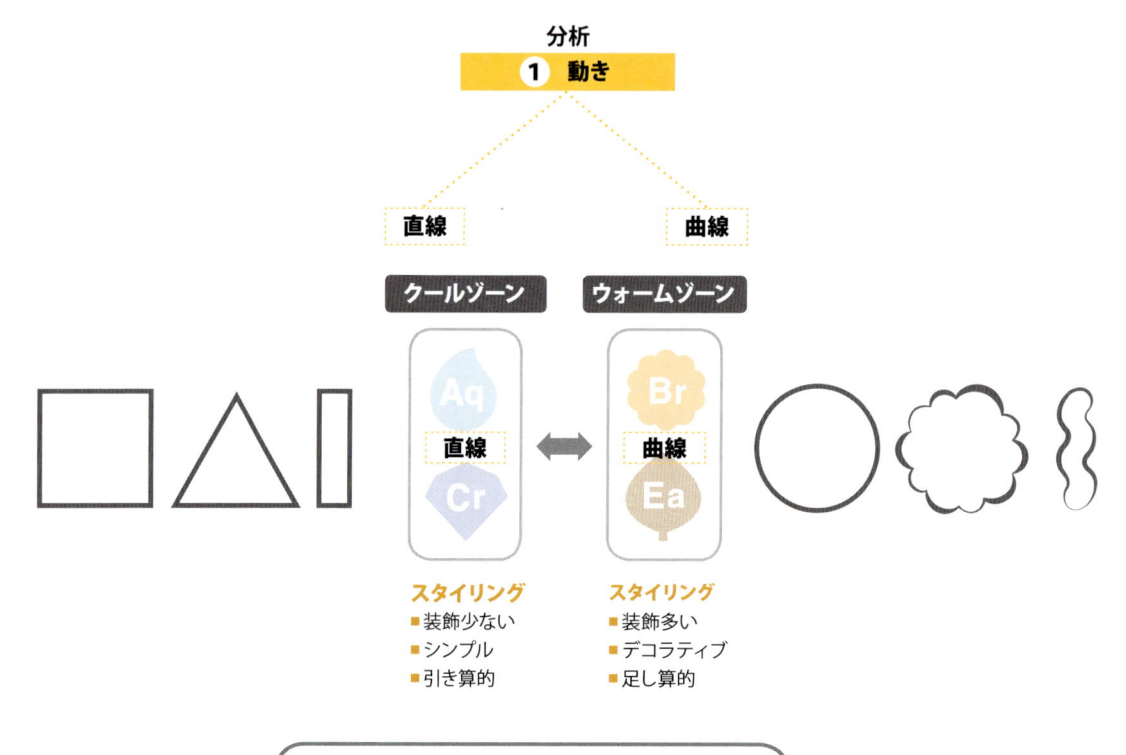

Keywords

分析キーワード
① 動き

分類キーワード
クールゾーン　ウォームゾーン
　直線　　　　　曲線

分析
① 動き

直線　　　　　曲線

クールゾーン　　ウォームゾーン

□ △ ▯　　Aq／直線／Cr　⇔　Br／曲線／Ea　　○ ☁ 〜

スタイリング
- 装飾少ない
- シンプル
- 引き算的

スタイリング
- 装飾多い
- デコラティブ
- 足し算的

> 線そのものの太さでも分類でき、クールゾーンは太さが均一なイメージ、ウォームゾーンは太い部分や細い部分があって均一ではないイメージです。柄を分類するなら、クールゾーンは規則的、整列した柄で、ウォームゾーンは不規則、ランダムな柄となります。

※ 29 ページのスタイリングイメージワードも参考にしてください。

物の形の分析・分類｜②大きさ

■「大きさ」は大きさや太さ、長さで分類しましょう

次に「大きさ」を分析します。
「小さい・細い・短い」形を《ライトゾーン》、「大きい・太い・長い」形を《ディープゾーン》に分類します。 あくまでもここでは、形だけの分類です。同じ形なら小さいか大きいか、同じ大きさや長さなら、細いか太いか、同じ太さなら短いか長いか、というようにライトゾーンとディープゾーンに分類してください。

自然の流れや川の流れのように、上部にあるものは小さく、細く、だんだんと下にいくにつれて大きく、太くなっていくイメージです。

ですから、上にあるライトゾーンの分類キーワードは「小さい・細い・短い」、下になるディープゾーンの分類キーワードは「大きい・太い・長い」になります。

Keywords

分析キーワード
② 大きさ

分類キーワード
ライトゾーン　小さい・細い・短い
ディープゾーン　大きい・太い・長い

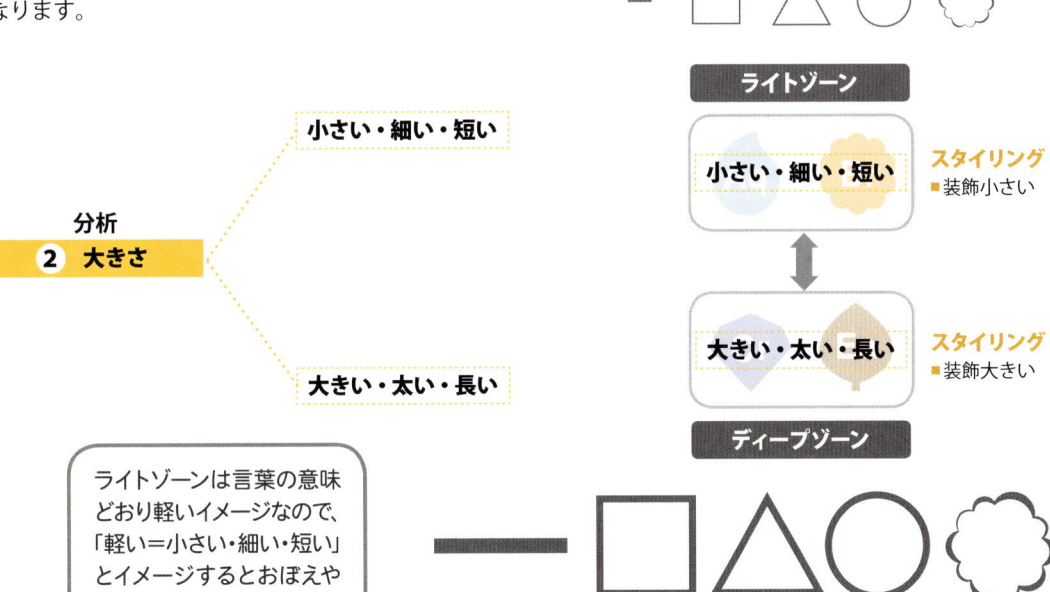

分析
② 大きさ

小さい・細い・短い

大きい・太い・長い

ライトゾーン
小さい・細い・短い
スタイリング
■装飾小さい

大きい・太い・長い
スタイリング
■装飾大きい
ディープゾーン

> ライトゾーンは言葉の意味どおり軽いイメージなので、「軽い＝小さい・細い・短い」とイメージするとおぼえやすいですよ。

※ 29ページのスタイリングイメージワードも参考にしてください。

物の形の分析・分類｜③きわだち

■「きわだち」は目立つかなじむかを
　分析しましょう

　最後に、形のきわだちを分析します。
　左斜めの《グラデーションゾーン》をなじむ形、右斜めの《コントラストゾーン》を目立つ形と分類します。
　形や線、柄の濃淡ではなく、エッジがきわだつかどうかが分析のポイントです。グラデーションゾーンは、形や線、柄のエッジがにじんでいたりかすれていることから、分類キーワードは「なじむ」です。コントラストゾーンは、エッジがはっきりときわだち、より形や線、柄が顕著にうつしだされるので分類キーワードは「目立つ」になります。

Keywords

分析キーワード
③　きわだち

分類キーワード
グラデーションゾーン　　コントラストゾーン
なじむ　　　　　　　　目立つ

柄や模様がはっきりしているかどうかだけでなく、輪郭がはっきりしているかどうかも分析のポイントになります。

分析
③　きわだち

なじむ　　　目立つ
目立つ　　　なじむ

グラデーションゾーン　　　コントラストゾーン
Aq　　　　　　　　　　　Br
なじむ　　　　　　　　　目立つ
Ea　　　　　　　　　　　Cr

物の形 4つのテイスト

「物の形」を、4つのテイストに分析・分類しました。
分析・分類キーワードとともに、形の特徴もおぼえましょう。

Aq アクアテイスト

❶ 動き	直線
❷ 大きさ	小さい・細い・短い
❸ きわだち	なじむ

特徴
- 流線形
- なだらか

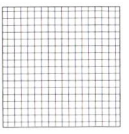

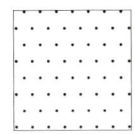

スタイリング
- 装飾少ない
- シンプル
- 引き算的

Br ブライトテイスト

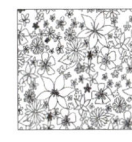

スタイリング
- 装飾小さい

❶ 動き	曲線
❷ 大きさ	小さい・細い・短い
❸ きわだち	目立つ

特徴
- 丸み
- コンパクト

スタイリング
- 装飾多い
- デコラティブ
- 足し算的

小さい・細い・短い
なじむ　　　　目立つ
Aq　　Br
直線　　　　　曲線
Cr　　Ea
目立つ　　　　なじむ
大きい・太い・長い

Cr クリスタルテイスト

❶ 動き	直線
❷ 大きさ	大きい・太い・長い
❸ きわだち	目立つ

特徴
- 鋭角的
- シャープ

Ea アーステイスト

❶ 動き	曲線
❷ 大きさ	大きい・太い・長い
❸ きわだち	なじむ

特徴
- ボリューミー
- 安定感

スタイリング
- 装飾大きい

ファッションアイテムの形／スリーブ・ネックライン

トップスのスリーブラインとネックラインの形を4つのテイストに分類しました。
形の分析・分類キーワード、アイテムの特徴を比較しながらおぼえましょう。

Aq アクアテイスト

ハイネック
折り返しやドレープなどがない、シンプルで首回りに沿ったライン。

オーバルネック
卵型のような、縦長で楕円系の緩やかなラウンドのライン。

フレンチスリーブ
袖の切り替えがない一枚裁ぎで、肩を出しすぎない清楚なライン。

セットインスリーブ
ジャケットやシャツなどに使われる、ごく一般的な袖つけ。

Br ブライトテイスト

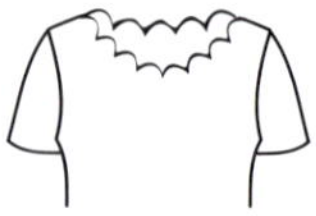

スカラップドネック
スカラップとは半円を連ねた波型のこと。丸みが連なり動きがある。

ドローストリングネック
ひもを引いてサイズ調整ができる。布の動き、ギャザーが特徴。

キャミソールスリーブ
細い肩ひもで袖がなく、肩の露出が大きい。布のボリューム・量が少ない。

パフスリーブ
肩先や袖口にギャザーやタックなどで袖を膨らませたキュートな袖。

小さい・細い・短い
なじむ　　　　目立つ
直線　Aq　Br　曲線
　　　Cr　Ea
目立つ　　　　なじむ
大きい・太い・長い

Cr クリスタルテイスト

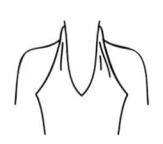

ホルターネック
前身頃から首の後ろで結ぶデザインで肩や背中の露出が多い。

Vネック
鋭角的でシャープなネックライン。首元がスッキリ見える。

シーススリーブ
シースとは刀などの鞘のこと。ほっそりと長くぴったりとした袖。

アメリカンスリーブ
後ろも前と同じ形の身頃が付き、シャープで大人っぽいライン。

Ea アーステイスト

ヘンリーネック
丸首の中心を開けてボタン留めにした襟。丸首で装飾的。

ドレープドネック
襟元に流れるようなひだ状のドレープをあしらい、動きが出る。

ロールアップスリーブ
ロールアップは巻き上げる意味。袖、パンツの裾などにも使う。

ドルマンスリーブ
身頃と袖がつながっていて、脇の下がゆったりとしている形。

76

ファッションアイテムの形／スカート・パンツライン

ボトムスのラインの形を4つのテイストに分類しました。
形の分析・分類キーワード、アイテムの特徴を比較しながらおぼえましょう。

Aq アクアテイスト

フレアスカート
ウエストはスッキリしていて、裾に向けてやさしく広がっている。

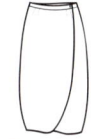

ラップスカート
一枚の布で体に巻きつける、やわらかいラインのスカート。

ストレートパンツ
パンツの幅がストレートの定番ライン。スタンダードなパンツライン。

テーパードパンツ
パンツの裾幅が裾に向かって細くなっている、一般的なライン。

Br ブライトテイスト

ギャザースカート
ウエストにギャザーをよせてボリュームを出した裾広がりのライン。

バルーンスカート
ウエストと裾にギャザーをよせた、風船のような丸みのあるライン。

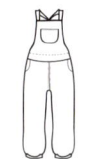

サロペット
胸当て、吊りひもがあるパンツラインで、かわいらしい印象。

ショートパンツ
丈の短いコンパクトなパンツ。カジュアルでボーイッシュに見える。

```
         小さい・細い・短い
      なじむ      目立つ
           Aq  Br
    直線  ――――+――――  曲線
           Cr  Ea
      目立つ     なじむ
         大きい・太い・長い
```

Cr クリスタルテイスト

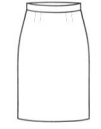

タイトスカート
太ももから裾まで広がりのない、スッキリとした直線的なライン。

マイクロミニスカート
スカート丈が30～40センチと短く、布の分量が極端に少ない。

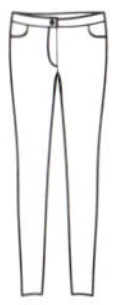

スキニーパンツ
足に張りつくような細いパンツで、動きがなくシャープなライン。

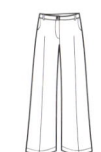

ワイドパンツ
パンツの裾幅が極端に太く、ダンディーでマニッシュな印象。

Ea アーステイスト

ボックスプリーツスカート
箱ひだと呼ばれる、内側に折り込まれたプリーツのスカート。

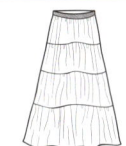

ジプシースカート
丈が長く、二段三段重ねのフリルやギャザーで布のボリュームがある。

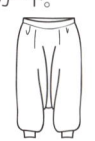

サルエルパンツ
股下が深く、ひざから裾にかけて細くなっている。

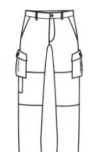

ワークパンツ
作業用具を収納するポケットやループなど、装飾が多いパンツ。

77

ファッションアイテムの形／柄

ファッションアイテムの柄を4つのテイストに分類しました。
形の分析・分類キーワード、アイテムの特徴を比較しながらおぼえましょう。
クールゾーンは規則的、ウォームゾーンは不規則という柄のキーワードも重要です。

アクアテイスト

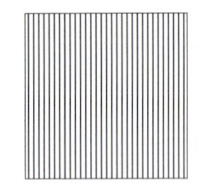

ヘアラインストライプ
髪の毛のように細いストライプ線で、遠目では無地に見える。

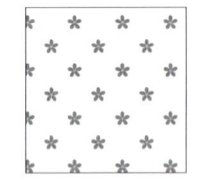

こづき柄
ハンコで押したような、小さな同じ模様を等間隔に配置した柄。

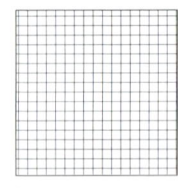

グラフチェック
方眼紙のように縦横同じ間隔の細い線で、目立たないチェック柄。

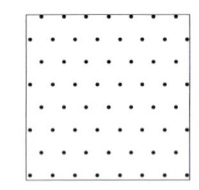

ピンドット
ピンの先で突いたような、小さなドットが整列配置されている柄。

クリスタルテイスト

ロンドンストライプ
同じ太さのストライプが配列され、コントラストのある配色が多い。

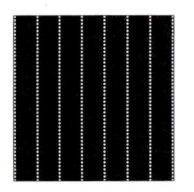

ピンストライプ
ピンの頭のような小さなドットが並ぶ。暗い×明るい柄が多い。

ボールドストライプ
1.5〜3センチと太く色あざやかで、輪郭がハッキリと目立つ。

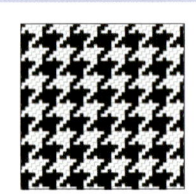

ハウンドトゥース
犬の牙に似ていることから名付けられた。千鳥格子ともいう。

バッファローチェック
主に赤・黒などを使った大きな格子柄。青や緑、黄色と黒の配色もある。

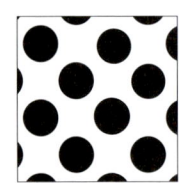

コインドット
コインのような大きさの水玉模様。ドットの中ではいちばん大きな水玉。

幾何学
四角、三角形などを組み合わせて同じ模様を繰り返す人工的な柄。

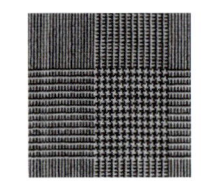

グレンチェック
ハウンドトゥースと細かいチェックの組み合わせ。白と黒で配色。

小さい・なじむ
直線
目立つ・大きい

Aq
Cr

Chapter5　「物の形」を分析・分類しよう

Br ブライトテイスト

マルチストライプ
異なる太さの線がランダムに並ぶ。配色も多色使いが多い。

飛び柄
柄が不規則に配置された、動きのある柄。

小花柄
小さく線の細い花柄。かわいらしくキュートな印象。

ポルカドット
ドットの大きさが1センチ前後の、一般的な水玉模様。

タータンチェック
多色使いで、線の太さもまちまちなチェック柄。

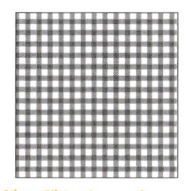

ギンガムチェック
縦と横の幅が均一で、白地に明るい色の配色が多い。

ボーダー
横じまの総称。ストライプよりアクティブでカジュアルな印象。

コミックプリント
漫画がモチーフの絵柄。アメリカの漫画を使うことが多い。

細い・短い
目立つ

Br
　曲線
Ea
　なじむ
太い・長い

Ea アーステイスト

チョークストライプ
暗い色に白いチョークで線を書いたような手書き調のストライプ。

よろけ縞
線の太さが不規則で、波をうったような蛇行したしま模様。

アーガイル
2色以上のひし形と細い斜めの線でできているチェック柄。

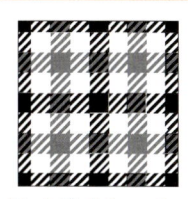

ガンクラブチェック
2色のチェックを重ねた、3色で構成される柄。

ヘリンボーン
ニシン（ヘリング）の骨に由来。杉の葉に似ているので杉綾ともいう。

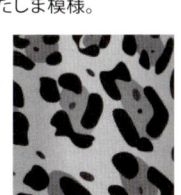

アニマルプリント
動物や爬虫類の表皮の模様の総称。主にヒョウ、虎、ヘビなど。

迷彩柄
カモフラージュのための柄。アースカラーのグラデーションが多い。

ペーズリー
松かさ、ザクロ、ヤシの葉、マンゴーなど植物を図案化した柄。

ヘアメイクの形

Aq アクアテイスト

眉
直線的で細く、短く。

チーク
頬の中央に斜め45度の角度で縦長。

リップ
唇の形に合わせてナチュラルに。

ナチュラル

ショート
短すぎずナチュラルなラインで、襟元も首に沿うライン。前髪も自然な流れに。

ミディアム
レイヤーを入れすぎず、かつボブのように重くなりすぎないやわらかなラインに。

フォーマル

前髪は自然に流す。バックは中くらいの高さでフラットなシニヨン。シンプルにまとめてボリュームを出さない。

Cr クリスタルテイスト

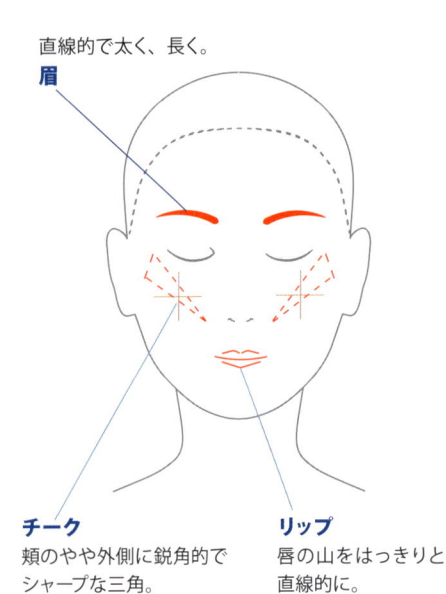

眉
直線的で太く、長く。

チーク
頬のやや外側に鋭角的にシャープな三角。

リップ
唇の山をはっきりと直線的に。

ナチュラル

ミディアム
前髪は中央をやや長めにし、サイドの前下がりに合わせたシャープな前下がりボブ。

ロング
センターパートのストレート。レイヤーを入れずに、直線的なラインを作る。

フォーマル

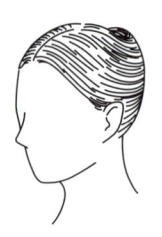

前髪はセンターパートかオールバックで、面を活かした夜会巻き。ピッタリとさせてシャープなラインのきりっとした印象に。

小さい・なじむ　Aq　直線
目立つ・大きい　Cr

Chapter5　「物の形」を分析・分類しよう

メイクとヘアスタイルの形を4つのテイストに分類しました。
各テイストに適したヘアスタイルとメイクラインがあります。
形の分析・分類キーワード、アイテムの特徴を比較しながらおぼえましょう。

Br ブライトテイスト

曲線的に。
眉

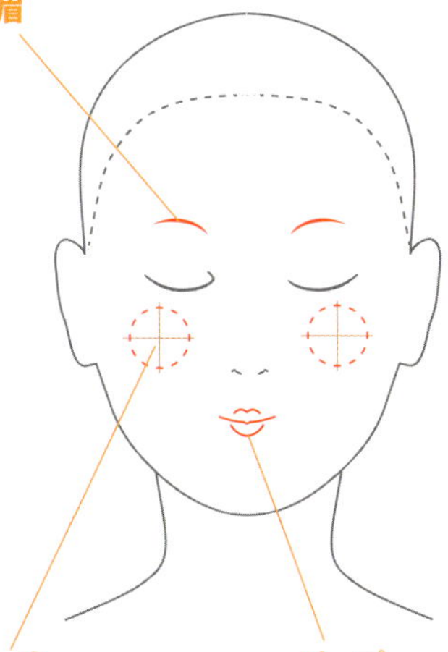

チーク
頬の高い位置に丸く。

リップ
全体的にぷっくりと丸く小さく。

ナチュラル

ショート
毛先を遊ばせて、コロンとしたふわふわカールで軽やかに。前髪もカールを効かせて全体的に丸みを出す。

ミディアム
カールのある重めの前髪。毛先はカールを活かして、エアリー感のある短めボブ。

フォーマル

前髪は揃えて丸みを出す。バックは高いポニーテールの位置で、しっかりカールでかわいらしく。

細い・短い
目立つ
Br
曲線
Ea
なじむ
太い・長い

Ea アーステイスト

太く濃く曲線的でしっかりと。
眉

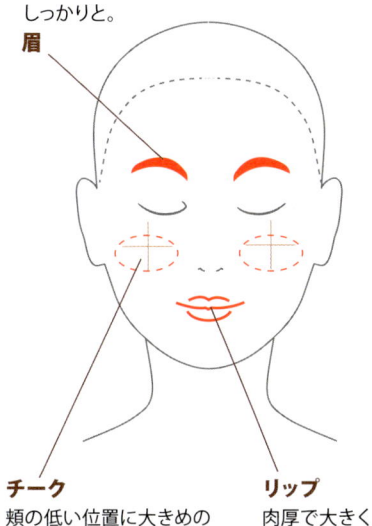

チーク
頬の低い位置に大きめの楕円形。

リップ
肉厚で大きく曲線的に。

ナチュラル

ミディアム
レイヤー、シャギーを多めに入れて、毛先を散らすウルフカットライン。前髪、襟足は短すぎないように。

ロング
重めのレイヤーにウェーブをつけてボリュームを出したゴージャスロング。前髪も長さを活かして大きなウェーブに。

フォーマル

前髪は大きなウェーブでボリュームをもたせる。バックも大きなカールやウェーブで、片方に寄せる。立体的でゴージャス、セクシーなライン。

81

ネイルの形／柄

ネイルの形と柄を4つのテイストに分類しました。ドットやストライプなどのデザインの中に、それぞれのテイストがあります。形の分析・分類キーワード、アイテムの特徴を比較しながらおぼえましょう。

Aq アクアテイスト

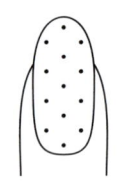

ピンドット
小さな整列している水玉模様。小粒なアート素材でもできる。

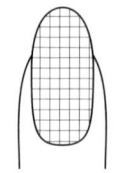

グラフチェック
細い線のチェック柄。方眼紙のイメージ。

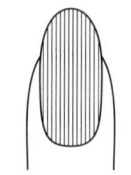

ヘアラインストライプ
遠目では無地に見えるくらい細い線のストライプ柄。上品なストライプ。

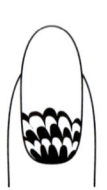

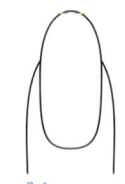

オーバル
爪先がなだらかな楕円で、指先に沿ったベーシックな形。

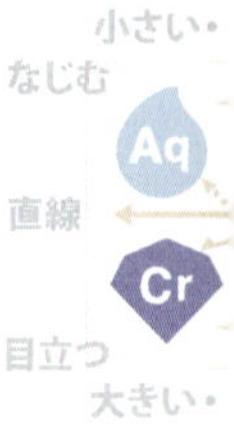

ピーコック
線の間隔は狭く、流れるようにエレガントなラインで5本同じ形にする。

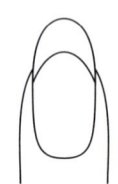

フレンチ
爪先に健康的な爪を表現したフレンチネイルのベーシックデザイン。

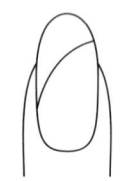

斜めフレンチ
斜めにラウンドさせてフレンチラインを形どるエレガントなライン。

Cr クリスタルテイスト

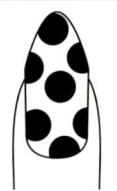

コインドット
輪郭のはっきりとした、大きな整列している水玉。

ハーレキンチェック
碁盤の目のように並んだチェックを、斜めに配置したチェック柄。

ロンドンストライプ
太めの強いストレートラインが整列しているストライプ柄。

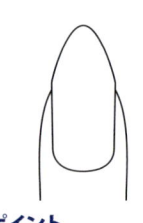

ポイント
先端に向かって細く、シャープな形。

ピーコック
太めの幅でストレートに等間隔で形どり、あまり動きを出さない。

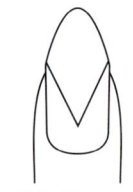

Vフレンチ
シャープで鋭角的なフレンチライン。

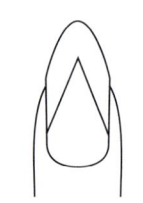

三角フレンチ
Vフレンチの逆向きのフレンチライン。

小さい・なじむ
Aq
直線
Cr
目立つ
大きい

82

Chapter5　「物の形」を分析・分類しよう

Br ブライトテイスト

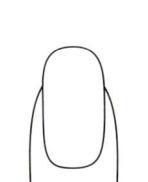

ラウンド
爪先が丸く、キュートでかわいらしいライン。

ドット（飛び柄）
大小織り交ぜた水玉を、ランダムに配置した水玉。

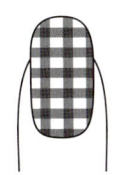

ギンガムチェック
カジュアルなアイテムによく使われるチェック柄。

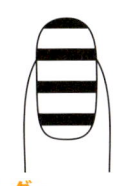

ボーダー
マリンルックなどでも定番のスポーティーでアクティブな印象の柄。

ピーコック
ピーコック柄に動きをつけ、5本それぞれに不規則に配置する。

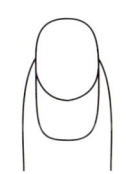

丸フレンチ
卵形に、フレンチの形を逆さに配したポップなライン。

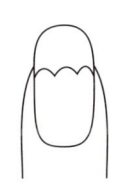

ラウンドフレンチ
雲をかたどったような、動きのあるラインのフレンチライン。

細い・短い
目立つ
Br
曲線
Ea
なじむ
太い・長い

Ea アーステイスト

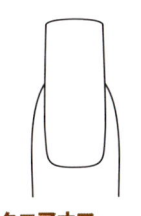

スクエアオフ
スクエア（四角）の角を少し落とした形。

ドット（アニマル）
ヒョウ柄やペーズリー柄のような有機的な柄をランダムに配置。

アーガイルチェック
多色使いで、線の太さもいろいろなラインでつくるチェック柄。

ゼブラストライプ
ゼブラ柄のように、自然界の線をモチーフにしま模様をつくる。

ピーコック
太めの幅でランダムに動きをつけ、5本それぞれに不規則に配置する。

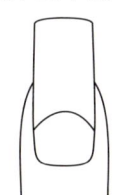

逆フレンチ
爪の根元に近いところでラインを描いた落ち着いた印象のフレンチ。

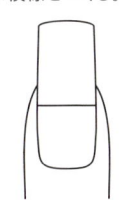

フラットフレンチ
爪の根元近くにまっすぐのラインを描いた、安定感のあるフレンチ。

83

ブライダルの形／ドレスライン

ブライダルドレスの形を4つのテイストに分類しました。
形の分析・分類キーワード、アイテムの特徴を比較しながらおぼえましょう。

Aq アクアテイスト

エンパイア
ウエストラインを出さずに、バストの下に切り返しがある。流れるような直線的なラインが強調され、おとなしい印象。

Aライン
上半身はすっきりと小さく、ウエストから裾にかけてスカートがAのような形に広がる。体型を選ばず洗練された印象。

Br ブライトテイスト

プリンセス※
ウエストから、スカート部分にボリュームをもたせてふんわりと裾まで膨らんだライン。華やかでキュートな印象。

ミニ
ひざ上スカートのミニ丈ドレス。脚を大胆に出すことで、若々しくかわいらしい印象。二次会や海外挙式などに人気。

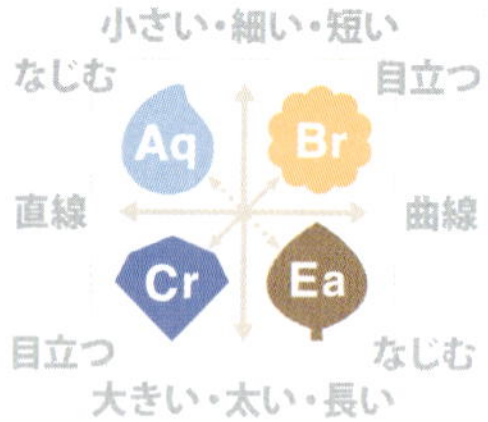

```
           小さい・細い・短い
        なじむ        目立つ
              Aq  Br
       直線            曲線
              Cr  Ea
        目立つ        なじむ
           大きい・太い・長い
```

Cr クリスタルテイスト

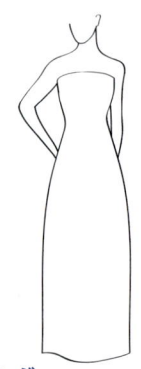

スレンダー
全体的に細身で、ボディーラインにフィットした長方形のようなシルエット。シンプルなラインの美しさが際立つモードな印象。

Ea アーステイスト

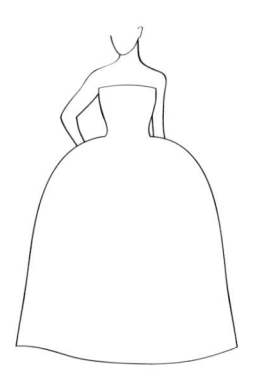

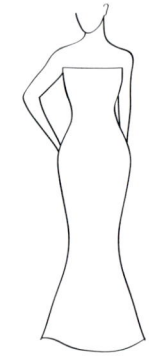

ドーム（別名：ベル）
腰回りにギャザーを入れ、裾が膨らまずに釣り鐘のようなライン。伝統的で落ち着きのある印象。

マーメイド
上半身からひざにかけてボディーラインにフィットし、ひざから裾は人魚のひれのように広がるライン。エレガントでセクシーな印象。

※ 洋服で使われているプリンセスラインは別の形。ブライダルドレス用語では、この形のドレスラインをプリンセスラインとして広く使われています。

ブライダルの形／ネックライン

ブライダルドレスのネックラインの形を4つのテイストに分類しました。
形の分析・分類キーワード、アイテムの特徴を比較しながらおぼえましょう。

Aq アクアテイスト

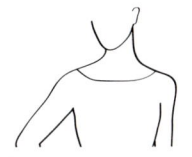

ボートネック
鎖骨に沿って船底のように横広で、なだらかなカーブのライン。

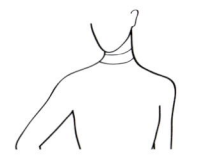

ハイネック
身頃から首に沿って襟を折り返さずに続く、立ち上がったような形状。

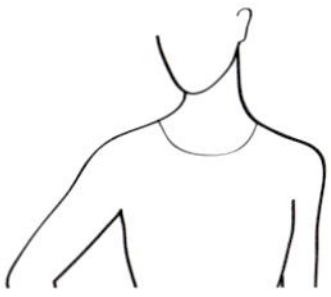

クルーネック
首元が丸くカットされたデザイン。露出を抑えたやさしく清楚な印象。

Br ブライトテイスト

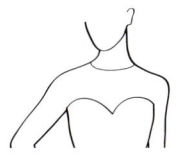

シアーネック
軽く透ける、薄い素材を使って胸元から首元までを覆うデザイン。

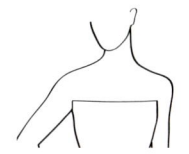

ストラップレスネック（ビスチェ）
肩ひもなどがなく、肩を全部露出して胸の上で留めるスタイル。

スイートハートネック
広い襟ぐりの中央部分をハートの形にカットしたキュートなデザイン。

小さい・細い・短い　なじむ　目立つ
直線　曲線
Aq　Br
Cr　Ea
目立つ　なじむ
大きい・太い・長い

Cr クリスタルテイスト

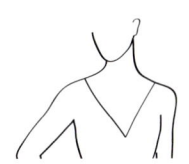

Vネック
アルファベットのVのようにカットしたライン。首を長く見せる。

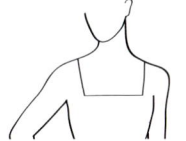

スクエアネック
デコルテ部分を、四角くカットしたライン。顔まわりをすっきり見せる。

ホルターネック
前身頃から続く布やひもを、首の後ろに回して結んだり留めたりする。

Ea アーステイスト

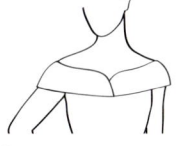

ポートレートネック
西洋の肖像画にあるような、二の腕を巻くように折り返した襟。

オフショルダー
両肩の先が出るほど大きく襟元が開いた正統的で上品なデザイン。

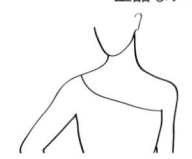

ワンショルダー
どちらか一方の肩を露出する、アシンメトリーなデザイン。

ブライダルの形／スリーブライン

ブライダルドレスのスリーブラインの形を 4 つのテイストに分類しました。
形の分析・分類キーワード、アイテムの特徴を比較しながらおぼえましょう。

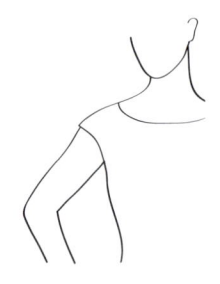

Aq アクアテイスト

フレンチスリーブ
身頃との切り替えがない、肩先が隠れるくらいの短い袖。肌の露出を抑えた上品で可憐な印象。

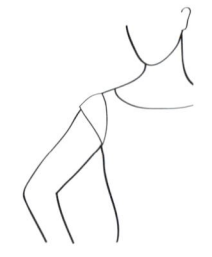

キャップスリーブ
肩先にキャップをかぶせたように見える、ごく短い袖。腕の上部や肩をカバーして、二の腕がすっきりと見える。

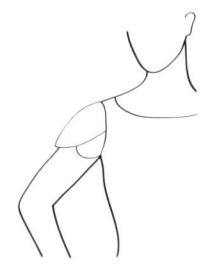

Br ブライトテイスト

ペタルスリーブ
ペタルとは花びらのこと。袖が花びら状に重なり、袖口が大きく開いている袖。丸みがあるキュートな印象。

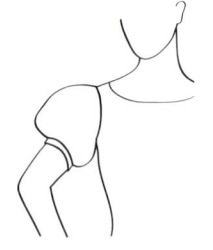

パフスリーブ
肩先や袖口をふわっと丸みをもたせて膨らませた袖。二の腕をふわりとカバーし、かわいらしい印象になる。

小さい・細い・短い
なじむ　　　目立つ
直線　Aq　Br　曲線
　　　Cr　Ea
目立つ　　　なじむ
大きい・太い・長い

Cr クリスタルテイスト

スリーブレス
袖がない、いわゆるノースリーブのこと。すっきりとしたシンプルなデザイン。

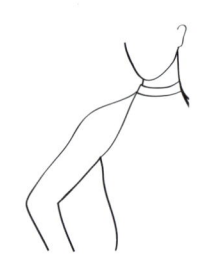

アメリカンスリーブ
首の根元近くから袖ぐりまでを大胆にカットし、肩を大きく露出したノースリーブライン。後ろ側にも前と同じ身頃がついている形。

Ea アーステイスト

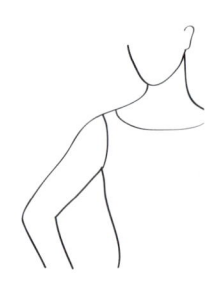

ベルスリーブ
袖口から手首にかけて、ベルのように広がった袖。袖口が広いので、腕全体を細く見せることができる。優雅でクラシカルな印象。

ビショップスリーブ
肘から下が膨らんで、袖口にギャザーを寄せた袖。聖職者の服に見られた袖の形。落ち着きのあるエレガントな印象。

ブライダルの形／ブーケ

ブライダルブーケの形を4つのテイストに分類しました。
形の分析・分類キーワード、アイテムの特徴を比較しながらおぼえましょう。

Aq アクアテイスト

ティアドロップ
「涙のしずく」を逆さにした形。サイズは小さいものが多い。

オーバル
楕円形のブーケ。ベーシックなブーケの形。

Br ブライトテイスト

ボール
花を球状にまとめ、持ち手にリボンやひもをつけたキュートな形。

ラウンド
比較的小さい花を使用し、半円形に丸くまとめたコロンとした形。

バッグ
ハンドバッグのように持ち手のある、カジュアルなブーケ。

リスト
手首や腕につけるタイプの小さめのブーケ。手元を華やかに見せる。

```
        小さい・細い・短い
    なじむ           目立つ
  直線      Aq   Br
                       曲線
          Cr   Ea
    目立つ           なじむ
        大きい・太い・長い
```

Cr クリスタルテイスト

キャスケード
「小さな滝」を意味し、上部にボリュームをもたせ下方ほど細長い。

アーム
背の高い花を使用し、長く直線的な茎を活かして束ねたブーケ。

クレッセント
「三日月」のように、緩やかに弧を描く細長いシルエット。

Ea アーステイスト

メリア
花びらを何枚も重ね合わせてひとつの花のようにかたどったブーケ。

リング
輪の形に花や葉を編み込んだ形。個性的なブーケを作ることもできる。

クラッチ
花をギュッと束ねたような、花の自然な美しさを活かしたブーケ。

スーツの形／襟

スーツの襟の形を4つのテイストに分類しました。襟の切り替えを境に上襟はカラー、下襟はラペルと呼び分けますが、襟全体を指してもいます。形の分析・分類キーワード、アイテムの特徴を比較しながらおぼえましょう。

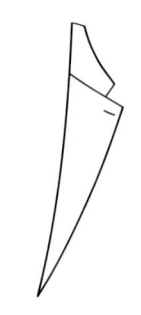

Aq アクアテイスト

ノッチドラペル
シングルスーツの基本の襟で、ベーシックな襟の形。

Br ブライトテイスト

クローバーラペル
ノッチドラペルの上下の襟の角が丸くなっている形。カジュアルな印象の襟。

```
           小さい・細い・短い
     なじむ             目立つ
              Aq    Br
     直線                  曲線
              Cr    Ea
     目立つ             なじむ
           大きい・太い・長い
```

Cr クリスタルテイスト

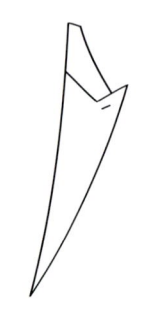

ピークドラペル
ダブルのスーツやフォーマルスーツにもよく使われる、先の尖った襟。インパクトの強い形。

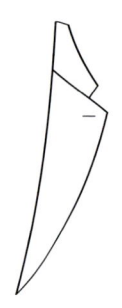

Ea アーステイスト

ベリードラペル
ワイドラペルの一種で、下襟が丸く膨らんでいる。

タブカラー
防寒用の名残で、上襟の先にボタンホールがついている。ツイード生地のものが多い。

シャツの形／襟・ネクタイの形

シャツカラー（襟）の形とネクタイの形を4つのテイストに分類しました。
形の分析・分類キーワード、アイテムの特徴を比較しながらおぼえましょう。

Aq アクアテイスト

レギュラーカラー
シャツ襟の基本で一般的なベーシックな形。すべてのシャツ襟の基準となる形。

ネクタイ（結び下げ）
いちばん太い部分（剣先幅）が9センチくらいの一般的なネクタイ。

Br ブライトテイスト

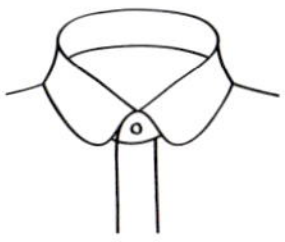

ラウンドカラー
襟先が丸く遊び心がある形。

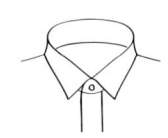

ショートポイントカラー
襟先が6センチ以下の、コンパクトでスポーティーな印象。

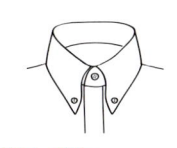

ボタンダウン
襟先をボタンで留めているアメリカントラッドの定番スタイル。

蝶ネクタイ
素材を変えるとカジュアルからフォーマルまで幅広く用いられる。

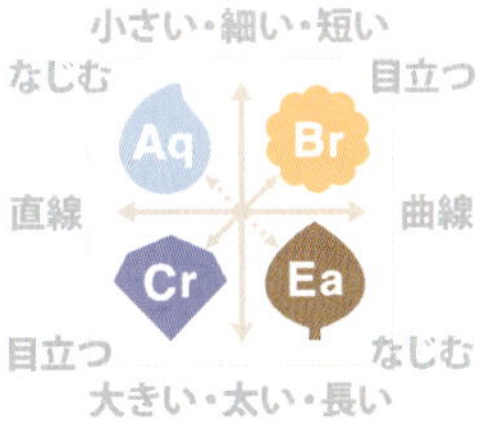

```
       小さい・細い・短い
   なじむ        目立つ
          Aq  Br
  直線              曲線
          Cr  Ea
   目立つ        なじむ
       大きい・太い・長い
```

Cr クリスタルテイスト

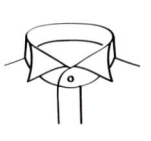

ウイングカラー
襟先が折り返っているフォーマルな場では欠かせないカラー。

ロングポイントカラー
襟先が長い分、先が鋭角的に尖っている。シャープな印象に見える。

ナロータイ
細身のネクタイ。剣先が6センチくらい。細身のスーツに合わせる。

Ea アーステイスト

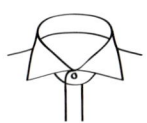

ホリゾンタルカラー
襟の開きが180度前後。ノーネクタイでカジュアルにも着こなせる。

ワイドスプレッド
襟の開きが100～120度程度。安定感がある印象を与える。

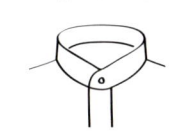

スタンドカラー
シャツの原型でノーネクタイでもいい。幅広いスタイリングが可能。

アスコットタイ
昼の礼装ともいわれるスカーフのようなネクタイ。華やかな印象。

靴の形

ビジネスシューズの形とトゥの形を4つのテイストに分類しました。
形の分析・分類キーワード、アイテムの特徴を比較しながらおぼえましょう。

Aq アクアテイスト

プレーントゥ
つま先に飾りのないスタンダードな形。もっともベーシックなタイプ。

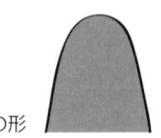

トゥの形　**ラウンドトゥ**
一般的な靴のつま先の形。自然なラウンドのトゥ。

Br ブライトテイスト

Uチップ
甲の部分にU字型の切り替えがあり、カジュアルな印象。

ローファー
靴ひものない、アメリカントラディショナルなスタイルのシューズ。

トゥの形　**ラウンドトゥ**
一般的な靴のつま先の形。自然なラウンドのトゥ。

小さい・細い・短い
なじむ　　　　　目立つ
直線　Aq　Br　曲線
　　　Cr　Ea
目立つ　　　　　なじむ
大きい・太い・長い

Cr クリスタルテイスト

ストレートチップ
つま先に革の切り替えが一文字に入っているスタイリッシュな形。

サイドゴアブーツ
ショートブーツの両脇にゴム素材（ゴア）を使用。スーツでも履ける。

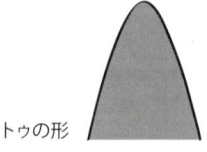

トゥの形　**ポインテッドトゥ**
つま先が尖ったシャープなライン。

Ea アーステイスト

ウイングチップ
つま先の革の切り替えが羽のような形。メダリオン（穴飾り）も特徴。

モンクストラップ
ひもの代わりにベルトとバックルで甲の高さが調節できて機能的。

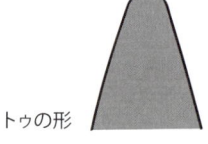

トゥの形　**スクエアトゥ**
つま先が四角く角張ったデザイン。セミスクエアなどもある。

Chapter5 「物の形」を分析・分類しよう

スーツの形／柄

スーツ生地の柄を4つのテイストに分類しました。
形の分析・分類キーワード、アイテムの特徴を比較しながらおぼえましょう。

Aq アクアテイスト

無地（ソリッド）
スーツの基本で柄のない生地。もっとも一般的で、フォーマルの場に必須。

Br ブライトテイスト

タッタソールチェック
2色の格子柄。シャツ柄にもよく使われるカジュアルな印象の柄。

ウィンドウペーン
単色で、縦横の細い線が窓の格子のような四角形のチェック。ウインドペンとも呼ばれる。

小さい・細い・短い
なじむ　目立つ
直線　　曲線
Aq　Br
Cr　Ea
目立つ　なじむ
大きい・太い・長い

Cr クリスタルテイスト

千鳥格子（ハウンドトゥース）
基本は白×黒の格子柄。犬の牙に由来する尖った模様が特徴。

グレンチェック
ハウンドトゥースとヘアラインなどを組み合わせた大きなチェック。

ピンストライプ
ピンの頭のような小さい点のストライプ。基本は暗い色に白色ライン。

ペンシルストライプ
鉛筆で書いたような細い線が等間隔にあるストライプ。

シャドウストライプ
生地の織で光沢部分とマットな部分がラインに見えるストライプ。

Ea アーステイスト

チョークストライプ
チョークのようにこすれた手書きのようなラインのストライプ。

バーズアイ
鳥の目のような織地の模様。距離によって柄の見え方が変わる。

ヘリンボーン
「ニシンの骨」の形に似ていることが由来。織りだけでも表現する。

物の形の分析・分類｜ワーク

「物の形」WORK

このワークは、物の形の分析・分類キーワード、形のイメージや特徴をとらえて、アイテムの形の分析・分類を練習するページです。各業種別で扱うアイテムを、雑誌・カタログの写真や身近なものなどから集めて各テイストに分け、それぞれの違いを確認しましょう。並べてみると違いがよりわかりやすいはずです。

※切り抜きは、各テイストの位置に置いて、分析・分類キーワードに合っているかを確認しましょう。

- ファッションアイテム（トップス、ボトムス、靴、バッグ、アクセサリーなど）の切り抜き写真。
- ヘアスタイル、メイクスタイルそれぞれ別に、各テイストに合った形の切り抜き写真。
- ネイルデザインの形、柄の切り抜き写真。デザインされたネイルチップなども並べてみましょう。
- ブライダルアイテム（ドレス、ブーケなど）の切り抜き写真。アクセサリー、ケーキの形、装花などの形を分析するのもいいでしょう。
- メンズのスーツアイテム（スーツ、シャツ、ネクタイ、靴、バッグなど）の切り抜き写真。ほかにも時計やアクセサリーも分析してみましょう。
- 身の回りのアイテム（ファッション、インテリア、ステーショナリーなど）の切り抜き写真。名刺のデザインやロゴなども分析してみましょう。

いかがでしたか？　各テイストの形、柄の違いをつかむことはできたでしょうか。身の回りにある形に注目して生活してみましょう。文字のフォントやマークなどの分析からも、新しい発見があるはずです。

（小さい・細い・短い／なじむ／目立つ／直線／曲線／目立つ／なじむ／大きい・太い・長い）
Aq　Br　Cr　Ea

〈ワーク例〉

このワークは、形の分析ワークのため、色に影響されずに形だけを見るようにします。切り抜き写真を集めるときは、ひとつの雑誌、ひとつのカタログだけで探すと、テイストに偏りが出るかもしれません。学んでいる業種だけでなく、いろいろなアイテムの形を分析することで分析・分類キーワードがより深く理解できます。
特に柄は、形そのものを表しているので、身近にある柄をたくさん分析してみましょう。

Chapter 6

「人の形」を
分析・分類しよう

　物の形の次は、「人の形」の分析・分類です。人がもっている顔のパーツや輪郭、骨格などは人それぞれでまったく異なっています。
　この章では、人がもつ形を分析する方法や、分析ポイントなどを学びます。
　「人の形」の分析キーワードも、「物の形」と同じ、①動き、②大きさ、③きわだちです。
　動きは、顔と体のラインを見ます。分析ポイントは「眉・目・鼻・口・顔の輪郭・体のライン」です。
　大きさの分析ポイントは、「眉・目・鼻・口・骨格」です。さらに、きわだちの分析ポイントは「彫の深さ」となります。
　これらの顔のパーツの形や輪郭、体のラインを分析しますが、単に太っている・やせているといったことで判断はできません。また、迷った場合は無理に答えを出さないということも、「人」の分析には大事なことです。

人の形の分析・分類｜①動き

■「動き」は直線か曲線かで分類しましょう

「人の形」の分析は、「物の形」と同様に、まず動きの分析をします。

人の形を分析する際の動きとは、顔のパーツと輪郭、体のラインです。**分析ポイントは「眉・目・鼻・口・顔の輪郭・体のライン」で、それぞれの形を、「直線」か「曲線」に分類します。**

「直線」であれば《クールゾーン》、「曲線」の場合は《ウォームゾーン》となります。これらは顔や体のパーツのラインを見て、直線的か曲線的かを分析するもので、「太っている・やせている」ことで判断するのではありません。

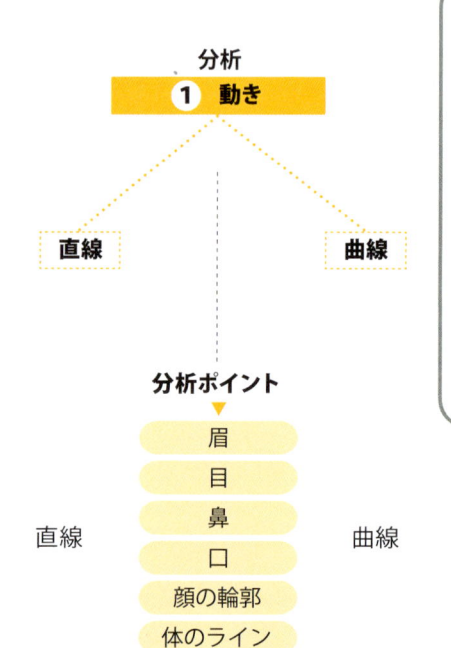

Keywords

分析キーワード
① 動き

分類キーワード
クールゾーン　ウォームゾーン
直線　　　　　曲線

分析ポイント
眉　目　鼻　口
顔の輪郭　体のライン

> 眉・目は直線、鼻・口は曲線といったように、顔のパーツそれぞれが、直線と曲線が混じっている場合もあります。その場合には、いちばんわかりやすいポイント、いちばん目立つポイントを分析結果にしましょう。
> 迷ったら無理やり答えを出そうとしないこと。直線か曲線と答えがはっきり出ない場合もあります。

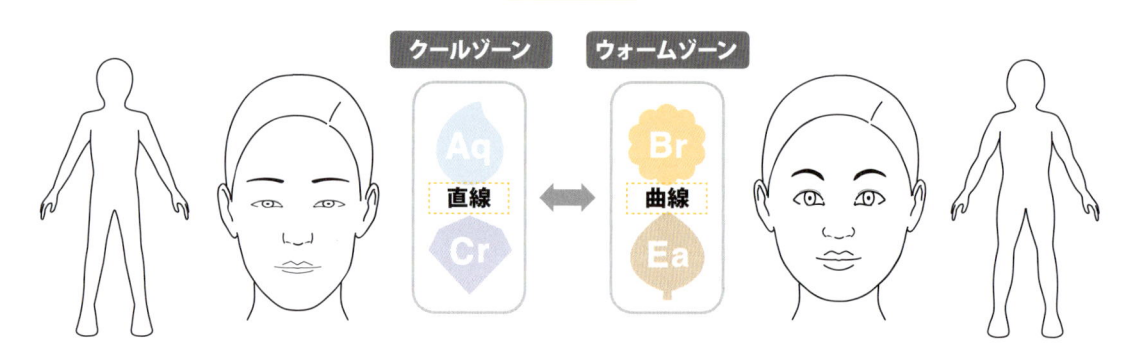

分析
① 動き

直線　　　　曲線

分析ポイント
眉
目
鼻
口
顔の輪郭
体のライン

直線　　　　曲線

クールゾーン　　ウォームゾーン
Aq　　　　　　Br
Cr　　　　　　Ea
直線　⇔　曲線

人の形の分析・分類 | ②大きさ

■「大きさ」は大きさ、太さ、長さで分類しましょう

次に「大きさ」を分析します。

大きさの分析ポイントは、「眉・目・鼻・口・骨格」です。「眉・目・鼻・口」それぞれの大きさを、「小さい・細い・短い」か「大きい・太い・長い」に分類します。

「眉・目・鼻・口」が小さい・細い・短い形を《ライトゾーン》、大きい・太い・長い形を《ディープゾーン》に分類します。あくまでもここでは、形だけの分類です。同じ形なら小さいか大きいか、同じ大きさや長さなら細いか太いか、同じ太さなら短いか長いか、というようにライトゾーンかディープゾーンに分類してください。

また、骨格は、骨が細いか太いかに分類します。

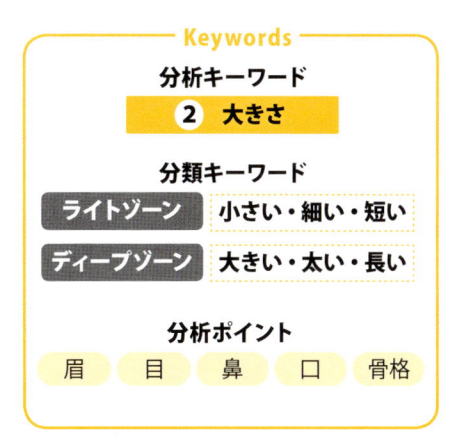

Keywords

分析キーワード
② 大きさ

分類キーワード
ライトゾーン　小さい・細い・短い
ディープゾーン　大きい・太い・長い

分析ポイント
眉　目　鼻　口　骨格

分析
② 大きさ

小さい・細い・短い
　　細い・短い　　小さい　　　　細い
分析ポイント▶　眉　　目　　鼻　　口　　骨格
　　太い・長い　　大きい　　　　太い
大きい・太い・長い

ライトゾーン
小さい・細い・短い
⇅
大きい・太い・長い
ディープゾーン

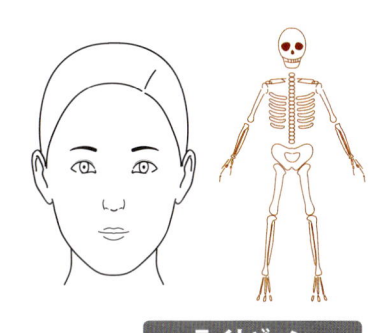

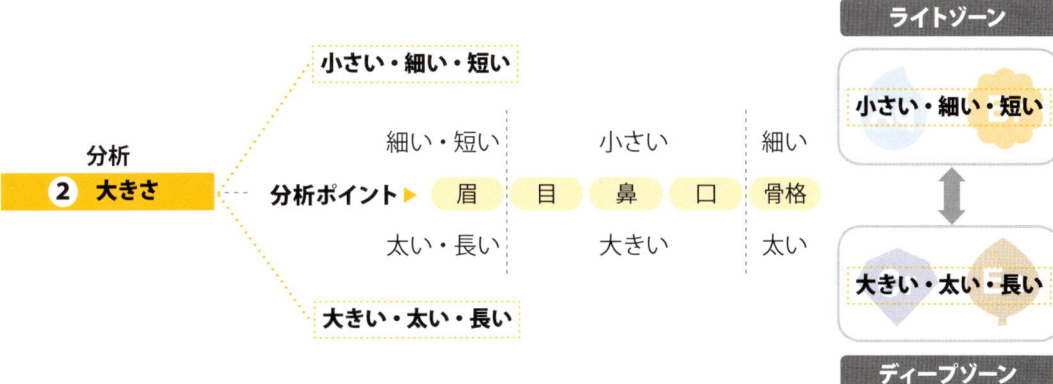

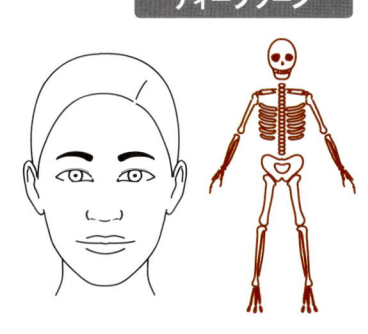

> 眉はお手入れして整えた形を見るのではなく、もともと生えていた眉の形を分析します。
> 骨格は指やひざなど関節を見るとわかりやすいでしょう。骨格は身長が違うと骨の太さが違ってくるので、同じ身長の人と比べてみましょう。

人の形の分析・分類 | ③きわだち

■「きわだち」は顔立ちが目立つかなじむか
　を分析しましょう

最後に、形の「きわだち」を分析します。
きわだちの分析ポイントは「彫の深さ」です。
彫の深さを「なじむ」か「目立つ」に分類します。

彫の深さのきわだちとは、横顔を見たとき、彫が浅くおだやかな顔立ちが「なじむ」、彫が深くはっきりとした顔立ちは「目立つ」と分類します。

分類キーワードは「なじむ」が左斜めの《グラデーションゾーン》、「目立つ」は右斜めの《コントラストゾーン》となります。

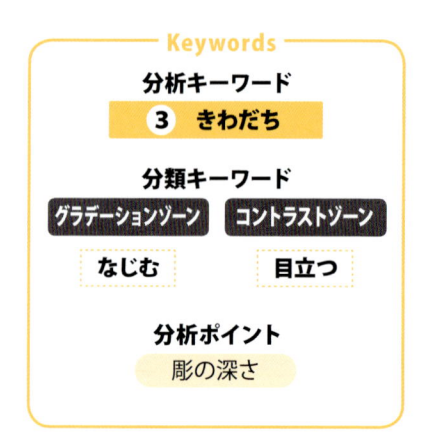

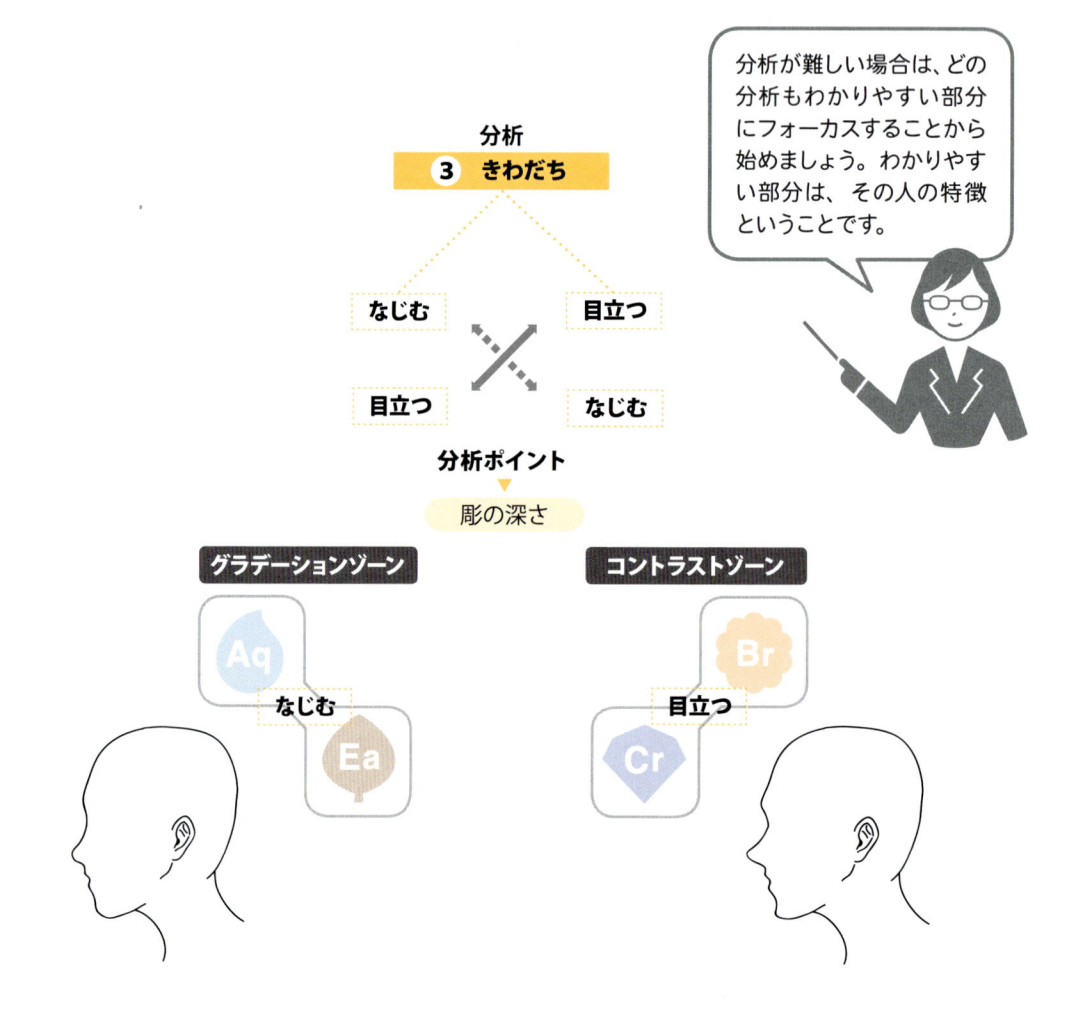

Keywords

分析キーワード
③ きわだち

分類キーワード
グラデーションゾーン　コントラストゾーン
なじむ　　　　　　　　目立つ

分析ポイント
彫の深さ

分析
③ きわだち

なじむ　　目立つ
目立つ　　なじむ

分析ポイント
▼
彫の深さ

グラデーションゾーン　　　　コントラストゾーン
　Aq　　　　　　　　　　　　　Br
　　Ea　　　　　　　　　　Cr
なじむ　　　　　　　　　　目立つ

> 分析が難しい場合は、どの分析もわかりやすい部分にフォーカスすることから始めましょう。わかりやすい部分は、その人の特徴ということです。

人の形 4つのテイスト

「人の形」を、4つのテイストに分析・分類しました。
分析・分類キーワードとともに、顔の特徴、体の特徴もおぼえましょう。

Aq アクアテイスト

❶ 動き	直線
❷ 大きさ	小さい・細い・短い
❸ きわだち	なじむ

特徴
- 顔: 線が細く、おだやかな顔立ち
- 体: 線が細く、華奢な体つき

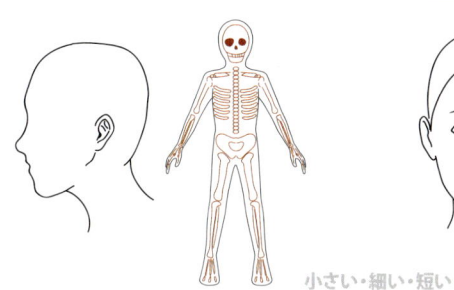

Br ブライトテイスト

❶ 動き	曲線
❷ 大きさ	小さい・細い・短い
❸ きわだち	目立つ

特徴
- 顔: 丸みを感じる
- 体: どことなくふっくらした印象

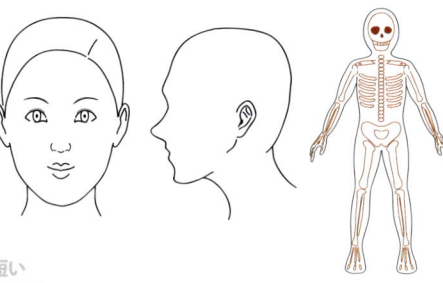

```
         小さい・細い・短い
     なじむ           目立つ
          Aq    Br
   直線 ←――――＋――――→ 曲線
          Cr    Ea
     目立つ           なじむ
         大きい・太い・長い
```

Cr クリスタルテイスト

❶ 動き	直線
❷ 大きさ	大きい・太い・長い
❸ きわだち	目立つ

特徴
- 顔: シャープで強い印象
- 体: 線が太く、しっかりした体つき

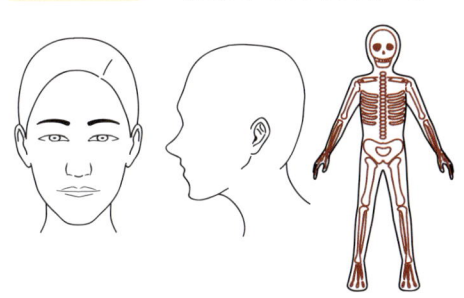

Ea アーステイスト

❶ 動き	曲線
❷ 大きさ	大きい・太い・長い
❸ きわだち	なじむ

特徴
- 顔: 曲線的で落ち着きのある印象
- 体: グラマラス、もしくは安定感がある体つき

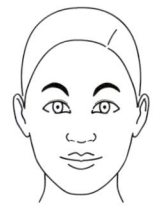

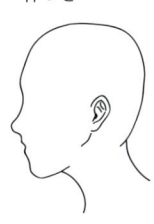

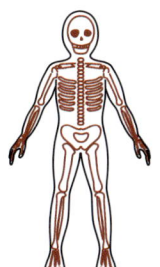

「人の形」WORK 人の形の分析・分類｜ワーク 目視で分析

このワークは、人の形の分析・分類キーワード、人の形のイメージや特徴をとらえる練習をするページです。ワークページはコピーして使用してください。友人や家族、周りの人をより多く分析することで、人の形の分析力が身につきます。

目視で人の形を分析してみましょう。

各分析ポイントの①動き、②大きさ、③きわだちを分析し、右の例のように分類したゾーンマークに○をつけます。きわだちの分類は、横顔の彫の深さが目立つ（彫が深い）か、なじんでいる（彫が浅い）かを見ます。

分析・分類する際には、その人がもっている形の要素を分析します。わかりやすい、分析しやすいポイントはどのテイストだったか、また、わかりにくい分析ポイントは無理に分類せず、特にわかりやすかった分析ポイントに◎をつけるようにしましょう。分析結果は○をつけた数では決めないでください。

わかりやすかった分析ポイント、特に印象的だと感じた分析ポイントの結果を、ベストテイストまたはベストゾーンへ反映させます。そのテイスト、ゾーンの要素がない場合は、ウィークテイスト、ウィークゾーンに書き込みます。

モデルの形の特徴、分析メモも書き留めましょう。

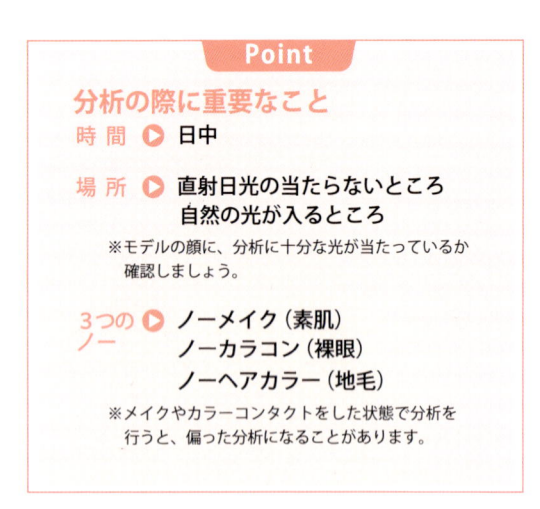

Point

分析の際に重要なこと

時間 ▶ 日中

場所 ▶ 直射日光の当たらないところ
　　　　自然の光が入るところ
　　　※モデルの顔に、分析に十分な光が当たっているか
　　　　確認しましょう。

3つのノー ▶ ノーメイク（素肌）
　　　　　　ノーカラコン（裸眼）
　　　　　　ノーヘアカラー（地毛）
　　　※メイクやカラーコンタクトをした状態で分析を
　　　　行うと、偏った分析になることがあります。

〈ワーク例〉

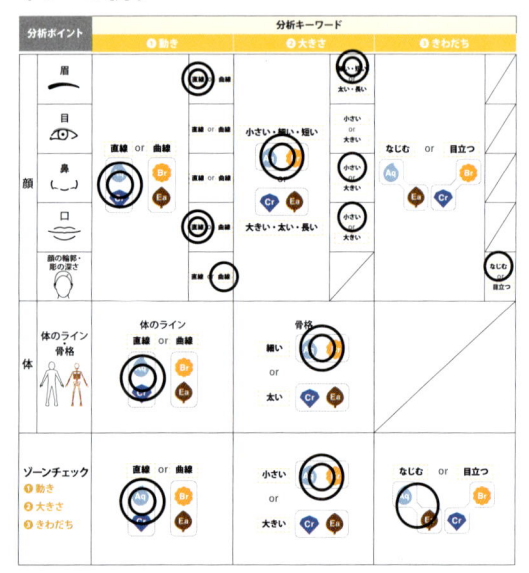

		分析キーワード	
分析ポイント	①動き	②大きさ	③きわだち

人の形の分析結果

ベストテイスト　アクアテイスト
ベストゾーン　クールゾーン
ウィークテイスト　アーステイスト
ウィークゾーン　ディープ、コントラスト

▶モデルの特徴
一見して細い印象。
パーツは小さい。
目は動きも大きさも真ん中。
ウィークゾーンが2つあって迷った。

人の形はパーツごとの大きさだけでなく、顔全体に対しての大きさ、太さなどを見るようにしましょう。例えば、口が大きい印象でも顔全体の大きさの比率で見ると、普通の大きさだったりすることもあります。骨格は指や手首、ひざ、足首など、骨の太さを見やすい部位で見るようにしましょう。骨の太さは身長によって異なりますので、人と比べるときは身長も考慮して分析しましょう。

人の形の分析・分類　ワーク 目視で分析

分析ポイント	分析キーワード ❶動き	❷大きさ	❸きわだち

顔

		❶動き	❷大きさ	❸きわだち
眉		直線 or 曲線	細い・短い or 太い・長い	
目		直線 or 曲線	小さい・細い・短い (Aq Br) or 小さい or 大きい	なじむ or 目立つ (Aq Br / Ea Cr)
鼻		直線 or 曲線 (直線 Aq / 曲線 Br / Cr / Ea)	小さい or 大きい	
口		直線 or 曲線	大きい・太い・長い (Cr Ea) or 小さい or 大きい	
顔の輪郭・彫の深さ		直線 or 曲線		なじむ or 目立つ

体

体のライン・骨格	体のライン 直線 or 曲線 (Aq Br / Cr Ea)	骨格 細い (Aq Br) or 太い (Cr Ea)	

ゾーンチェック
❶動き　❷大きさ　❸きわだち

直線 or 曲線 (Aq Br / Cr Ea)	小さい (Aq Br) or 大きい (Cr Ea)	なじむ or 目立つ (Aq Br / Ea Cr)

人の形の分析結果

ベストテイスト

ベストゾーン

ウィークテイスト

ウィークゾーン

▶ モデルの特徴

※ このページをコピーして繰り返し練習してください。

「形」の分析・分類キーワードのおさらい

Chapter5 では「物の形」、Chapter6 では「人の形」と、「形」について学んできました。
「物」も「人」も形の分析・分類キーワードは共通して、①動き、②大きさ、③きわだち、です。
もう一度、分析・分類キーワードをおさらいして、位置関係と一緒におぼえましょう。

Aq アクアテイスト

①動き	②大きさ	③きわだち
直線	小さい・細い・短い	なじむ
クールゾーン	ライトゾーン	グラデーションゾーン

〈アクアテイスト〉は、動きは「直線」のクールゾーン、大きさは「小さい・細い・短い」のライトゾーン、きわだちは「なじむ」のグラデーションゾーンとなります。

Br ブライトテイスト

①動き	②大きさ	③きわだち
曲線	小さい・細い・短い	目立つ
ウォームゾーン	ライトゾーン	コントラストゾーン

〈ブライトテイスト〉は、動きは「曲線」のウォームゾーン、大きさは「小さい・細い・短い」のライトゾーン、きわだちは「目立つ」のコントラストゾーンとなります。

Cr クリスタルテイスト

①動き	②大きさ	③きわだち
直線	大きい・太い・長い	目立つ
クールゾーン	ディープゾーン	コントラストゾーン

〈クリスタルテイスト〉は、動きは「直線」のクールゾーン、大きさは「大きい・太い・長い」のディープゾーン、きわだちは「目立つ」のコントラストゾーンとなります。

Ea アーステイスト

①動き	②大きさ	③きわだち
曲線	大きい・太い・長い	なじむ
ウォームゾーン	ディープゾーン	グラデーションゾーン

〈アーステイスト〉は、動きは「曲線」のウォームゾーン、大きさは「大きい・太い・長い」のディープゾーン、きわだちは「なじむ」のグラデーションゾーンとなります。

Chapter 7

「物の素材」を
分析・分類しよう

「色」「形」の次は、「素材」の分析・分類です。まずは「物の素材」を分析します。素材には革や植物、鉱物などの自然の物から、コットンやシルクなどの生地、プラスチックやガラス玉、といった人の手によって作られる物まで、多種多様なアイテムが存在しています。

この章では、物の素材を分析する方法や、分析ポイントなどを学びます。

「物の素材」の分析キーワードは、①凸凹（でこぼこ）、②厚さ・重さ・かたさ、③ツヤです。

素材の分析は、さまざまな経験があるとそれが知識のベースとなり、分析がより明確になります。そして、視覚だけでなく、持ったり触ったりと体感することによって、素材の分析が正確にできることを忘れないようにしましょう。

物の素材の分析・分類｜①凸凹

■「凸凹」は表面に凹凸があるかないかで分類しましょう

「物の素材」の分析は、まず表面の「凸凹」を分析します。**素材の表面が凸凹していなければ「フラット」、凸凹していれば「凸凹」です。**

分類キーワードは、「フラット」なものは《クールゾーン》、「凸凹」しているものは《ウォームゾーン》になります。

生地などでは、織りや編みの目が細かいものは「フラット」、目の粗いものは「凸凹」となります。

素材を分析するときには、必ず触ってみましょう。実際に触って触覚で知ることが大事です。

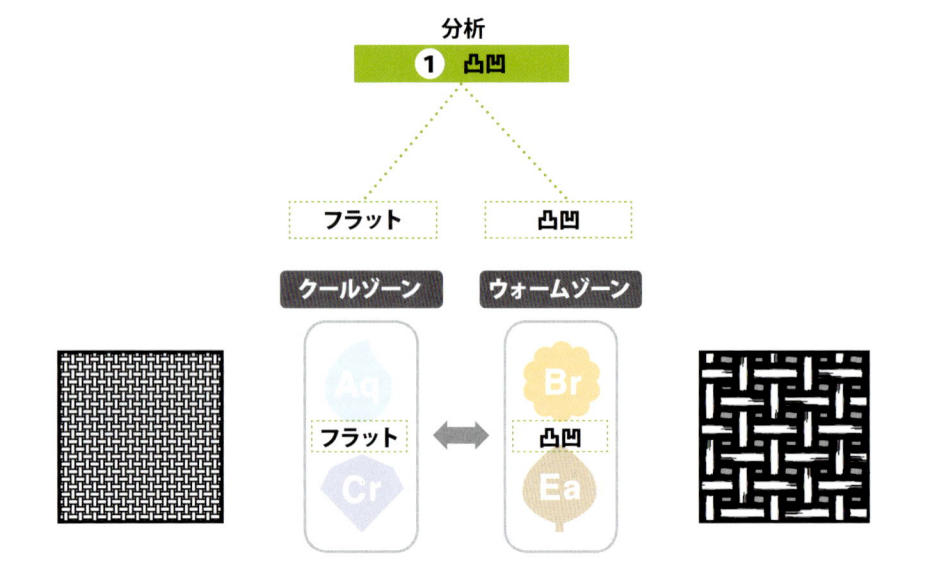

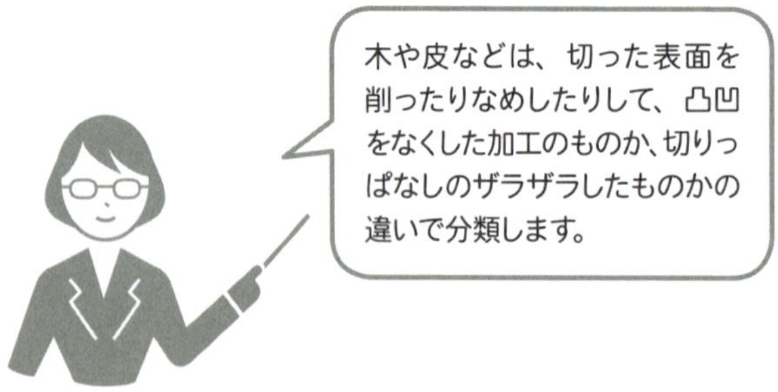

Keywords

分析キーワード
① 凸凹

分類キーワード
クールゾーン　ウォームゾーン
フラット　　　凸凹

分析
① 凸凹
├─ フラット → クールゾーン → フラット
└─ 凸凹 → ウォームゾーン → 凸凹

> 木や皮などは、切った表面を削ったりなめしたりして、凸凹をなくした加工のものか、切りっぱなしのザラザラしたものかの違いで分類します。

102

物の素材の分析・分類｜②厚さ・重さ・かたさ

■「厚さ・重さ・かたさ」は厚みや重量などで分類しましょう

次に「厚さ・重さ・かたさ」を分析します。「薄い・軽い・やわらかい」素材を《ライトゾーン》、「厚い・重い・かたい」素材を《ディープゾーン》に分類します。

薄い・軽い・やわらかいものは上のほうにふわふわと浮き上がるイメージ、厚い・重い・かたいものは地面についているイメージなので下になります。

服の生地など、同じ素材でも厚さが違うと仕上がりのイメージが異なるように、同じ素材でも重さやかたさが違うと、仕上がるもののイメージが異なります。

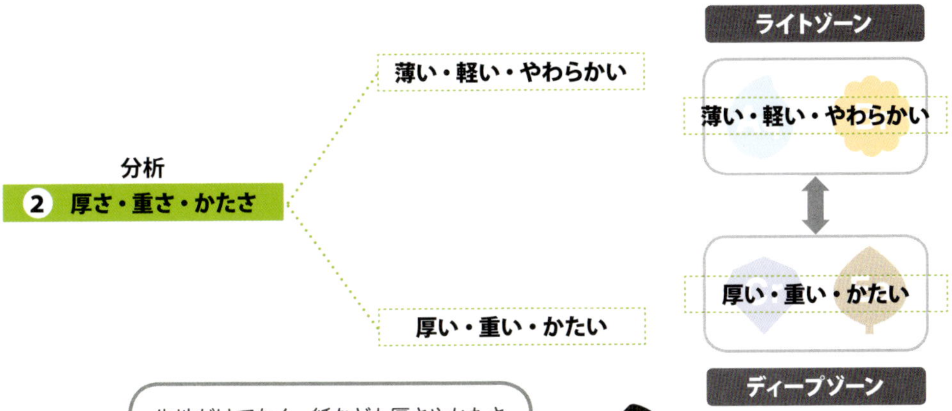

Keywords

分析キーワード
② 厚さ・重さ・かたさ

分類キーワード
ライトゾーン　薄い・軽い・やわらかい
ディープゾーン　厚い・重い・かたい

生地だけでなく、紙なども厚さやかたさが違うと使う用途も異なりますし、素材のイメージも異なります。例えば、薄い紙はトレーシングペーパーとして、厚い紙は画用紙として使われます。同じ紙という素材でも厚さやかたさが違うと、まったく異なるイメージになるのです。

物の素材の分析・分類 | ③ツヤ

■「ツヤ」は光沢を分析しましょう

最後に、素材の「ツヤ」を分析します。

左斜めの《グラデーションゾーン》を「マット」な素材、右斜めの《コントラストゾーン》を「ツヤ」のある素材と分類します。

ツヤの分析は、「素材の分析①」に出てくる「凸凹(でこぼこ)」と違って、実際の物の表面が凸凹しているかではなく、素材の表面に光沢があるか、素材そのものが光沢やツヤのある素材なのかを分析します。ポイントは、表面の形状や突起ではなく、光を反射するかどうかです。

Keywords

分析キーワード
③ ツヤ

分類キーワード
グラデーションゾーン　コントラストゾーン
マット　　　　　　　　ツヤ

卓球のボールとゴルフボールを見ると、わかりやすいでしょう。卓球のボールはフラットでマットなのでグラデーションゾーン、ゴルフボールは凸凹していてもツヤがあるのでコントラストゾーンです。物はいろいろな要素でできています。わかりやすいポイントを分析結果にしましょう。

Chapter7　「物の素材」を分析・分類しよう

物の素材　4つのテイスト

「物の素材」を、4つのテイストに分析・分類しました。
分析・分類キーワードとともに、特徴もおぼえましょう。

Aq アクアテイスト

❶ 凸凹	フラット
❷ 厚さ・重さ・かたさ	薄い・軽い・やわらかい
❸ ツヤ	マット

特徴
- なめらかな肌ざわり

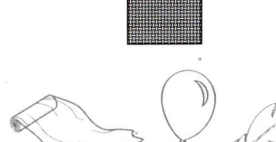

Br ブライトテイスト

❶ 凸凹	凸凹
❷ 厚さ・重さ・かたさ	薄い・軽い・やわらかい
❸ ツヤ	ツヤ

特徴
- やさしい輝き

Cr クリスタルテイスト

❶ 凸凹	フラット
❷ 厚さ・重さ・かたさ	厚い・重い・かたい
❸ ツヤ	ツヤ

特徴
- メタリック

Ea アーステイスト

❶ 凸凹	凸凹
❷ 厚さ・重さ・かたさ	厚い・重い・かたい
❸ ツヤ	マット

特徴
- 自然の風合い

105

ファッションアイテムの素材／装飾用品・その他

ファッション、ヘアメイク、ネイル、ブライダルの装飾用品を4つのテイストに分類しました。
素材の分析・分類キーワード、アイテムの特徴を比較しながらおぼえましょう。

アクアテイスト

ローズクォーツ
不透明なやさしく淡いピンク色から赤紫色をした水晶。

パール
肌なじみのよい控えめで穏やかな輝きがあり、清純で気品がある。真珠。

シルバー
マイルドな輝きの純銀はとてもやわらかい。合金にして強度を上げる。

ピンクゴールド
色みを出すために、18金に銅を多めに加えた合金。肌色によくなじむ。

アメジスト
マットな色合いの紫色を帯びた透明度の低い水晶。

ホワイトゴールド
18金に白色系の金属を混ぜた合金。プラチナよりやわらかくやさしい輝き。

パール（メイク・ネイル）
メイク・ネイルに幅広く用いられるやさしい輝き。

シェル（ネイル）
貝がらを砕いた控えめで涼しい輝きのある装飾品。

クリスタルテイスト

ダイヤ、エメラルド、サファイヤ、ルビー
宝石の格が高く四大宝石と呼ばれる。硬度もあり、強い輝きをもつ。

プラチナ
白く強い光沢をもつ金属。色はホワイトゴールドよりも暗い。

スワロフスキー※
ガラス製のラインストーン。特殊なカット技法でクリアな輝きをもつ。

オニキス
漆黒の輝きをもつ天然石。黒く染めて作られているものもある。

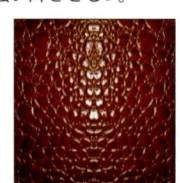

クロコダイル
ワニ革の中でも4種類のみを指す。鱗の並びが美しく高級感がある。

スタッズ
ベルトや財布、アクセサリーなどの皮製品に使われる金属鋲。

グリッター
大きいラメを指す。ギラギラと強く輝く。

ヘアディップ
ヘアジェルともいわれる。髪をしっかり固める強いツヤが特徴。

薄い・軽い
マット
フラット
Aq
Cr
ツヤ
厚い・重い

※ 本来は、オーストリアのスワロフスキー社が製造しているクリスタルガラスのことをいうが、最近では、ガラス製のラインストーンの総称として使われるように。

Chapter7　「物の素材」を分析・分類しよう

Br ブライトテイスト

シャンパンゴールド
シャンパンのような明るい色のゴールド。純金と銅、シルバーの合金。

ビーズ、ガラス玉
ビーズもガラスで作るものが多い。さまざまな色がありキラキラ光る。

プラスチック
カジュアルなアクセサリーによく使われる。着色、加工がしやすい。

イエローゴールド
カラーゴールドのひとつ。アクセサリーでゴールドと呼ばれている色。

スパンコール
金属やプラスチック製の小さな飾り。素材によってさまざまな輝きをもつ。

ターコイズ
青〜緑の独特な色をもつトルコ石。色の特徴が強く色の名前に。

リップグロス
唇に透明感やつややかな輝きを与える。無色透明なものもある。

ヘアオイル
髪にツヤを出し軽やかに仕上げる。カールやウェーブが長持ちする。

やわらかい
ツヤ
Br
凸凹
Ea
マット
かたい

Ea アーステイスト

ゴールド
純金、24金とも呼ばれる。やわらかく、深い山吹色が特徴。

皮革（ひかく）
動物の皮を加工したもの。皮革は天然素材で、人工のものは合皮。

毛皮
毛足のある天然素材はファーと呼ばれる。人工のものはフェイクファー。

ブロンズ
青銅が正式名。渋い茶色で、色の表現にブロンズを使うことが多い。

木、石、麦、藤（とう）
自然の中にある天然の素材。籐（ラタン）は、東南アジアのつる性植物。

べっ甲
亀の甲羅。プラスチックなどでべっ甲の色や柄を表現しているものが多い。

カメオ
めのう、貝など天然素材の色の層を活かして作られたもの。

ヘアワックス
髪のセット剤。マットに仕上がるのが特徴。ソフト〜ハードまである。

107

ファッションアイテムの素材／生地

ファッションアイテムの生地を4つのテイストに分類しました。
素材の分析・分類キーワード、アイテムの特徴を比較しながらおぼえましょう。

Aq アクアテイスト

カシミヤ
カシミヤヤギから取れた毛で織った毛織物。柔軟で軽くなめらか。

ジャージ
編み物の編み方の一種。やわらかな手ざわりで伸縮性がある。

シフォン
細い糸で平織された軽く、薄く、透け感がある生地。やさしく体に沿う。

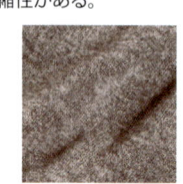

アンゴラ
アンゴラヤギの毛。軽く、やわらかでなめらかな風合い。

Br ブライトテイスト

オーガンジー
薄くて軽い、透けている平織の生地。ほどよい弾力と光沢がある。

サッカー
凸凹部分と平面部分の細かい縮みじわがある織物。さらっとした風合い。

チュール
2本の糸を絡み合わせた六角形の網状の織物。

ナイロン
世界初の合成繊維。弾力性、強度があり、軽い。しわにもなりにくい。

薄い・軽い・やわらかい
マット　　ツヤ
フラット　　凸凹
　Aq　Br
　Cr　Ea
ツヤ　　マット
厚い・重い・かたい

Cr クリスタルテイスト

サテン
絹、ナイロン、ポリエステルを使った朱子織の織物。強い光沢がある。

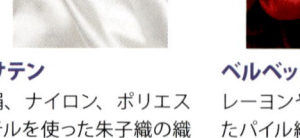

ベルベット
レーヨンやシルクを用いたパイル織の一種。上品な手ざわりと光沢が特徴。

エナメル
なめし革の表面にエナメル塗料を塗布し、光沢を出したもの。

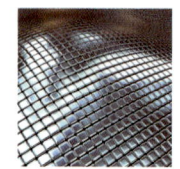

メタリック
きらきらとした金属のように冷たいシャープな光沢がある。

Ea アーステイスト

ツイード
太い羊毛を平織か綾織した、粗く厚い織物。温かみのある素朴な風合い。

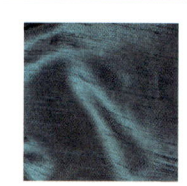

シャンタン
緯糸（よこいと）に太い節がある絹糸を使った平織物。紬の風合い。

コーデュロイ
縦畝（たてうね）が特徴のパイル織物のひとつ。生地が厚手で耐久性がある。

麻
植物繊維の中でもっとも強度がある。通気性、吸湿性、速乾性に優れる。

ブライダルアイテムの素材／生地

ブライダルドレスに使用する生地を4つのテイストに分類しました。
素材の分析・分類キーワード、アイテムの特徴を比較しながらおぼえましょう。

Aq アクアテイスト

シフォン
やわらかく透け感のある極めて薄い平織生地。やわらかく流れるようなラインを作りやすい、手ざわりのよい生地。

ジョーゼット
やわらかな薄手の平織生地。小さなしぼがあるのでマット感が出る。流れるようなシルエットのひだを作りやすい。

Br ブライトテイスト

オーガンジー
薄手で軽い透け感の光沢と張り感のある生地。シフォンやジョーゼットは張り、光沢がないのが違い。

チュール
六角形の細かな編み目の透けている生地。糸の太さや素材によって薄手のやわらかいものと、厚手でかたい張りのあるものがある。

```
        薄い・軽い・やわらかい
   マット              ツヤ
         Aq    Br
   フラット           凸凹
         Cr    Ea
   ツヤ              マット
        厚い・重い・かたい
```

Cr クリスタルテイスト

ミカド
もともとは最高級のシルク生地を指す。厚めで強い光沢と張り感がある。

サテン
朱子織で光沢がある。ミカドより生地は薄く張り感も少ない。

ベルベット
毛足があり、肉厚の生地で重厚感がある。上品な手ざわりで光沢がある。

Ea アーステイスト

タフタ
緯糸（よこいと）と経糸（たていと）の太さの違いで細い横畝が出る平織生地。横畝によって陰影が出て、落ち着いた光沢と張り感が出る。

シャンタン
タフタに似ているが、緯糸の太さが均一でないため生地の表面に凸凹（でこぼこ）がある。シャンタンもタフタもシャリ感がある。

ブライダルアイテムの素材／アクセサリー

ブライダルで使用するアクセサリーを4つのテイストに分類しました。
素材の分析・分類キーワード、アイテムの特徴を比較しながらおぼえましょう。

※ブライダル／アクセサリーは素材の分類だけでなく、形の分類も含まれるものもあります。

Aq アクアテイスト

ボンネ
ボンネットの略。やわらかい布やパールを使った、幅広のヘッドドレス。シニヨンにつけると、より上品でエレガントな印象。

ユニフォーム
大きさのそろった真珠で作られたネックレス。もっとも基本的な真珠のネックレスの形。シンプルで清楚な印象。

Br ブライトテイスト

クラウン
西洋の王冠のこと。王冠のように環状で、輝きをつけたものが多い。

ビブ
よだれかけを広げたような形のネックレス。胸元にボリューム感のあるものをいう。

花冠
花や草を編み合わせた冠状のもの。小さめの花を使うことが多い。

```
        薄い・軽い・やわらかい
    マット              ツヤ
            Aq   Br
    フラット              凸凹
            Cr   Ea
    ツヤ              マット
        厚い・重い・かたい
```

Cr クリスタルテイスト

チョーカー
首にピタッとフィットした、もっとも短い首飾り。素材はさまざま。

ティアラ
クリスタルやジュエリーを散りばめた、半円型の宝冠。豪華できらびやか。

ラリエット
留め具のない、細長いひも状になった飾り。アレンジの幅がある。

Ea アーステイスト

コサージュ
生花や造花で作られた花飾り。もとは婦人服の胸元や襟元につけていた。花の種類や大きさによってアレンジが可能。

ロング
真珠などで作られた長いネックレス。何重にも重ねて使用することができるため、存在感があり落ち着いた印象になる。

Chapter7 「物の素材」を分析・分類しよう

スーツアイテムの素材／スーツ生地

スーツの生地を4つのテイストに分類しました。
素材の分析・分類キーワード、アイテムの特徴を比較しながらおぼえましょう。

Aq アクアテイスト

フランネル
冬の素材でやわらかく手ざわりがよく、表面を毛羽立たせている。フラノとも呼ばれる。

Br ブライトテイスト

シアサッカー
しじら（縞状のしぼのこと）の入った夏の生地。表面が凸凹で涼しく着られる。カジュアルなスーツ生地。

以下の4つは、どのテイストの人にも合うスーツ生地のスタンダードな素材です。

トロピカル
亜熱帯が名前の由来でもあるように、夏に適したさらりとした素材。

サキソニー
厚手のものは冬、薄手なら春なども着られて、やわらかな手触り。

ギャバジン
織り目が非常に細かく、ギャバとも呼ばれる。オールシーズン。

サージ
なめらかな手ざわりとツヤ感があり制服にも使われる。オールシーズン。

薄い・軽い・やわらかい
マット　　ツヤ
フラット　　凸凹
Aq　Br
Cr　Ea
ツヤ　　マット
厚い・重い・かたい

Cr クリスタルテイスト

サテン
朱子織で光沢の強い、表面がツルツルしている生地。華やかな印象を与えられるが、傷がつきやすい。

Ea アーステイスト

リネン（麻）
麻の一種で通気性に優れた夏の生地。糸の太さで薄くやわらかいものから厚い生地まである。

ツイード
英国・ツイード川流域が発祥とされる太い毛糸の厚手織物。ヘリンボーン、ハウンドトゥースはツイードの一種。

コーデュロイ
冬の生地で、縦に毛足の畝があるのが特徴。毛足、畝の太さで生地の厚さが変わる。

111

スーツアイテムの素材／ネクタイ生地

ネクタイの生地を4つのテイストに分類しました。
素材の分析・分類キーワード、アイテムの特徴を比較しながらおぼえましょう。

Aq アクアテイスト

コットン
綿のこと。光沢がなく、マットな仕上がりのものが多い。

Br ブライトテイスト

ニット
編み物で作られたネクタイ。遊び心があり、カジュアルな着こなしに向く。

以下は、どのテイストの人にも合う素材です。

シルク
絹のこと。一般的なネクタイの素材。上品な光沢と独特の風合いをもつ。化学繊維のものもシルクの風合いに似せて作られている。

```
       薄い・軽い・やわらかい
  マット              ツヤ
         Aq    Br
  フラット            凸凹
         Cr    Ea
   ツヤ              マット
       厚い・重い・かたい
```

Cr クリスタルテイスト

Ea アーステイスト

サテン
シルク素材で光沢があり表面がツルツルしている。傷がつきやすい。

リネン（麻）
見た目に涼しげな夏のネクタイの素材。カジュアルよりの素材。

ウール
毛羽（けば）がありマットな仕上がりで厚手のものが多い。落ち着きのある風合い。

物の素材の分析・分類｜ワーク

このワークは、物の素材の分析・分類キーワード、素材の特徴をとらえて、物の素材の分析・分類を練習するページです。各業種別で扱うアイテムの素材そのものや雑誌・カタログの写真などを集めて各テイストに分け、それぞれの違いを確認しましょう。形、色は気にせずに、素材の特徴をとらえて探してください。

- ファッションアイテム（トップス、ボトムス、靴、バッグ、アクセサリーなど）の素材や切り抜き写真。
- ヘアやメイクに使う素材やその素材を使った風合いが写っている写真などを集めましょう。
- ネイルアートに使う素材そのものや、それらを使ってデザインされた写真などを集めましょう。
- ブライダルアイテム（ドレス、ブーケ、アクセサリーなど）の切り抜き写真。
- スーツアイテム（シャツ、スーツ、ネクタイ、靴、バッグなど）の切り抜き写真。
- 身の回りのアイテム（ファッション、インテリア、ステーショナリーなど）の切り抜き写真。

いかがでしたか？ 各テイストの素材の違いをつかむことはできたでしょうか。身の回りにある素材を分析してみましょう。素材は写真ではわかりにくいものもあります。実際に物をよく観察しましょう。

※各テイストの位置に置いて、分析・分類キーワードに合っているか、確認しましょう。

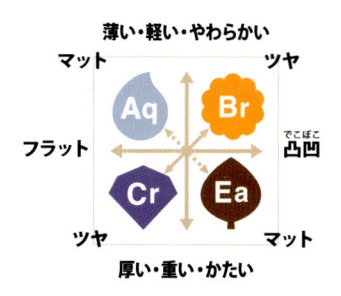

〈ワーク例〉

上の写真にあるように、実際の素材を見比べてみると、より各テイストの特徴を理解することができます。特に薄さ、軽さ、やわらかさについては、写真ではわかりにくい物が多くあります。薄くても、かたい物があったり、厚くてもやわらかい物もあります。できるだけ、多くの物に触れてみましょう。

COLUMN 4　素材の分析がいちばん難しいわけ

　色・形・素材の中で、分析がいちばん難しいのは「素材」の分析です。答えは、視力の発達や脳の発達に関係があります。44ページにもあるように、生まれたての赤ちゃんは視力が弱く、明るさの違いしかわかりませんが、徐々に色の違いがわかるようになり、脳の発達とともに物の形の違いも認識できるようになっていきます。

　その点、素材の違いは視覚を使った見た目だけではなく触覚を使って認識していきます。「触る」経験を伴わないと素材の違いを認識できないため、いろいろなものを触る経験が必要なのです。

　素材の分析が難しいのは、そうした経験が少ない人はその違いがわかりにくく、分析する力がついていないからです。

　例えば、小さな子どもは透明なプラスチックのコップと透明なガラスのコップの違いをしっかりと認識できているでしょうか。大人はガラスのコップがプラスチックより割れやすいことを経験則として知っているため、丁寧に扱います。でも、子どもはどちらも同じように扱います。このように、素材の違いはその素材を触ったり使ったりした経験から特徴、特性を理解、認識できるようになるため、経験が非常に大事です。

　これは、プロとアマチュアの違いとして活用できるテクニックともいえます。アマチュアとしていろいろな素材に触れるのは簡単ではありませんが、プロフェッショナルとしてその仕事についている人は日々仕事の中でいろいろな素材に触れる機会があるため、素材の分析力はどんどん伸びていきます。

　インターネットの普及により情報はどこにでもあふれていますが、このように経験が基になる技術はインターネットの情報で身につくものではありません。だれにでも同じように手に入る情報と違い、これからはその人が経験したことが価値として重要になり、それがほかの人との差別化につながります。難しく時間のかかることだからこそ、高い価値となるのです。

　お客さまに自信をもって素材の違いを説明できるよう、より多くの素材に触れて、違いを分析してみましょう！

Chapter 8

「人の素材(質感)」を分析・分類しよう

　「物の素材」の次は、「人の素材(質感)」の分析・分類です。
　この章のポイントは、その傾向があるかどうかを分析するということです。人の分析は物に比べてとても難しく、特に人の素材(質感)の分析・分類は経験値が低いとあいまいな分析になることも少なくありません。
　「人の素材」の分析キーワードも、「物の素材」と同じ、①凸凹(でこぼこ)、②厚さ・重さ・かたさ、③ツヤです。
　例えば、目のツヤを分析しようと、じっと見つめても目の表面は粘膜のため、だれでもツヤっぽく見えます。しかし、一見してキラキラしているかそうでないかがその人の特徴なので、迷うときは一度目を外すことも分析する際のポイントです。
　このように、素材(質感)の分析は非常に難しいので、わかりやすい分析ポイントがない場合は無理に答えを出そうとせず、人の素材(質感)の分析だけでテイストやゾーンの分類をしないことです。

人の素材（質感）の分析・分類 ｜ ① 凸凹

■「凸凹」は髪のくせで分類しましょう

Styling Map の学習では、「素材」も「質感」も同じ意味合いを指しますが、「質感」は人の分析で用いる用語としています。

人の素材（質感）は、まず表面の「凸凹」を分析します。凸凹の分析ポイントは「髪」です。「髪」のくせがあるかないかで分類します。**髪のくせがないのは《クールゾーン》で、分類キーワードは「フラット」です。髪のくせがあるのは《ウォームゾーン》で、分類キーワードは「凸凹」になります。**

パーマやスタイリングでウェーブがあると分析できないため、必ず地毛の状態で分析しましょう。大事なのは、必ず触って確かめてみること。特に人の分析には、視覚だけでなく、触覚でも確認することが大切です。

Keywords

分析キーワード
① 凸凹

分類キーワード
クールゾーン ／ ウォームゾーン
フラット ／ 凸凹

分析ポイント
髪

髪のくせは、髪の毛の形の違いから生まれます。直毛の人は髪の断面が丸に近い形で、くせ毛の人は髪の断面がまん丸ではなく楕円や三角のような形のため、髪がうねるのです。

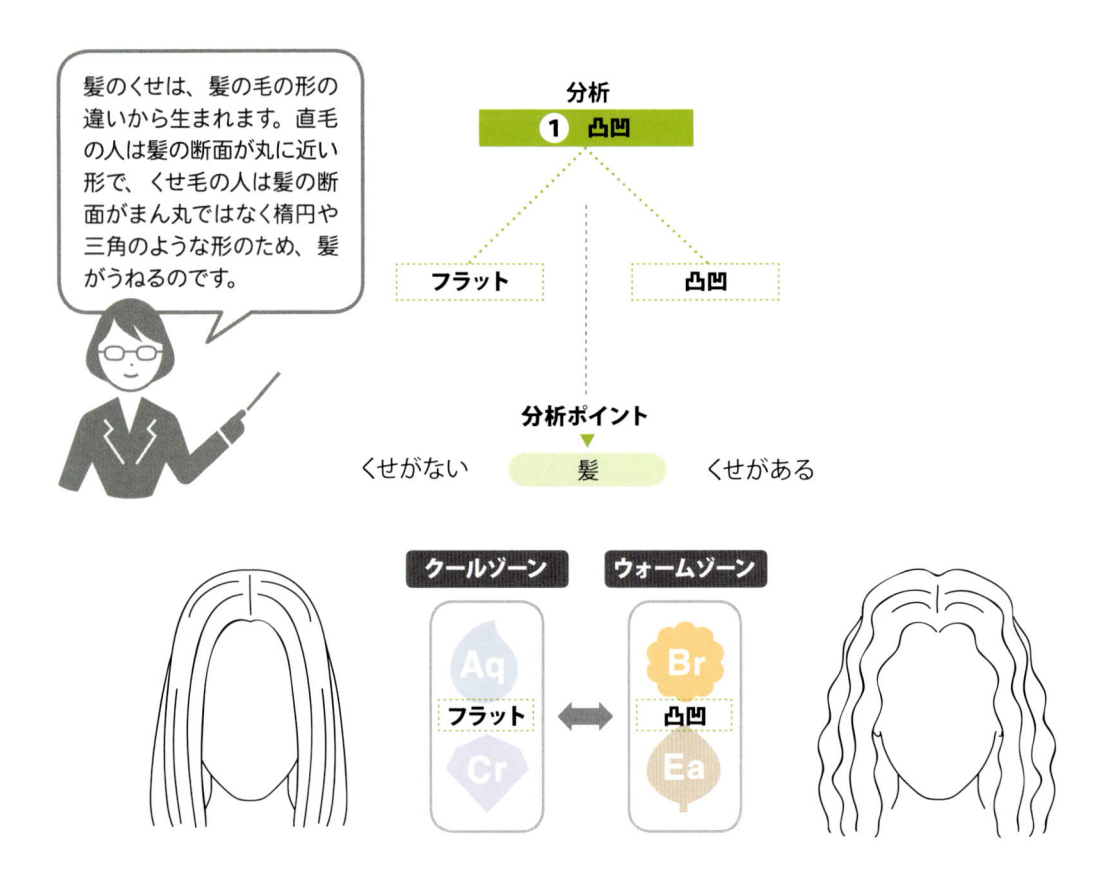

分析
① 凸凹
├─ フラット
└─ 凸凹

分析ポイント
くせがない ← 髪 → くせがある

クールゾーン（Aq／Cr）：フラット ⇄ ウォームゾーン（Br／Ea）：凸凹

人の素材（質感）の分析・分類｜②厚さ・重さ・かたさ

■「厚さ・重さ・かたさ」は
　肌や髪を分類しましょう

　次に、「物の素材」と同じように「厚さ・重さ・かたさ」を分析します。

　人の「厚さ・重さ・かたさ」の分析ポイントは「肌・髪」です。**「肌・髪」を「薄い・軽い・やわらかい」か「厚い・重い・かたい」に分類します。**

　「厚さ」を分析するには、肌を観察します。毛細血管が見えやすく頬の血色が出やすいのが「薄い」、そうでないなら「厚い」分類となります。肌が薄いとやわらかく、《ライトゾーン》になります。肌が厚いとかたく、《ディープゾーン》になります。

　「重さ・かたさ」を分析するには、髪を観察します。やわらかい髪質なら「軽い・やわらかい」、太く毛量が多いなら「重い・かたい」となります。

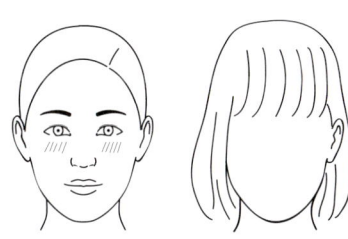

Keywords

分析キーワード
② 厚さ・重さ・かたさ

分類キーワード
ライトゾーン　薄い・軽い・やわらかい
ディープゾーン　厚い・重い・かたい

分析ポイント
肌　　髪

分析
② 厚さ・重さ・かたさ

薄い・軽い・やわらかい

分析ポイント ▶　薄い｜軽い・やわらかい
　　　　　　　　肌　｜髪
　　　　　　　　厚い｜重い・かたい

厚い・重い・かたい

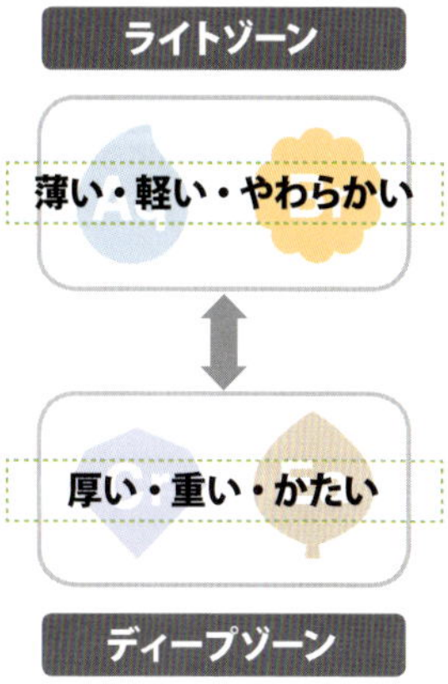

ライトゾーン
薄い・軽い・やわらかい
⇅
厚い・重い・かたい
ディープゾーン

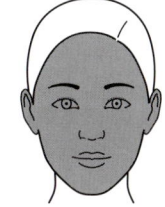

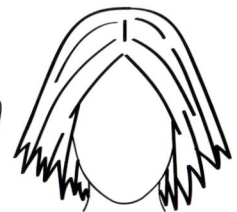

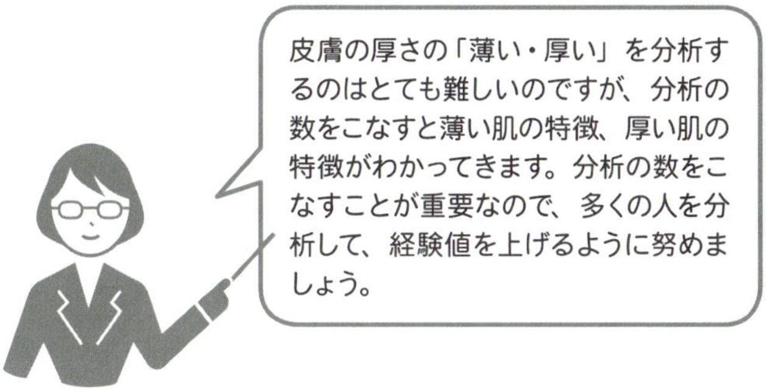

> 皮膚の厚さの「薄い・厚い」を分析するのはとても難しいのですが、分析の数をこなすと薄い肌の特徴、厚い肌の特徴がわかってきます。分析の数をこなすことが重要なので、多くの人を分析して、経験値を上げるように努めましょう。

人の素材（質感）の分析・分類｜③ツヤ

■「ツヤ」は目・肌・髪を分析しましょう

最後に、「ツヤ」を分析します。

ツヤの分析ポイントは「目・肌・髪」です。**「目・肌・髪」それぞれを「マット」、「ツヤ」に分類します。**

マットなのは左斜めの《グラデーションゾーン》、ツヤがあるのは右斜めの《コントラストゾーン》と分類します。

「目」のツヤは、ガラス玉のようなキラキラと輝きが強ければ「ツヤ」に分類します。「肌」や「髪」も、ツヤがあるかマットかどうかを分析します。ここでも、見るだけでなく触って確かめることで分析が深くできるようになります。

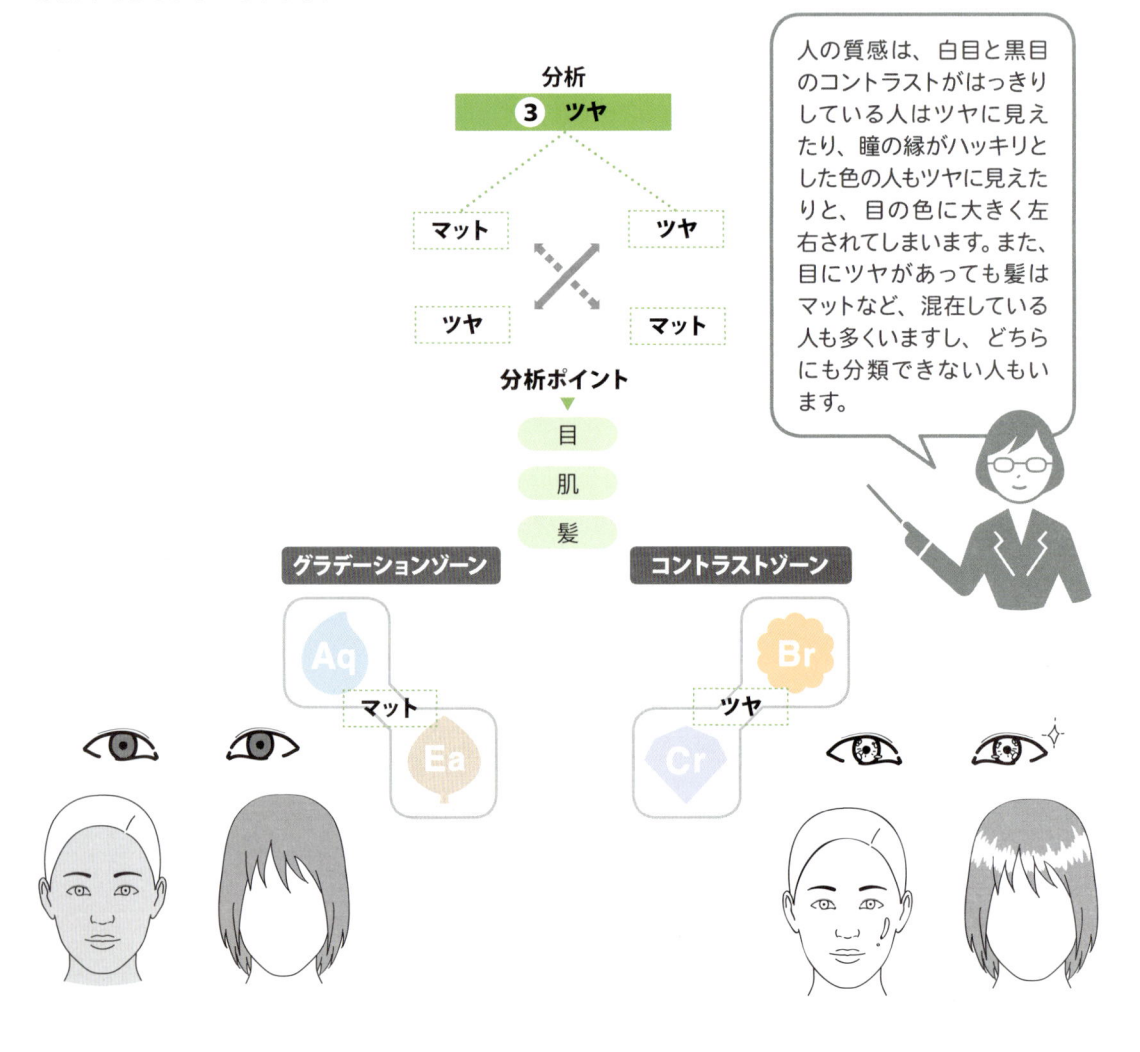

Keywords

分析キーワード
③ ツヤ

分類キーワード
グラデーションゾーン／コントラストゾーン
マット／ツヤ

分析ポイント
目　肌　髪

分析
③ ツヤ

| マット | ツヤ |
| ツヤ | マット |

分析ポイント
目
肌
髪

グラデーションゾーン　　　コントラストゾーン
　　Aq　　　　　　　　　　　Br
　マット　　　　　　　　　　ツヤ
　　Ea　　　　　　　　　　　Cr

> 人の質感は、白目と黒目のコントラストがはっきりしている人はツヤに見えたり、瞳の縁がハッキリとした色の人もツヤに見えたりと、目の色に大きく左右されてしまいます。また、目にツヤがあっても髪はマットなど、混在している人も多くいますし、どちらにも分類できない人もいます。

人の素材（質感）4つのテイスト

「人の素材（質感）」を、4つのテイストに分析・分類しました。
分析・分類キーワードとともに、分析ポイント、質感の特徴もおぼえましょう。

Aq アクアテイスト

❶ 凸凹	フラット
❷ 厚さ・重さ・かたさ	薄い・軽い・やわらかい
❸ ツヤ	マット

特徴

- 目：やさしくおだやかな印象
- 肌：パウダリーできめ細かい、繊細な肌
- 髪：ソフトでマットな髪

Br ブライトテイスト

❶ 凸凹	凸凹
❷ 厚さ・重さ・かたさ	薄い・軽い・やわらかい
❸ ツヤ	ツヤ

特徴

- 目：キラキラしたガラス玉のような瞳
- 肌：透明感のあるツヤ肌
- 髪：ふわふわとやわらかいツヤ髪、もしくは量が多く太くかたい髪

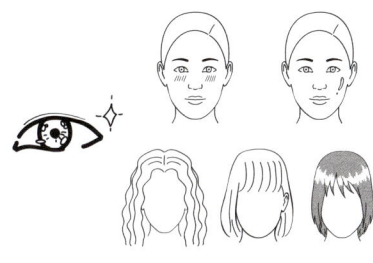

Cr クリスタルテイスト

❶ 凸凹	フラット
❷ 厚さ・重さ・かたさ	厚い・重い・かたい
❸ ツヤ	ツヤ

特徴

- 目：強いツヤがある
- 肌：肌トラブルが少なく、ハリがある
- 髪：量が多く太めでしっかりとした、コシがある黒髪

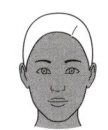

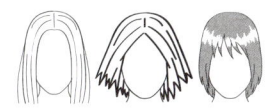

Ea アーステイスト

❶ 凸凹	凸凹
❷ 厚さ・重さ・かたさ	厚い・重い・かたい
❸ ツヤ	マット

特徴

- 目：落ち着いた印象
- 肌：厚みがあり、しっとりした印象
- 髪：くせがあり、重みがあって量も多い

「人の素材」WORK　人の素材（質感）の分析・分類 | ワーク 目視で分析

このワークは、人の素材（質感）の分析・分類キーワード、人の素材の特徴やイメージをとらえる練習をするページです。ワークページはコピーして使用してください。人の素材分析は特に経験が必要とされます。友人や家族、周りの人をより多く見ることで、人の素材の分析・分類の数を増やしていきましょう。

目視で人の素材を分析してみましょう。

各分析ポイントの①凸凹、②厚さ、③ツヤを分析し、右の例のように分類したゾーンマークに○をつけます。

分析・分類する際には、その人がもっている素材の要素を分析します。わかりやすい、分析しやすいポイントがどのテイストだったか、特に、肌や髪の質感などは見た目だけではわかりづらいため、実際に触って確かめるようにします。わかりにくい分析ポイントは無理に分類せず、特にわかりやすかった分析ポイントに◎をつけるようにしましょう。分析結果は○をつけた数では決めないでください。

わかりやすかった分析ポイント、特に印象的だと感じた分析ポイントの結果を、ベストテイストまたはベストゾーンへ反映させます。そのテイスト、ゾーンの要素がない場合は、ウィークテイスト、ウィークゾーンに書き込みます。

モデルの形の特徴、分析メモも書き留めましょう。

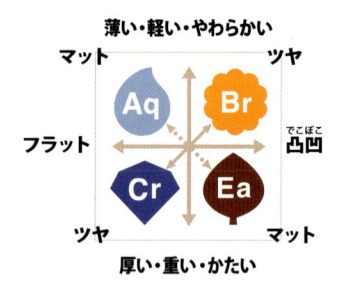

Point

分析の際に重要なこと

- 時間 ▶ 日中
- 場所 ▶ 直射日光の当たらないところ
  自然の光が入るところ
  ※モデルの顔に、分析に十分な光が当たっているか確認しましょう。
- 3つのノー ▶ ノーメイク（素肌）
  ノーカラコン（裸眼）
  ノーヘアカラー（地毛）
  ※メイクやカラーコンタクトをした状態で分析を行うと、偏った分析になることがあります。

〈ワーク例〉

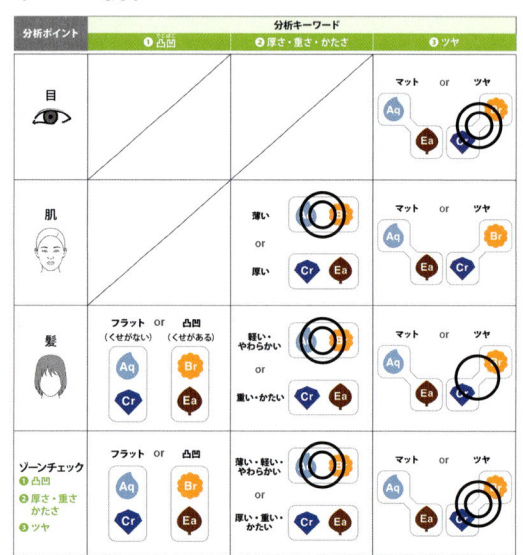

ベストテイスト	ブライトテイスト
ベストゾーン	ライトゾーン
ウィークテイスト	アーステイスト
ウィークゾーン	

▶モデルの特徴／人の素材の分析結果
とにかく目がキラキラ。
お肌が薄くてすぐに赤くなる。
ウィークゾーンがわからなかった。
色もブライトテイストだと思う。

人の素材分析はある程度の数を見て比較してみないと、なかなかわかりづらいものです。マットかツヤか、どちらにも見える、または、どちらにも見えない場合も多々あります。ひとりの人の分析結果にとらわれず、とにかくたくさんの人を分析することで、素材の特徴がつかめてきます。全分析ポイントの答えを求めずに、強く特徴が出ているポイントを見つけるようにしましょう。

Chapter8 「人の素材（質感）」を分析・分類しよう

人の素材（質感）の分析・分類　ワーク 目視で分析

分析ポイント	分析キーワード ❶ 凸凹（でこぼこ）	❷ 厚さ・重さ・かたさ	❸ ツヤ
目			マット or ツヤ　Aq / Ea / Cr / Br
肌		薄い（Aq Br） or 厚い（Cr Ea）	マット or ツヤ　Aq / Ea / Cr / Br
髪	フラット（Aq Cr）or 凸凹（Br Ea）	軽い・やわらかい（Aq Br） or 重い・かたい（Cr Ea）	マット or ツヤ　Aq / Ea / Cr / Br
ゾーンチェック ❶ 凸凹 ❷ 厚さ・重さ・かたさ ❸ ツヤ	フラット（Aq Cr）or 凸凹（Br Ea）	薄い・軽い・やわらかい（Aq Br） or 厚い・重い・かたい（Cr Ea）	マット or ツヤ　Aq / Br / Ea / Cr

人の素材の分析結果

ベストテイスト

ベストゾーン

ウィークテイスト

ウィークゾーン

▶モデルの特徴

※ このページをコピーして繰り返し練習してください。

「素材」の分析・分類キーワードのおさらい

Chapter7では「物の素材」、Chapter8では「人の素材」と、「素材」について学んできました。
「物」も「人」も素材の分析・分類キーワードは共通して、①凸凹、②厚さ・重さ・かたさ、③ツヤ、です。
もう一度、分析・分類キーワードをおさらいして、位置関係と一緒におぼえましょう。

Aq アクアテイスト

①凸凹	②厚さ・重さ・かたさ	③ツヤ
フラット	薄い・軽い・やわらかい	マット

クールゾーン / **ライトゾーン** / **グラデーションゾーン**

〈アクアテイスト〉は、凸凹は「フラット」のクールゾーン、厚さ・重さ・かたさは「薄い・軽い・やわらかい」のライトゾーン、ツヤは「マット」のグラデーションゾーンとなります。

Br ブライトテイスト

①凸凹	②厚さ・重さ・かたさ	③ツヤ
凸凹	薄い・軽い・やわらかい	ツヤ

ウォームゾーン / **ライトゾーン** / **コントラストゾーン**

〈ブライトテイスト〉は、凸凹は「凸凹」のウォームゾーン、厚さ・重さ・かたさは「薄い・軽い・やわらかい」のライトゾーン、ツヤは「ツヤ」のコントラストゾーンとなります。

Cr クリスタルテイスト

①凸凹	②厚さ・重さ・かたさ	③ツヤ
フラット	厚い・重い・かたい	ツヤ

クールゾーン / **ディープゾーン** / **コントラストゾーン**

〈クリスタルテイスト〉は、凸凹は「フラット」のクールゾーン、厚さ・重さ・かたさは「厚い・重い・かたい」のディープゾーン、ツヤは「ツヤ」のコントラストゾーンとなります。

Ea アーステイスト

①凸凹	②厚さ・重さ・かたさ	③ツヤ
凸凹	厚い・重い・かたい	マット

ウォームゾーン / **ディープゾーン** / **グラデーションゾーン**

〈アーステイスト〉は、凸凹は「凸凹」のウォームゾーン、厚さ・重さ・かたさは「厚い・重い・かたい」のディープゾーン、ツヤは「マット」のグラデーションゾーンとなります。

Chapter 9

「内面(思考・言動)」を分析・分類しよう

　ここまでは、物と人の色・形・素材という外面を分析・分類する手法を学んできましたが、この章では人の内面（思考・言動）＝その人らしさを読み解く手法を学びます。

　なぜ内面を分析するのかというと、外面的なスタイリングは実はその人の内面の表現でもあるからです。内面を知ることは、その人がどういう人なのか、何を表現したいのか、どんな考えをもった人なのかといった根本を知ることでもあるのです。「内面」の分析キーワードは、①行動、②感情、③対人です。

　その人の思考のパターンや価値観を理解していれば、コミュニケーションもとりやすく、人間関係もスムーズになり、装いのスタイリングもより的確にできるようになります。特にパーソナルブランディングスタイリストをめざす人には、重要な章となっています。

人の内面を知るとは

■ 人の内面を知ることで的確なコミュニケーションがとれる

　装いを含め、その人の個性を生かして最適なパーソナルブランディングを提案するには、その人の内面を知る必要があります。そもそもパーソナルブランディングは、その人の内面をわかりやすく表現することでもあるので、性格やものの考え方、価値観、行動パターンなどを知ることが大切なのです。

　本書では、人の外面（色・形・素材）を6つのゾーンと4つのテイストに分類し、特徴をとらえる手法を学んできました。

　どのテイストの人なのかを知ることで、その人の価値観や行動パターン、考え方、さらには、どう見られたいかなども傾向としてわかり、的確なコミュニケーションをとることができるようになります。それは、接客だけでなくパートナーシップ、組織など、人と人のかかわりをスムーズにするために必要なことです。

　スタイリングにおいても、満足度の高い提案ができ、最終的に個人のブランド力を高められると考えられます。

■ 内面と外見の分析が異なることもある

　人の内面を知るには、その人の見た目の分析も大切です。なぜなら、Styling Map では、本来その人の肉体＝外面の特徴と内面は強く結びついていると考えているからです。そのため、人は外面から分析できるゾーンやテイストの考え方、行動パターンをとる傾向があるのです。

　しかし、内面の分析には難しさがあります。

　例えば、人の外面の分析で、直感やひらめきを大切にする〈ブライトテイスト〉だと考えられるのに、内面の分析をすると意志が強く決断が早い〈クリスタルテイスト〉のようだというときは、その人がクリスタルテイストの内面にあこがれているか、または行動をそう装っているだけ、という見方もできます。

　また、本来はサポート役が得意なタイプであっても、会社の役職で人を束ねる立場になっていることもあります。この場合は、〈アクアテイスト〉の人が立場上、〈クリスタルテイスト〉のようになっているだけで、本来の内面は違うということになります。

　育った環境や社会的立場、あこがれているスタイルなどによっても、本来その人がもっているものとは異なるテイストの分析結果が出ることもあるので、注意が必要です。

> 内面の分析・分類は、ひとつのゾーンやひとつのテイストに分類できないことがあります。それぞれで答えが違うこともよくありますが、それは育った環境や社会的立場、友だちやあこがれの人など、さまざまな要因によって大きく左右されるうえに、さまざまな要素が交じりあっているからです。

内面（思考・言動）の分析・分類｜①行動

■ 「行動」は"静"か"動"かで分類しましょう

「内面（思考・言動）」の分析・分類は、まず「行動」を分析します。**行動の分類キーワードは「静的・規則」か「動的・自由」です。**

静的・規則とは、どちらかといえばインドア派、時間やルールを守って行動したいというタイプで、《クールゾーン》に分類されます。動的・自由とは、どちらかといえばアウトドア派、時間やルールに拘束されるのは好まないというタイプで、《ウォームゾーン》に分類されます。

クールゾーンは日陰の冷たさを感じるブルーベースの色や規則的な柄などに代表されることから、クールゾーンの人がその色や形などを要素としてもともともっているため、色や形の特徴と同じ特徴が見られるということです。

ウォームゾーンの人はその逆で、太陽が照らしているような、あたたかみのあるイエローベースの色で、動きのある柄や形に代表されることから、動的な傾向が見られることになります。

> 「形」の分析キーワードの「①動き」の分析・分類を思い出してください。右側の《ウォームゾーン》は、「曲線＝動きのある形」でした。そのイメージと重ねて、「内面（思考・言動）①行動」の分析も、「動的」とイメージするとおぼえやすいでしょう。

Keywords

分析キーワード
①　行動

分類キーワード
クールゾーン　／　ウォームゾーン
静的・規則　／　動的・自由

分析
①　行動
├─ 静的・規則
└─ 動的・自由

クールゾーン（Aq / Cr）　静的・規則
- ルールを決めたい
- 起きていることに対処していく
- ルーティンが得意

物や人の特徴
- 色：ブルーベース
- 形：直線
- 素材：フラット

ウォームゾーン（Br / Ea）　動的・自由
- 自由に考えて行動する
- 自らアクションを起こすタイプ
- クリエイティブが得意

物や人の特徴
- 色：イエローベース
- 形：曲線
- 素材：凸凹（でこぼこ）

内面（思考・言動）の分析・分類｜②感情

■「感情」は感情表現の高低で分類しましょう

次に「感情」を分析します。

感情の分類キーワードは「直感的・女性的」か「論理的・男性的」です。

感情優先の「直感的・女性的」は、女性脳ともいわれ、感情表現が高く上手で、判断基準を「好きか嫌い」とするタイプで《ライトゾーン》に分類されます。

論理的思考を優先する「論理的・男性的」は、男性脳ともいわれ、感情表現が低く、判断基準は「正しいか間違っているか」とするタイプで《ディープゾーン》に分類されます。

ライトゾーンは、明るい色が似合い顔のパーツが小さいなどの女性的な要素から、感情表現が豊かで柔軟性があり、おしゃべりが好きな傾向があります。

ディープゾーンは、暗い色が似合い顔のパーツが大きいなどの男性的な要素から、感情表現は抑えめで計画性があり、目的に向かって進むのが好きな傾向があります。

Keywords

分析キーワード
② 感情

分類キーワード
| ライトゾーン | 直感的・女性的 |
| ディープゾーン | 論理的・男性的 |

- 感じることに理由はいらない
- 感情を表に出す
- 感情表現が得意

ライトゾーン 直感的・女性的

物や人の特徴
色	明るい
形	小さい・細い・短い
素材	薄い・軽い・やわらかい

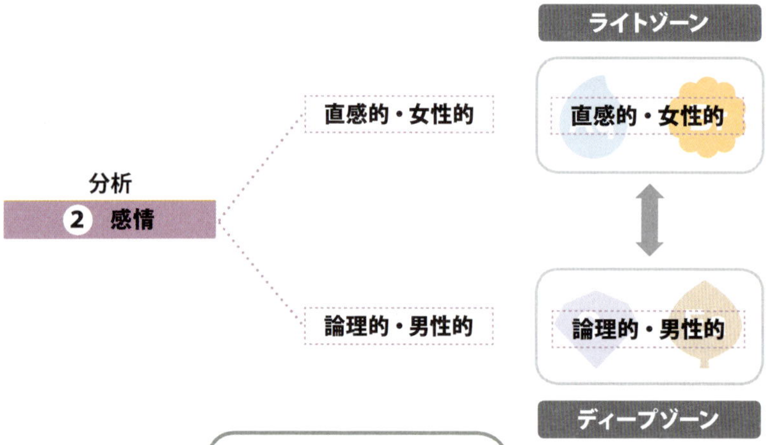

分析 ② 感情
― 直感的・女性的
― 論理的・男性的

ディープゾーン 論理的・男性的

- 感じたことに理由を求める
- 感情を表に出さない
- 感情表現が苦手

物や人の特徴
色	暗い
形	大きい・太い・長い
素材	厚い・重い・かたい

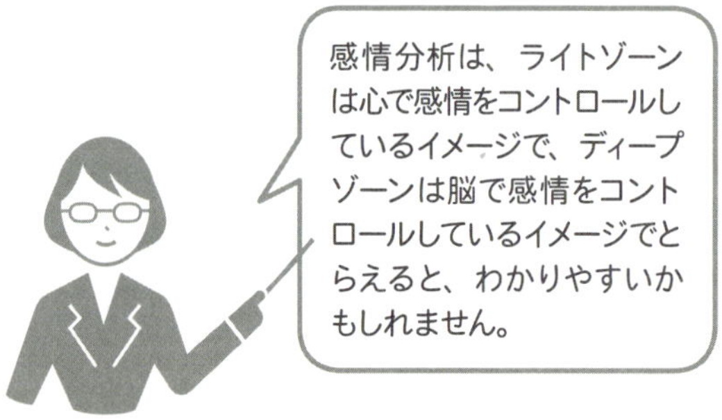

> 感情分析は、ライトゾーンは心で感情をコントロールしているイメージで、ディープゾーンは脳で感情をコントロールしているイメージでとらえると、わかりやすいかもしれません。

内面(思考・言動)の分析・分類｜③対人

■「対人」は目立つかどうかで分析しましょう

最後に、「対人」を分析します。

対人の分類キーワードは「私たち中心・目立つのが苦手」か「私中心・目立ちたがり」です。

私たち中心とは、家族や友だち、同僚など私たちが中心と考える目立つのが苦手なタイプで、左斜めの《グラデーションゾーン》に分類されます。

私中心とは、物事をとらえるときに私単体の考えを優先して意見をはっきり言う目立つのが好きなタイプで、右斜めの《コントラストゾーン》に分類されます。

これまで学習してきたように、グラデーションゾーンは、色や形、輪郭もおだやかなことから、同じように意見や態度などもはっきりしたくないという特徴があります。似たような色同士のグラデーション配色が似合い、周囲になじみ、和=輪を大事にするおだやかな印象の人は、グラデーションゾーンに分類できます。

一方、コントラストゾーンは、色や形、輪郭もはっきりしていることから、同じように意見や態度などもはっきりしていて人と自分の境目をはっきり分けるという特徴があります。目にツヤがあり顔立ちのはっきりした人は、コントラストゾーンに分類できます。

Keywords

分析キーワード
③ 対人

分類キーワード

グラデーションゾーン	コントラストゾーン
私たち中心・目立つのが苦手	私中心・目立ちたがり

> パーソナルブランディングをするときは、その人が本来もっている色や形、素材、そして対話などから傾向を分析し、本人も気がついていない性質を知ること。それによって、その人の性質を生かした、その人のブランドづくりができるようになります。

分析
③ 対人

- 私たち中心・目立つのが苦手
- 私中心・目立ちたがり
- 私中心・目立ちたがり
- 私たち中心・目立つのが苦手

グラデーションゾーン
- 人と分かち合いたい
- 人の意見を聞く
- 自分だけが注目されるのは苦手

私たち中心・目立つのが苦手 (Aq / Ea)

物や人の特徴
- 色　おだやか　グラデーション配色
- 形　なじむ
- 素材　マット

コントラストゾーン
- 人と自分の境目をはっきり分ける
- 意見をはっきり言う
- 注目されるのが心地よい

私中心・目立ちたがり (Br / Cr)

物や人の特徴
- 色　あざやか　コントラスト配色
- 形　目立つ
- 素材　ツヤ

内面（思考・言動）4つのテイスト

「内面（思考・言動）」を、4つのテイストに分析・分類しました。
分析・分類キーワードとともに、特徴もおぼえましょう。

Aq アクアテイスト

❶ 行動	静的・規則
❷ 感情	直感的・女性的
❸ 対人	私たち中心・目立つのが苦手

特徴
- 気持ち優先
- 共有・共感
- 人となじみたい

Br ブライトテイスト

❶ 行動	動的・自由
❷ 感情	直感的・女性的
❸ 対人	私中心・目立ちたがり

特徴
- 楽しさ優先
- いまの気分が大事
- 元気でにぎやか

Cr クリスタルテイスト

❶ 行動	静的・規則
❷ 感情	論理的・男性的
❸ 対人	私中心・目立ちたがり

特徴
- スペシャル感優先
- 未来志向
- 特別な存在

Ea アーステイスト

❶ 行動	動的・自由
❷ 感情	論理的・男性的
❸ 対人	私たち中心・目立つのが苦手

特徴
- 理論優先
- 思慮深い
- 機能性重視

Aq アクアテイストはどんな人？

特徴
- 気持ち優先
- 共有・共感
- 人となじみたい

〈アクアテイスト〉の人は、人との協調性を大事にする性格の持ち主です。他人の気持ちに敏感で、人を援助することを好みますが、決断力が乏しい、冒険をしないといった面もあります。

このタイプの人とコミュニケーションをとるときは、まずは急かさず、じっくり話を聞いて何を望んでいるかを見つけること。自分の判断に自信がないことが多いため、決定までに時間がかかりますが、共感してほしいという思いが強いので、理解を示して結論に導きましょう。

また、心配性なため、こまめに連絡をとりあうと安心してもらえます。担当者はなるべく変えず、ほかの事例など、判断材料を多く用意しましょう。

特徴

- 共感してほしい
- 大勢の人の意見や反応を知りたい
- 人の役に立つことがうれしい
- 人間関係を重視する
- 気持ちを聞いてほしいが自分から言えない
- 心配性なので安心したい
- 人の目を気にする
- 後から質問する
- 言いにくいことはメールで伝える
- 気持ちの変化を伝えたいので話が長い
- 質問をためらう
- 言い訳を言う
- だれかに頼りたい
- 下品なことを嫌う

共感ワード

- みなさんこれを選びます
- ご相談ください
- ゆっくり考えてください
- 大丈夫です
- 安心です
- こちらがおすすめです
- 私もそう思います
- アフターフォローいたします

> 相手の気持ちに寄り添いながら不安を解消してあげて、安心感を与えるとスムーズなコミュニケーションがとれます。アクアテイストの人は、似合うアイテムが少ないので、それを理解してあげることも大切です。そのポイントを共有すると、信頼関係がより深まります。

外面的特徴

色
- 目：瞳は明るめの黒、もしくは赤茶
- 肌：色白で、頬にピンクを帯びた血色が見える
- 髪：真っ黒ではなくソフトブラック

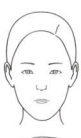

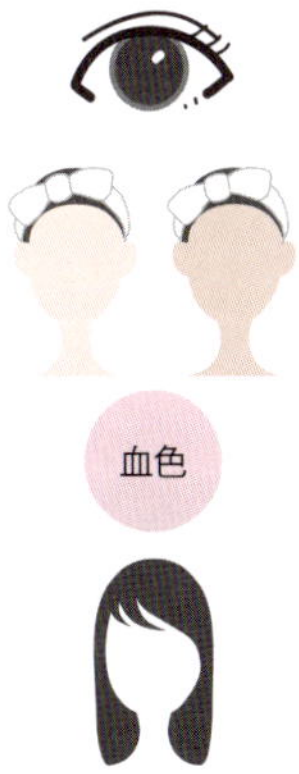

形
- 顔：線が細く、おだやかな顔立ち
- 体：線が細く、華奢な体つき

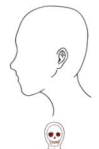

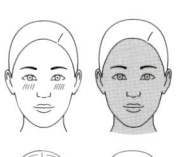

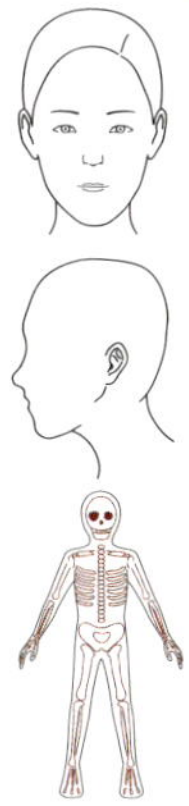

素材
- 目：やさしくおだやかな印象
- 肌：パウダリーできめ細かい、繊細な肌
- 髪：ソフトでマットな髪

Cr クリスタルテイストはどんな人？

特徴
- スペシャル感優先
- 未来志向
- 特別な存在

〈クリスタルテイスト〉の人は、行動的でエネルギッシュ、人間関係より物事の大きさや特別感を大事にする特徴があります。自分が思ったように物事を進めることを好み、スピード感があります。

自己顕示欲が強い傾向があるため、まずはこちらの個人的な意見は控え、なるべくその人を中心とした関係性をつくるとコミュニケーションがスムーズにいくでしょう。

意見を求められたら、自信をもって話すようにすること。話は結論や結果、ゴールからはじめ、イエスかノーをはっきり表明しましょう。優柔不断を嫌うため、迷いを見せず、単刀直入に話すようにします。

特徴
- 人から注目されたい
- 最先端のものをいち早く得たい
- 見栄え重視
- 自分で決めたい
- 大きな話が好き
- トレンドや限定品に敏感
- パッション（情熱）型
- 細かいことは気にしない
- 結果がすぐ出ないことを嫌う
- あまり悩まない
- 場を仕切りたがる
- 態度が大きい
- ビジネスライク
- メリット重視

共感ワード
- 目立ちます
- さすがですね
- センスがありますね
- スペシャルな一品です
- 特別です　■ 映えます
- 最先端です　■ あなただけに

> リーダータイプのクリスタルテイストの人には、その人そのものの存在が特別・スペシャルであることを伝え、こちらが相手を認めていることをしっかりと示し、立場をはっきりさせることがポイントです。役割を明確にすることが、スムーズなコミュニケーションの鍵です。

外面的特徴

色
- 目：瞳は真っ黒　白目と黒目のコントラストがはっきりしている 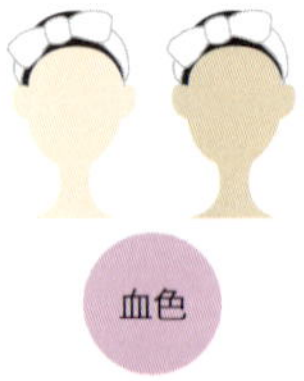
- 肌：色白で、頬に赤みがない 
- 血色
- 髪：黒に近い

形
- 顔：シャープで強い印象 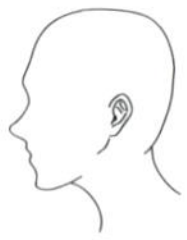 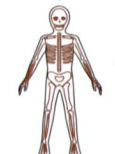
- 体：線が太く、しっかりした体つき

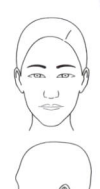

素材
- 目：強いツヤがある 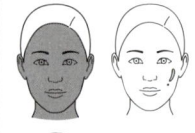
- 肌：肌トラブルが少なく、ハリがある  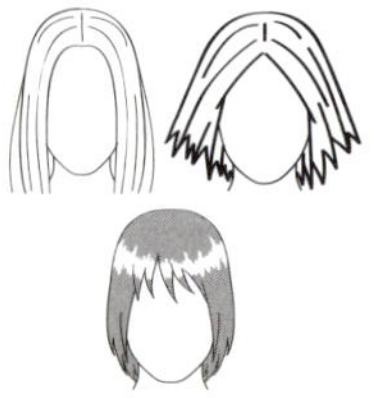
- 髪：量が多く太めでしっかりとした、コシがある黒髪

Br ブライトテイストはどんな人？

特徴
- 楽しさ優先
- いまの気分が大事
- 元気でにぎやか

〈ブライトテイスト〉の人は、人と活発に活動することを好み、楽しいことが好きで、細かいことはあまり気にしない陽気なタイプです。変化や混乱に強く、先見性があって順応性が高い傾向にあります。流行よりも自分独自の個性やこだわりを大事にしますが、つまらないと思ったら途端に興味を失ってしまいます。

おしゃべりは好きですが、人の話はあまり聞かない面があります。

コミュニケーションをとるときは、テンポよくいろいろなアイデアを出し合いながら、バラエティ豊かで楽しい会話を心がけましょう。アクションも交えて、一緒におもしろがりながら盛り上がることが大切です。

特徴
- 好奇心旺盛
- チャレンジしたい
- 新しいもの好き
- 想像力をかきたてるものが好き
- めんどくさがり屋
- 好き嫌いや直感で決める
- 自分は人と違うという意識がある
- 驚きやサプライズを好む
- いまを楽しむ
- 時に暴走する
- 八方美人
- 約束の日や時間を間違える
- 五感で記憶する（擬音語・イラスト）
- 飽きてきたら別のことを始める

共感ワード
- 楽しいですね
- ドキドキしますね
- 普通じゃない
- オリジナルです
- 斬新です
- 面倒なことはありません
- 知られていません
- 個性があります

いつも楽しくエンジョイしたいブライトテイストの人には、なるべくネガティブな意見は避けて、前向きなポジティブワードやビジュアルで感覚に訴え、その時間そのものを楽しんでもらうようにしましょう。コミュニケーションのコツは、ノリのよさ。アイデアマンのブライトテイストの人なら、アイデアを聞き出し、それに沿って物事を進めるとうまくいきます。

外面的特徴

色
- 目：瞳は明るい茶、白目と黒目のコントラストがはっきりしている  
- 肌：黄みを帯びた色白で、頬の血色が見えやすい（血色）
- 髪：明るいブラウンもしくは真っ黒

形
- 顔：丸みを感じる
- 体：どことなくふっくらした印象

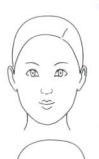

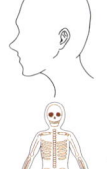

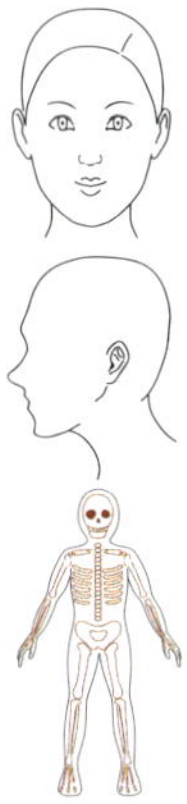

素材
- 目：キラキラしたガラス玉のような瞳 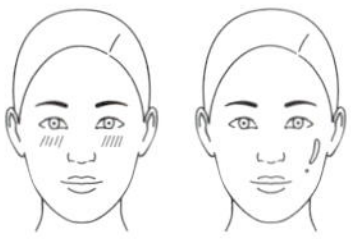
- 肌：透明感のあるツヤ肌 
- 髪：ふわふわとやわらかいツヤ髪、もしくは量が多く太くかたい髪

Ea アーステイストはどんな人？

特徴	■ 理論優先
	■ 思慮深い
	■ 機能性重視

〈アーステイスト〉の人は、礼儀や常識を重んじ、粘り強く最後まで物事をやり遂げることができるタイプです。行動は慎重で、計画をきちんと立てることを好み、事前にデータを集めて分析します。熟考型のため、しっかり分析して考え、比較検討して納得することを重要視しています。

成果を出すための行動を重視するので、無駄なことや無駄な時間を嫌います。また、コミュニケーションをとるときに、おだてたり持ち上げたりするような態度は逆効果です。情報を伝える際は、メリットもデメリットもきちんと伝えると信頼感が増します。必要とされている情報を、具体的な数字など根拠や裏付けのある情報できちんと説明をするといいでしょう。

特徴

- 比較検討してから決める
- 責任感が強い
- 裏付けが大事
- パッケージより中身重視
- 予算内で選ぶ
- 表面的なことを嫌う
- 信用に足るかが見極めのポイント
- 信頼するとリピートする
- 資料は隅々まで確認する
- コストパフォーマンス重視
- 無駄を嫌う
- 予定どおり進まないことを嫌う
- 芸術的な面がある
- 細かいところまで聞いてくる

共感ワード

- 長く使えます
- 詳しいですね　■ スマートです
- 費用対効果が高いです
- エコ、省エネです
- 耐久性に優れています
- ロングセラーです　■ 安全です

> 物事に対して費用対効果を求めるアーステイストの人には、目的や目標に対してしっかりした根拠のある説明が必要です。一度信頼してもらえると、リピートにつながります。リピート率No.1は、アーステイストの人です。論理的な裏付けやしっかりした根拠のないものを嫌いますが、芸術的な面もあります。

外面的特徴

色
- 目：瞳は濃い茶　白目が黄みを帯びている
- 肌：黄みが強く、頬の血色が見えにくい
- 髪：暗めの茶色

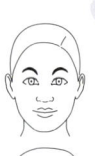

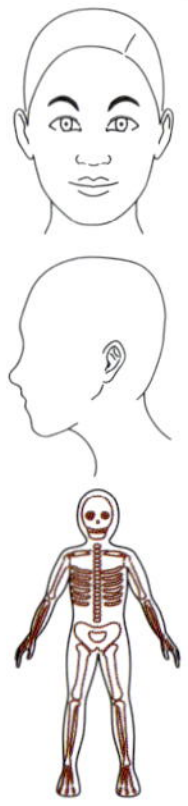

形
- 顔：曲線的で落ち着きのある印象
- 体：グラマラス、もしくは安定感がある体つき

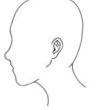

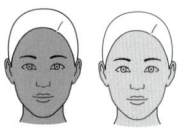

素材
- 目：落ち着いた印象
- 肌：厚みがあり、しっとりした印象
- 髪：くせがあり、重みがあって量も多い

内面（思考・言動）の分析・分類｜ワーク

「内面」WORK

このワークは、人の内面の分析・分類キーワード、特徴をとらえて、各人の思考と言動の分析・分類を練習するページです。より正確な分析をするためには、多くの人を観察して経験値を上げることが大切です。

Chapter8までは、人の色や形、素材を分析・分類してきました。ここでは、人の内面（思考・言動）を分析・分類してみましょう。その際のポイントは、表情や話す早さ、声の大きさ、声のトーン、身ぶり手ぶり、自分の意思をはっきり伝えるかどうか、こちらの意見に対してどういう対応をするかなどがあります。こうしたポイントを押さえて、その人とのコミュニケーションで感じたことを書き出し、どのテイストかを分析・分類します。

分析・分類した後、自分のテイストと同じテイストの人、同じゾーンの人、違うゾーンの人など、自分との違いをレポートに書き出します。例えば、〈アクアテイスト〉の人と話をしたら、こういう考え方で、こんなことを話した、リアクションはどうだったか、気づいたことをなるべく客観的に分析します。

また、分析・分類し終えたら、その人の色や形、素材から得た外面分析も書き出すと、興味深い結果が得られるでしょう。

できるだけ多くの人で、実験・検証してみることを心がけてください。

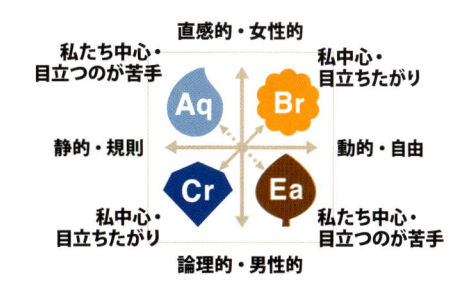

たくさんの経験を積むことが、より正確な分析ができるようになるポイントです。正確な分析をするためには、常に、断定的にならずに、客観的、多角的に分析するように注意しましょう。

正確な分析には、相手のことだけでなく、自分のことを客観的に分析できるようになることもとても重要です。自分と人との違いを理解することが、Styling Map「内面」の分析でいちばん大切なことといえます。

> 144ページに、それぞれのテイストの性格、長所、短所、役割、思考、ストレスの原因などをまとめたチェック表がありますので、それも参考にしながら、分析するといいでしょう。いろいろなタイプの人を観察して分析し、各ゾーンやテイストの特徴を学びましょう。

内面（思考・言動）の分析・分類　ワーク

Aq アクアテイスト
名前

Br ブライトテイスト
名前

Cr クリスタルテイスト
名前

Ea アーステイスト
名前

※ このページをコピーして繰り返し練習してください。

Chapter 10

Styling Mapの
まとめ

　この章は、今まで学んだことを実践として具体的に分析・分類したりするだけでなく、自分でアイテムデザインし、テイストの特徴を表現してみることでより深く理解するためのページです。

　アイテムを単体でとらえるのではなくスタイリング提案ができるように、トータルのバランスを考えることもこの章で行うワークの狙いです。

　デザイン画を描くことでスタイリングする際のアウトラインがイメージしやすくなり、また素材を平面表現することで、その素材の特徴を具体的に理解することもできるようになります。

　デザインが上手に描けるようになることも大切なことですが、それ以上にスタイリングイメージを自らデザインとしてイメージできるようになることがとても大切です。

　人も、色、形、素材、内面とトータルで分析・分類を行います。その人の特徴が色にあるのか、形にあるのか、素材にあるのか、大きな分析として色、形、素材の分析ができるように練習してみましょう。そして、その人に似合うスタイリングを、デザイン画を描いて提案してみましょう。

①デザイン画を描く前に

Styling Mapで得た色・形・素材の分析・分類の知識を活かして、自分のオリジナルのデザインでテイストの特徴を描き起こしてみましょう。さらに、デザイン画の練習としてアイテムの写真のトレースもしてみましょう。

準備するもの
トレース用の写真、トレーシングペーパー

■ トレースの仕方

トレース用の写真は、各テイストの特徴がよく表れているアイテムが写っているもの。大きいサイズで全体が明るめ、背景が白もしくは白に近い色、ピントが合っていてボケていないものを選ぶこと。

■ トレースのコツ

輪郭をなぞるだけではなく、生地のドレープなどにも注意して描いてみましょう。髪の毛を描くときは、髪の毛の流れを意識するようにします。雑誌などの写真だけでなく、自分で撮影してプリントアウトしたものでも行えます。

■ デザイン画を描く

デザインするスタイリングテイストを、右上のStyling Mapマークに印をつけましょう。表現したいスタイリングテーマや色、形、素材の特徴も言葉で書き、お客さまにスタイリング提案するシミュレーションとして仕上げてみましょう。ネイルはデザイン画だけでなく、デザインしたチップを貼るのもおすすめです。

色鉛筆や色付きのペンでトレースすると、よりリアルにテイストの特徴を表すことができます。このときも、色や線の太さなどテイストの特徴が表現できるように工夫してみましょう。

■ こんな効果が！

- 物の特徴を分析する力がつきます。
- 別の業種のアイテムもトレース練習すると、トータルコーディネートができるようになり、スタイリング全体を描く力も身につきます。
- 人の顔を描き写すことで、メイクラインのテクニックがアップします。
- 顔写真をトレースすると、人の顔の形の分析に役立ちます。
- ヘアメイクは、人の写真のトレースにオリジナルのヘアスタイルやメイクをすることもでき、その人に合ったヘアメイクの提案がデザイン画でできるようになります。
- 人のトータル分析を行い、その人にスタイリングをビジュアルとして提案できるようになります。

*油性のボールペンはトレーシングペーパーには合いません。

②ファッションデザイン画

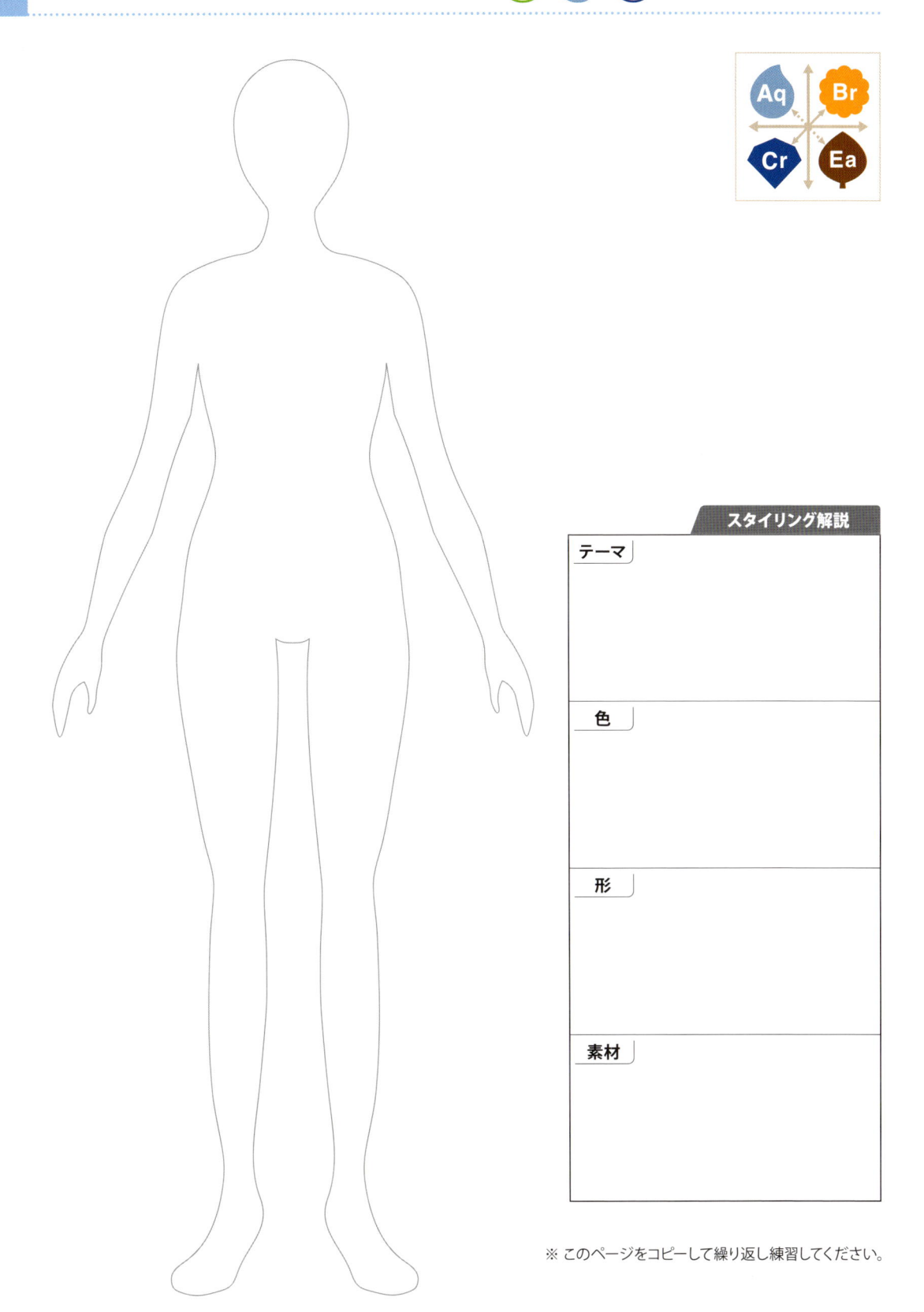

スタイリング解説

テーマ

色

形

素材

※ このページをコピーして繰り返し練習してください。

③ヘアメイクデザイン画

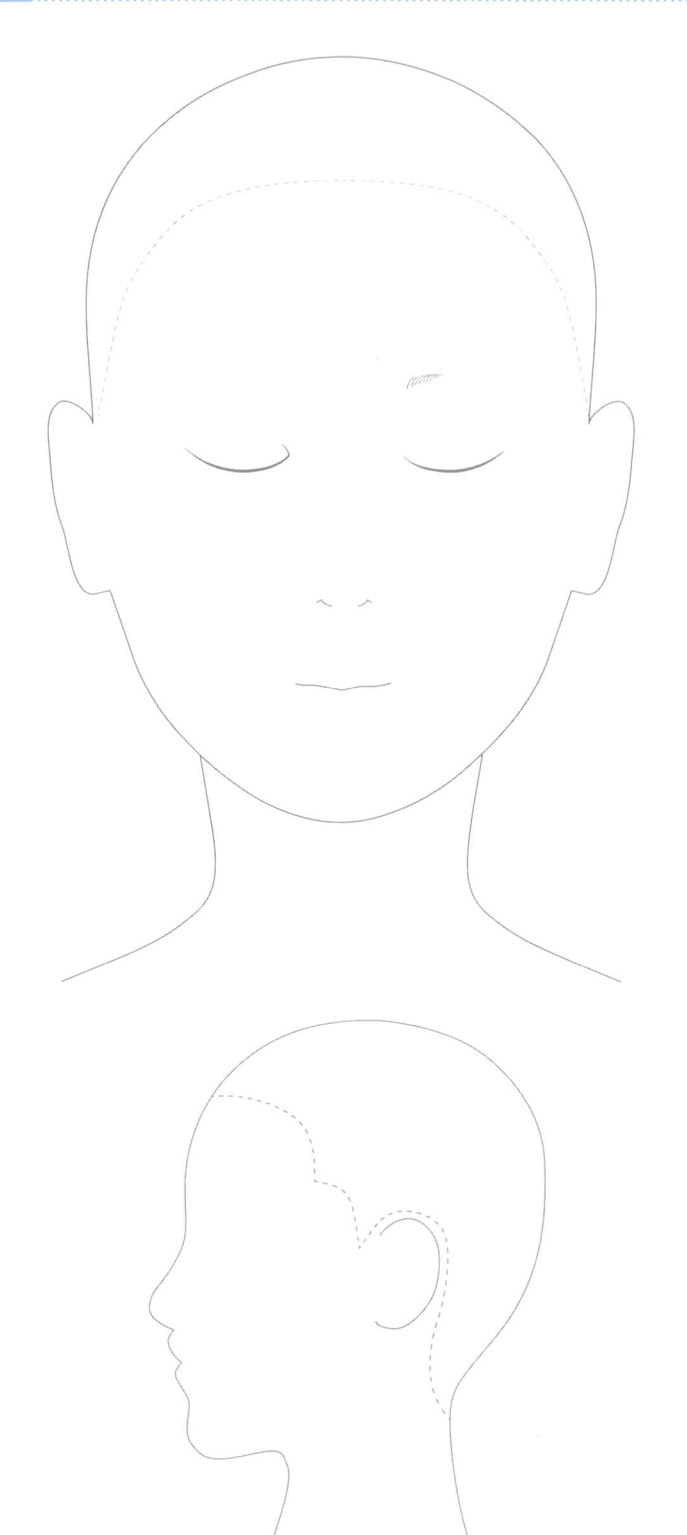

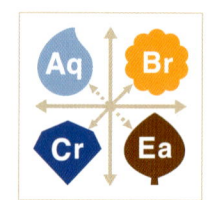

スタイリング解説
テーマ
色（メイク）
形（メイク）
形（ヘア）
素材（ヘア）

※ このページをコピーして繰り返し練習してください。
※ 画用紙にコピーするとメイク用品の色が塗りやすくなります。

④ネイルデザイン画

テーマ	色	形	素材
			スタイリング解説

テーマ	色	形	素材
			スタイリング解説

※ このページをコピーして繰り返し練習してください。

⑤アイテム分析シート

このシートを使ってアイテム分析を行ってみましょう。自分の服やアクセサリー、小物、インテリアなど身の回りの物を分析してみることで、例えば今日のコーディネートのテイストはどこだったか、部屋のインテリアはどのテイストかなどさまざまなテイスト分析に使えます。実際の物だけでなく、写真を見て分析することも可能です。

右ページ下の記入例にあるように、カジュアルなジャケットを分析するとしましょう。

まず、アイテム名を記入します。次に、アイテムの色の特徴を言葉で書き、そのアイテムの色の特徴のゾーンやテイストを○で囲みましょう。

同じように、形も特徴を言葉で書き、当てはまるゾーンやテイストを○で囲みましょう。柄がある場合は柄も同様に分析して図に書き込みます。

素材も同じです。

色や形、素材に特徴がないものもあります。その場合は無理にゾーンやテイストに印をつけなくても構いません。人の分析のときのように、特徴がない場合には印はつけません。

また、例えばクリスタルの要素だけはない、などといった3つのテイストに当てはまるものもあるかもしれません。その場合は、そのテイストに×をつけるとわかりやすいでしょう。

141ページに右下にある「トータル分析の結果」は、全身のアイテムの分析をしたときや、店や自分の部屋など複数のアイテムを分析したときにそのトータルコーディネートはどのテイストやゾーンだったのか、またどのテイストの要素はなかったのかなど全体のスタイリングのテイストを分析するときに使います。

逆の考え方で、一見して全体的にアーステイストコーディネートだと思うときには、このシートを使ってひとつずつアイテムを分析してみるとアーステイストの要素がたくさん見られるはずです。

お客さまにしっかり論理的な説明ができるようになるためにも、このシートを使って多くのアイテム分析することをおすすめします。

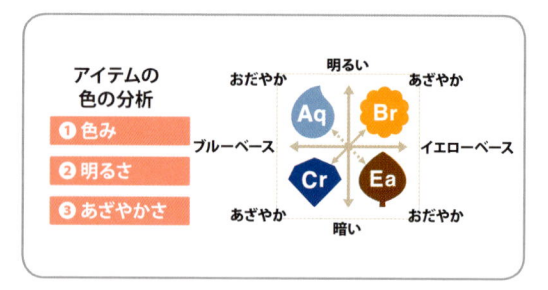

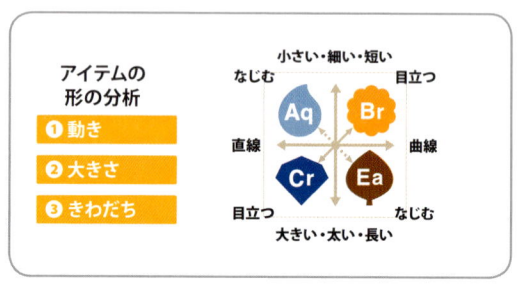

142〜143ページは人と物のトータル分析シートです。

分析する対象者を目視とウィッグを使用して肉体的（外面）分析し、着ている物やもっているアイテム（装い）を分析し、会話などから思考・言動（内面）を分析してその人をトータル的に分析してみましょう。

このようにしてStyling Mapでさまざまな物、人の分析を練習することでより正確な分析結果を導き出すことができ、より的確なスタイリングアドバイスができるようになります。

分析結果を基に、137〜139ページを使ってその人に似合うスタイリング提案デザイン画を描いてみましょう！

⑤アイテム分析シート

アイテム名：

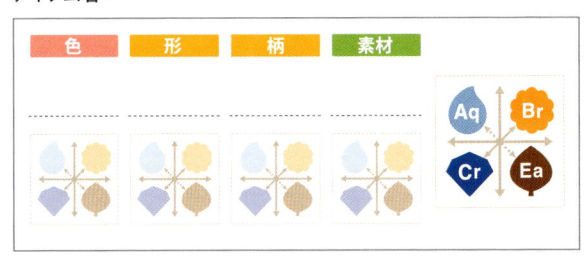

| 色 | 形 | 柄 | 素材 |

アイテム名：

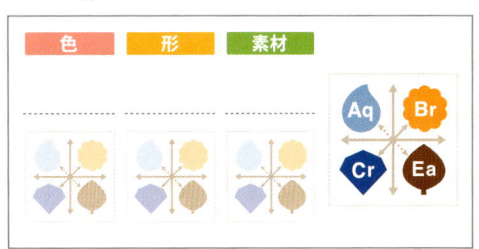

| 色 | 形 | 素材 |

アイテム名：

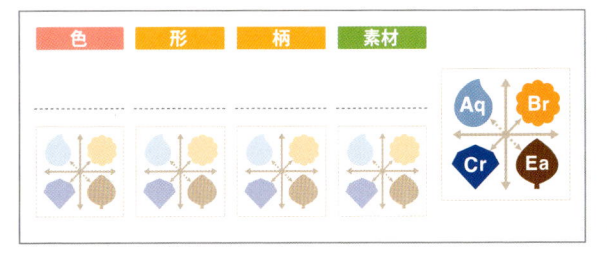

| 色 | 形 | 柄 | 素材 |

アイテム名：

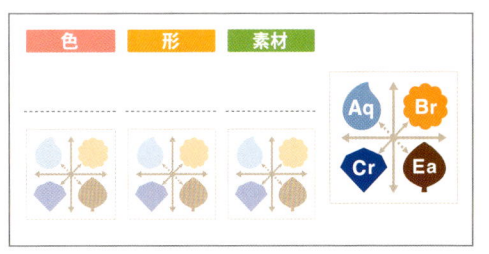

| 色 | 形 | 素材 |

アイテム名：

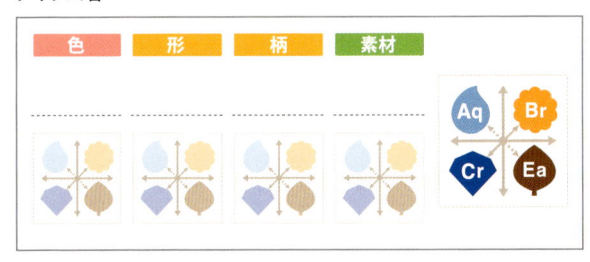

| 色 | 形 | 柄 | 素材 |

アイテム名：

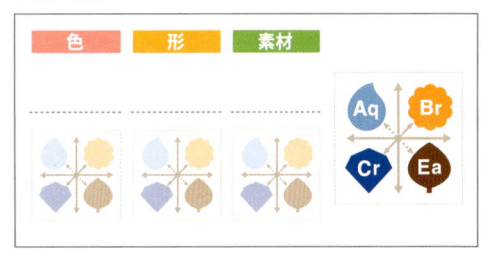

| 色 | 形 | 素材 |

アイテム名：

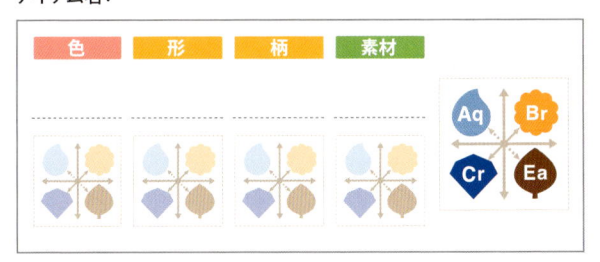

| 色 | 形 | 柄 | 素材 |

アイテム名：

| 色 | 形 | 素材 |

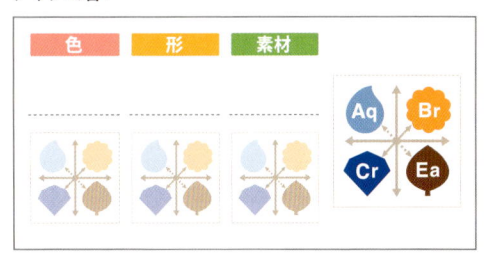

〈記入例〉

アイテム名： カジュアルジャケット

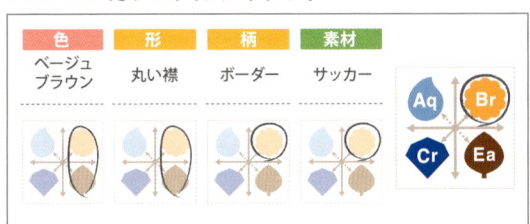

色	形	柄	素材
ベージュブラウン	丸い襟	ボーダー	サッカー

トータル分析の結果

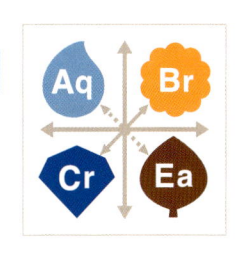

※ このページをコピーして繰り返し練習してください。

⑥ トータル分析シート

モデル名：　　　　　　　　　　　　　　　　日付

人目視分析

部位		《左右に分ける》	《上下に分ける》	《斜めに分ける》
色	目	黒 Aq Cr or Br Ea 茶	Aq Br Cr Ea 明るい or 暗い	白目と黒目 おだやか Aq or Br あざやか Ea Cr
色	肌	ピンク Aq Cr or Br Ea オレンジ	Aq Br Cr Ea 明るい or 暗い	肌と髪の色 おだやか Aq or Br あざやか Ea Cr
色	髪	黒 Aq Cr or Br Ea 茶	Aq Br Cr Ea 明るい or 暗い	
形	顔	直線 Aq Cr or Br Ea 曲線	Aq Br Cr Ea 小さい or 大きい	なじむ Aq or Br 目立つ Ea Cr
形	体	直線 Aq Cr or Br Ea 曲線	Aq Br Cr Ea 細い or 太い	
素材（質感）	目			マット Aq or Br ツヤ Ea Cr
素材（質感）	肌		Aq Br Cr Ea 薄い or 厚い	マット Aq or Br ツヤ Ea Cr
素材（質感）	髪	フラット Aq Cr or Br Ea 凸凹	Aq Br Cr Ea 軽い・やわらかい or 重い・かたい	マット Aq or Br ツヤ Ea Cr

ウィッグ分析

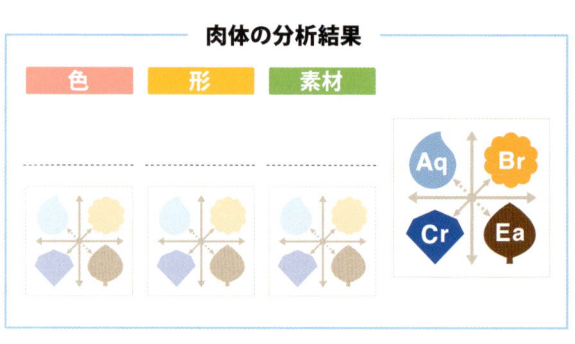

ライトゾーン：シルバー、ゴールド
クールゾーン：ピンク、ワイン
グラデーションゾーン：パープル、ブルー
コントラストゾーン：ターコイズ、グリーン
ウォームゾーン：オレンジ、カッパー
ディープゾーン：ブラック、ブラウン

Aq / Br / Cr / Ea

肉体の分析結果

色　形　素材

Aq Br Cr Ea

※ このページをコピーして繰り返し練習してください。

⑥ トータル分析シート

アイテム分析

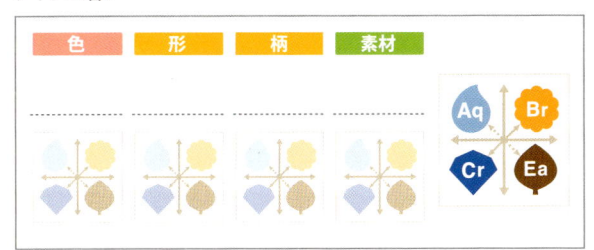

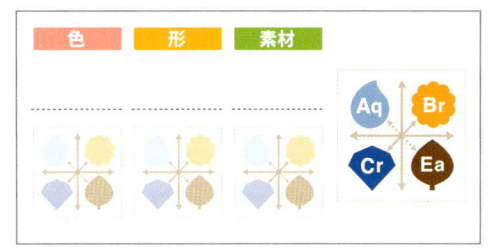

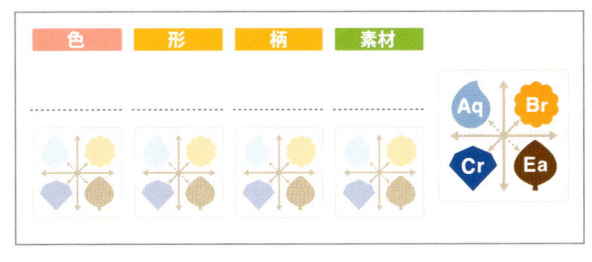

アイテム名：　　　　　　　　　　　　　　　　　　　アイテム名：

| 色 | 形 | 柄 | 素材 |

| 色 | 形 | 素材 |

アイテム名：　　　　　　　　　　　　　　　　　　　アイテム名：

| 色 | 形 | 柄 | 素材 |

| 色 | 形 | 素材 |

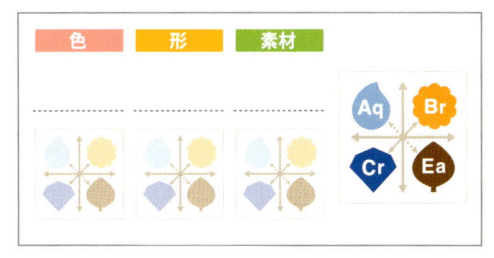

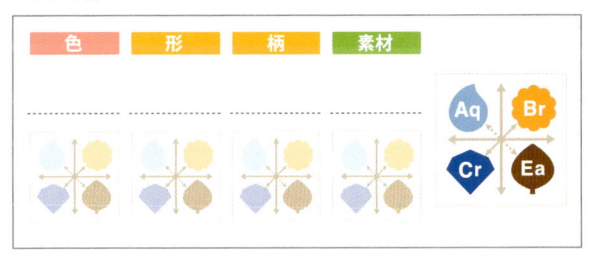

アイテム名：　　　　　　　　　　　　　　　　　　　アイテム名：

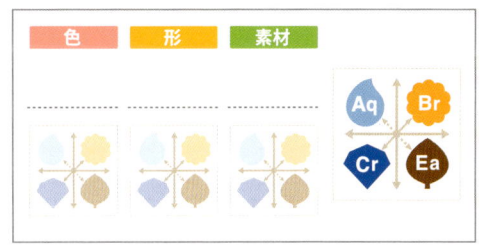

| 色 | 形 | 柄 | 素材 |

| 色 | 形 | 素材 |

装いの分析結果

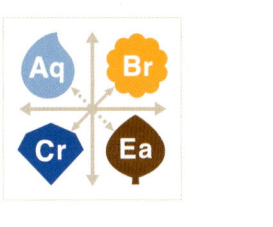

分析結果解説

内面の分析結果

※ このページをコピーして繰り返し練習してください。

⑦ 内面分析シート

どのテイストの人なのか、性格、行動、よく使う言葉、対人関係など、わかりやすい項目で、それぞれの特徴をまとめてあります。自分の内面のセルフチェックにも役立つでしょう。

※□項目ごとにチェックしましょう！

テイスト	☑ アクアテイスト	☑ クリスタルテイスト	☑ ブライトテイスト	☑ アーステイスト
特徴	・おだやかでやさしく人を援助することが好き ・他者の気持ちを敏感に察することができ、人間関係や協力関係を大切にする	・エネルギッシュで決断や行動が早く、目的や結果を重視する ・強いエネルギーと存在感で、人をリードしていく	・明るく快活で自分の感性や直感を大事にする ・何事も自発的に行動し楽しいこと、新しいこと、自由や夢を優先する	・落ち着きがあり何事もじっくり考えて行動する ・洞察力が高く、大人の振る舞いができるため人に信頼感を与える
長所	・やさしく人を思いやる ・献身的／協力的 ・柔軟性がある	・意志が強く最後まで貫く ・高い目標や野心がある ・面倒見が良い	・無邪気／若々しい ・好奇心が旺盛 ・発想力がある	・安定感がある ・継続力がある ・計画性がある
短所	・心配性／不安症 ・決断に時間がかかる ・自分の感情を抑えてしまう	・支配的／独断的になる ・単刀直入すぎる ・指示されたくない	・飽きっぽく続かない ・束縛を嫌う ・アバウトで詰めが甘い	・がんこで融通がきかない ・権威／権力に弱い ・変化や変更を嫌う
役割	・サポーター ・補佐役	・リーダー ・統率者	・ムードメーカー ・発案者	・分析家 ・管理役
価値基準	・人／相手思考 ・Who？（だれが）	・目的思考 ・What？（何が、何を）	・方法 ・How？（どのように）	・理由思考 ・Why？（なぜ）
意思決定	・他者の意見が気になる ・遅い／迷う	・自分が決める ・即決／迷いなし	・自分の感覚で決める ・直感的／気分で変わる	・他者や会社を参考にする ・習慣的／情報の分析比較
行動	・臆病／遅い ・指示に従う	・大胆／早い ・派手／影響力が強い	・感覚的／一定でない ・気分や状況で変わる	・慎重／考えてから行動 ・常識的
よく使う言葉	・うれしい／よかった ・感謝／ありがとう ・でもね、／心配	・すごい！／早く ・今から／すぐに ・大したことない／絶対	・おもしろい／楽しい ・変わっている／ワクワク ・めんどくさい／じゃあ	・きちんと／しっかり ・常識／努力 ・〜すべき／無駄
関心	・承認／共存／つながり／安心 ・感謝されたい／感謝したい	・達成／成功／情熱／上昇 ・常にトップに立つこと	・夢／未来／自由／前進 ・独自性の発揮／表現方法	・評価／継続／環境／伝統 ・社会的信用を得ること
対人関係	・お互いに気持が分かり合える人と付き合い、励ましてくれる人を好む	・その時どきの目的にあった人と付き合い、どんな関係でも勝ち負けを意識している	・自分のセンスや考え方、個性そのものを理解してくれる人とだけ付き合いたい	・信頼や尊敬できる相手を好み、節度やルールを守る
ストレスの原因	・決定を任されること ・急がされること ・無視されること	・目的や意図が不明なこと ・返事や対応が遅いこと ・小さな目標／少ない成果	・人から決めつけられること ・自由がないこと ・個性が出せない環境	・理由や根拠のないこと ・計画性がないこと ・継続しないこと
問題解決方法	・長く悩み、人に相談する ・助けてもらう ・後々まで引きずりがち	・外に出す、発散する ・ゴールやメリットを重視 ・即決してすぐに忘れる	・直感や好き嫌いで決める ・放置する／逃げる ・なんとかなると思う	・分析してじっくり考える ・正しいかどうか、正誤で判断 ・人には言わない
声	・小さい　・か細い	・大きい　・はっきり	・高い　・明るい	・低い　・しっかり
合計				

※ このページをコピーして繰り返し練習してください。

参考資料

　この参考資料は、Styling Map にかかわらず、スタイリストの仕事における基礎知識を各業種別にまとめたものです。ここで紹介・解説している内容は、各業種の基礎となる知識となるため、しっかり学んでそれぞれの現場で活かしていきましょう。

　ここで紹介しているものは、ほんの一例です。仕事で使われる用語や知識は、まだまだたくさんあり、また流行によって新しい言葉が登場することもあります。このページを参考にして、自分でもさらに調べるなどして知識をより深めるよう心がけてください。

ファッション用語の基礎

■ アイテム・ディテール用語（五十音順）

シャーリング
薄手のやわらかな布地に、間隔をおいて縫いつけた複数の縫い糸を引き締めて、立体的な陰影の効果を生み出すひだのこと。布地に細かいギャザーを寄せることで、模様や変化を出す。

ステッチ
裁縫の針目、刺繍の刺し目、編み物の編目などの総称。一般に縫い針を使う刺繍やレース、編み物、タペストリーなどに、針を使った縫い方や運針でできる装飾性のある縫い目のこと。

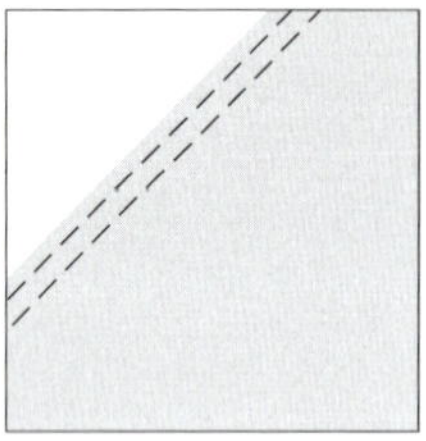

スリット
衣服の裾・上着の脇・袖口などに入れた切れ込み。服飾では、スカートなどの裾に動きやすくするなどの目的で入れる切れ目のこと。

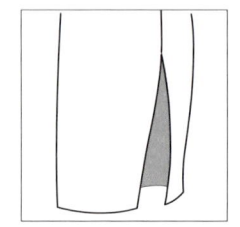

ダーツ
体形に合わせて布に立体的な丸みやふくらみを出すために、布の一部をつまんで縫い消すこと。本来は「投げ矢」の意で、平面上は矢のように先が尖った形になることから、こう呼ばれる。

タック
布地を折り込んで作ったひだのこと。立体的なシルエットを作ることができ、体形に合わせたり装飾性をもたせるなど、さまざまな目的で用いられる。

タッセル
布の終わりの部分に取り付けられる房や房飾りのこと。服や靴、バッグなどの装飾に使用され、靴の甲や靴ひもの先などにつける飾りもタッセル。

タブ
衣服などで各部につける垂れや垂れ飾りのこと。ポケットや袖口に見られるものが代表的。先は剣型、あるいはボタンを留めるなどで、留め具や締め具の機能をもっているものもある。

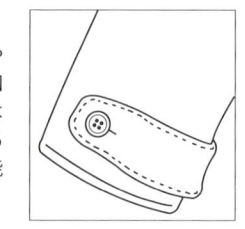

パイピング
ほつれ止めや飾りとして、布端をバイアステープや別布でくるみ始末すること。また、二つ折りにした皮や布を、切り替えの縫い目に挟んでとめ、装飾とすることをいう。

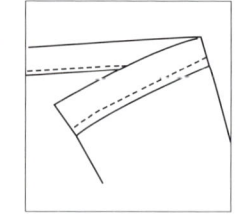

ブラウジング
本来「ブラウスを着る」という意味で、ブラウスをボトムに入れたときの"ブラウスの膨らみ"を指す。ドローストリングやベルトをしたとき、ブラウスを少し引き出して着る方法のこと。

フラップポケット
フタ付きポケットのこと。別に作った布をフタとして取り付けるのが一般的だが、身頃からそのまま裁ち出す、あるいは袋布を折り返してフタにすることも。ワークウェアによく見られる。

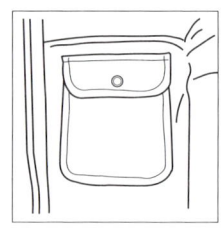

プリーツ
衣服にボリュームをつけるため、または立体感を出したり、装飾性を高めたりするためにつけられた「ひだ、折り目」のこと。制服のスカートに多く見られるひだのタイプ。

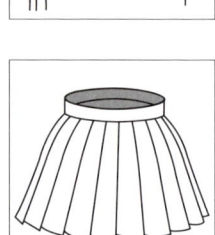

フリル
袖口、襟ぐり、襟端、前端、裾などに施される「ひだ飾り」。細長い布の一方をひだにして、布を波打たせる。薄くやわらかな布地が使われることが多く、レースなども使われる。

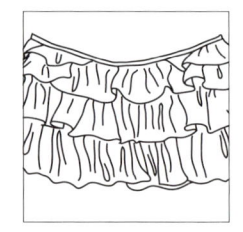

フリンジ
糸やひもを垂らした飾り「ふさ（総・房）」のこと。布端の糸の部分を、くくったり束ねて結んだりして先端を散らす装飾をいい、端の糸処理の目的もある。

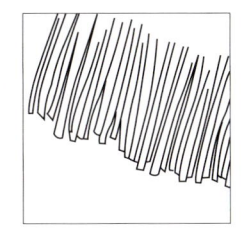

ヘムライン
スカート・ドレス・コートなどの裾のふち線。また、その形のデザインのこと。袖口、ブラウスの裾、フリルの外ふちなども指す。

ペプラム
ウエストから裾への部分が広がったデザインで、主にフレアやフリルなどで裾広がりになったデザインのこと。アイテムでは、ジャケットやブラウス、ワンピースなどに取り入れられる。

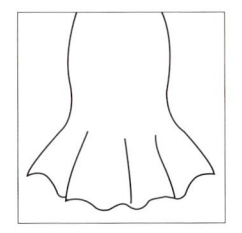

ベルクロ
面ファスナーの一種。2枚のナイロンテープのうち1枚には鉤状の微小な突起があり、もう1枚には無数の輪が密生していて、これらが相互にかみ合って密着する。商標名。

■ 服地（織物・編み物）の種類

平織
織物の三原組織（さんげんそしき＝平織、綾織、朱子織）のひとつ。経糸と緯糸を交互に浮き沈みさせて織る、もっとも基本的な織物組織。できあがった模様は左右対称になる。糸の交差が多く、地合い（生地の風合い）がしっかりしていて丈夫で摩擦に強いのが特徴。

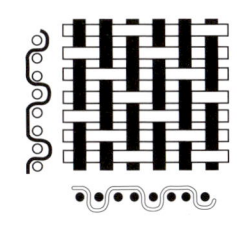

朱子織
経糸・緯糸5本以上から構成される。経糸か緯糸のうち一方の糸の浮きが非常に少なく、片方のみが表に表れているように見える。表面はなめらかで手ざわりがよく、綾織よりも柔軟性があり、光沢が強いのが特徴。摩擦や引っかかりには弱いが、密度が高く厚地にできる。

綾織
生地の織り目が斜めに走っている織物のこと。ジーンズに使われるデニムやツイルは、そのほとんどが綾織。経糸が2本もしくは3本の緯糸の上を通過した後、1本の緯糸の下を通過させて織る。糸の交差する点が、斜紋線または綾目と呼ばれる。模様は左右非対称になり、平織に比べると摩擦に弱く強度には欠けるが、しなやかな風合いが出るのが特徴。地合いは密でやわらかく、伸縮性に優れ、シワがよりにくいなどの利点がある。

平編み
編物の三原組織（さんげんそしき＝平編み、リブ編み、ガーター編み）のひとつ。各編み目が1列の針ですべて同じ方向に引き出され、同じ状態で配列されている。編み地は横方向に伸びやすく、薄くて軽いのが特徴。

リブ編み
表編みと裏編みを交互に繰り返して、縦に畝を通す編み方。伸縮性に富むので、セーターの襟・袖口・裾や、体にフィットする細身のセーター、カーディガンなどにも用いられる。畦編みとも。

ヘアメイク用語の基礎

■ 頭部の名称

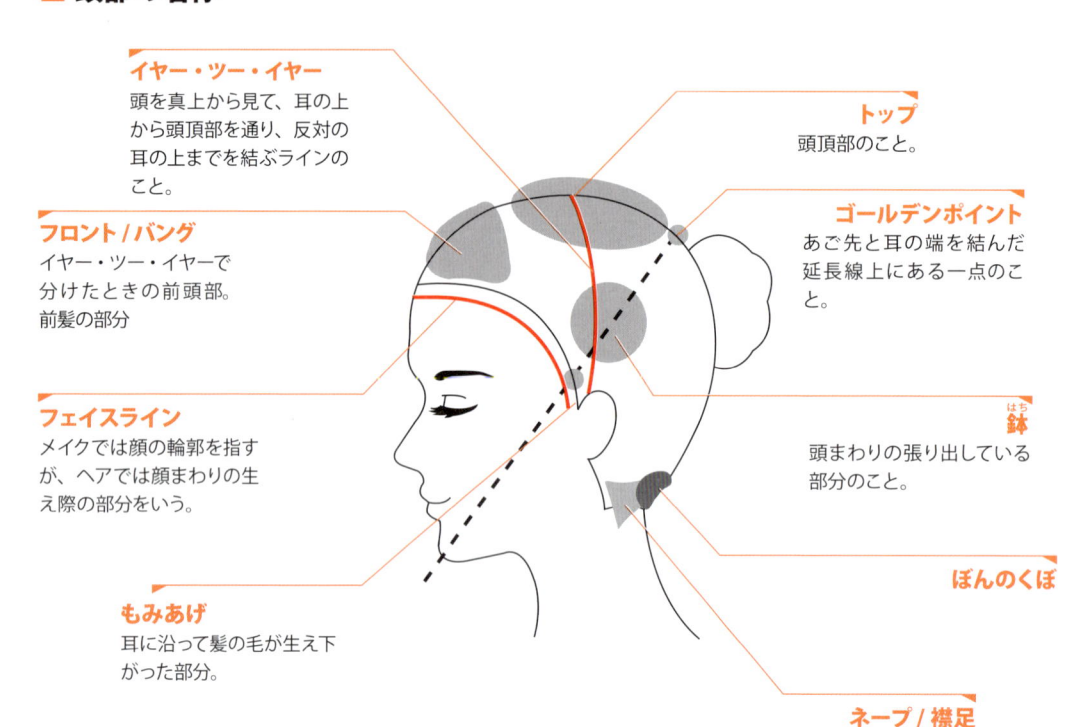

イヤー・ツー・イヤー
頭を真上から見て、耳の上から頭頂部を通り、反対の耳の上までを結ぶラインのこと。

フロント / バング
イヤー・ツー・イヤーで分けたときの前頭部。前髪の部分。

フェイスライン
メイクでは顔の輪郭を指すが、ヘアでは顔まわりの生え際の部分をいう。

もみあげ
耳に沿って髪の毛が生え下がった部分。

トップ
頭頂部のこと。

ゴールデンポイント
あご先と耳の端を結んだ延長線上にある一点のこと。

鉢(はち)
頭まわりの張り出している部分のこと。

ぼんのくぼ

ネープ / 襟足
ぼんのくぼの下の生えぎわあたりの髪のこと。

クラウン
頭頂部から後頭部にかけて丸みのある部分。

トップ

鉢

ネープ / 襟足

ぼんのくぼ
頭と首の境目付近で、後頭部の中央のいちばんくぼんでいる部分のこと。

Styling Map 参考資料

■ アイブロウの基礎

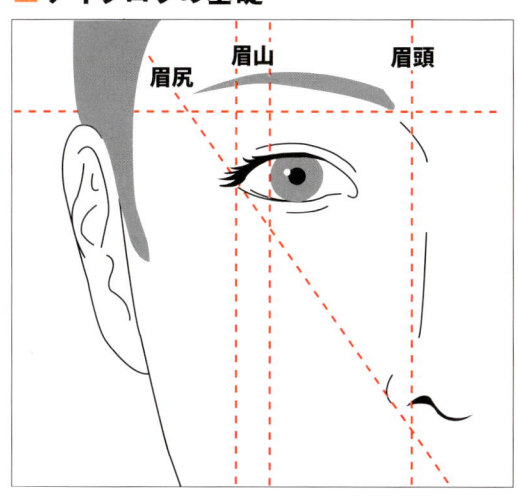

眉尻　眉山　眉頭

眉頭
眉の鼻筋よりの部分。小鼻のキワから目頭の延長線上がスタートポイントになる。鼻筋に向けて伸ばしすぎると、きついイメージになるため、自然に仕上げるのに重要なポイント。

眉山
眉のカーブのいちばん高い部分。黒目の外側の延長線から目尻のキワの延長線上にある。眉を上下に動かすときに上がる部分を眉山にすると、表情に合わせて眉も動くことで自然な仕上がりになる。

眉尻
眉の終わりになる部分。小鼻のキワと目尻の延長線上の長さがベストで、眉頭より下にならない位置に仕上げるのがポイント。

■ まつげエクステの種類

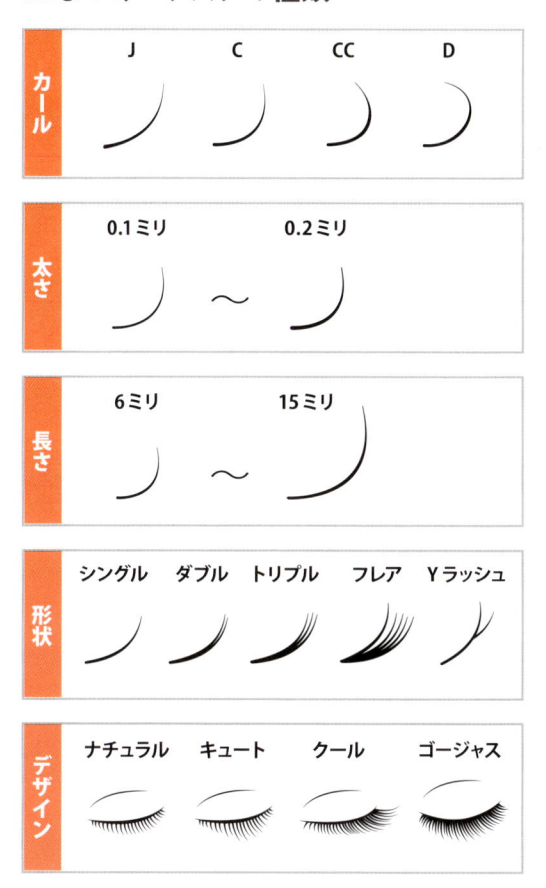

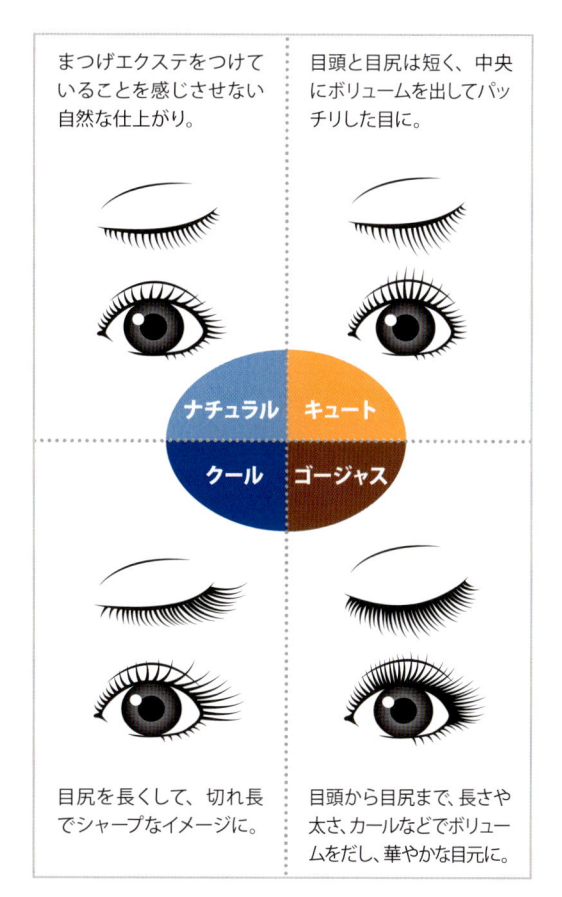

カール	J	C	CC	D

太さ	0.1ミリ 〜 0.2ミリ

長さ	6ミリ 〜 15ミリ

形状	シングル	ダブル	トリプル	フレア	Yラッシュ

デザイン	ナチュラル	キュート	クール	ゴージャス

まつげエクステをつけていることを感じさせない自然な仕上がり。

目頭と目尻は短く、中央にボリュームを出してパッチリした目に。

ナチュラル｜キュート
クール｜ゴージャス

目尻を長くして、切れ長でシャープなイメージに。

目頭から目尻まで、長さや太さ、カールなどでボリュームをだし、華やかな目元に。

149

ネイル用語の基礎

■ 爪の各部の名称

ハイポニキウム／爪下皮（そうかひ）
爪の下に、細菌やその他の異物が侵入するのを防ぐ皮膚の部分。爪を裏から見て、指との境目にある半透明の皮膚。フリーエッジ（爪先）が長い人はハイポニキウムも長いといえる。

サイドライン／側爪甲縁（そくそうこうえん）
爪の左右の側面のきわ。

ネイルベッド／爪床（そうしょう）
爪が乗っている台にあたる部分。爪はここに固定されているのではなく、密着して乗っている。爪のピンク色の土台部分のこと。

ルヌーラ／爪半月（そうはんげつ）
別名はハーフムーン。爪の根元に見える半月型で乳白色の部分。後爪郭に覆われていない爪母で、新しく生まれた爪甲のため水分含有量が多く、乳白色をしている。

キューティクル or エポニキウム／爪上皮（そうじょうひ）
後爪郭を保護し、細菌やその他の異物の侵入を防いでいる皮膚の部分。一般的に甘皮と呼ばれる爪の根元の皮膚部分で、新しい爪を保護している。

フリーエッジ／爪先（つめさき）
爪が伸びて爪床から離れた部分。水分含有量が減少するため不透明に見える。

サイドウォール／側爪郭（そくそうかく）
爪の左右に接している皮膚に覆われている部分。

ネイルマトリクス／爪母（そうぼ）
爪（ネイルプレート）を形成する部分で、血管と神経が通っている。ネイルマトリクスの細胞増殖によって伸び続け、この部分を傷つけると、凸凹の爪が生えてくるので注意が必要。

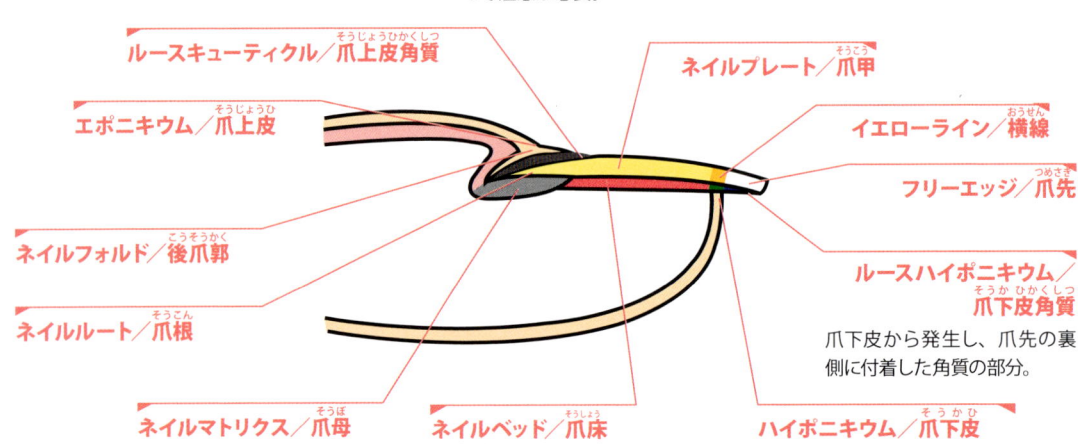

イエローライン／横線（おうせん）
爪がネイルベッド（爪床）から離れないようにしている帯状の部分。爪床と爪先の境目のこと。

ストレスポイント／負荷点（ふかてん）
イエローライン（横線）がサイドライン（側爪甲縁）に接する点。爪が皮膚から離れる両サイドの部分。

ネイルプレート／爪甲（そうこう）
一般的に爪と呼ばれる部分。約0.3～0.8ミリの厚さをもつ皮膚の付属器官。硬いケラチン（たんぱく質）でできていて、指先を保護する働きをしている。

ルースキューティクル／爪上皮角質（そうじょうひかくしつ）
爪上皮から発生し、爪の表面に付着している角質の部分。厚い甘皮の下から伸びて爪に張り付いている白くパサパサしたところ。

ネイルフォルド／後爪郭（こうそうかく）
爪を根元で固定している皮膚の部分。爪のつけ根に、深く折り込まれたひだ状の皮膚で、爪根に接している。

ネイルルート／爪根（そうこん）
爪が作られる根元部分。皮膚の下にある爪の根元（後爪郭に覆われている下部）にあたる。

ルースキューティクル／爪上皮角質（そうじょうひかくしつ）

エポニキウム／爪上皮（そうじょうひ）

ネイルフォルド／後爪郭（こうそうかく）

ネイルルート／爪根（そうこん）

ネイルマトリクス／爪母（そうぼ）

ネイルベッド／爪床（そうしょう）

ネイルプレート／爪甲（そうこう）

イエローライン／横線（おうせん）

フリーエッジ／爪先（つめさき）

ルースハイポニキウム／爪下皮角質（そうかひかくしつ）
爪下皮から発生し、爪先の裏側に付着した角質の部分。

ハイポニキウム／爪下皮（そうかひ）

150

■ ネイルの種類比較

●ネイルポリッシュ

マニキュア、ネイルカラー、ネイルエナメルと呼ばれているもので、セルフネイルでいちばんよく使われている。

【メリット】
手軽さ。必要な機械もなく、除光液で落とすことができる。ネイルのもちは1週間ほど。

【デメリット】
塗ってから完全に乾くまで時間がかかる。2度塗り、3度塗りすると、中が完全に乾くまで数時間かかる。爪の強度はアップしない。

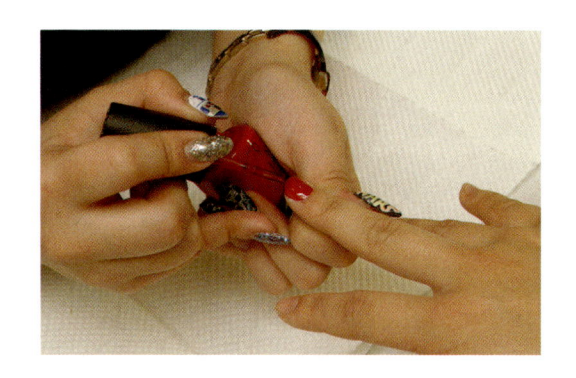

●ジェルネイル

「ジェル」と呼ばれる液体を爪に塗り、UVライトまたはLEDライトを当てて固め（硬化させ）て作るネイルのこと。ジェルは粘液状の合成樹脂で、光を当てると固まる成分が入っている。
ソフトジェルはネイルサロンの主流で、軟性があるため、違和感はほとんどない。ハードジェルは、アクリル樹脂でできていて、ソフトジェル以上に強度があるため、爪の長さを出すときにも使える。ただ、ソフトジェルに比べると、装着感がある。

【メリット】
UVライトまたはLEDライトを当てると数十秒で固まるため、乾きが早いのが特徴。発色がよくて見た目も美しく、3～4週間ツヤが持続する。爪の補強にもなるため、自爪が弱く薄い人に向いている。

【デメリット】
3～4週間経つと端から浮いてしまう。無理矢理はがすと爪の表面も一緒にはがれてダメージを与えるため、オフには専用のリムーバーが必要となり、落とすのに少し時間がかかる。ネイルポリッシュに比べると値段が高く、セルフネイルをするためには、道具を揃える必要もある。

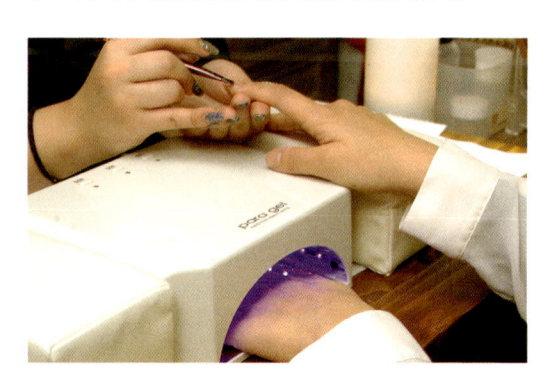

●スカルプチュア

自爪の上に、アクリル樹脂などを使って、人口爪を作る技術。アクリルリキッドとアクリルパウダーを使って化学反応で固めるスカルプチュアは、ジェルネイルよりも強度が高く、ツヤがある。

【メリット】
アクリルリキッドとアクリルパウダーを混ぜると、その瞬間から硬化が始まる。地爪ではできないような美しいアート、立体のアートを施せる。自爪が弱くまったく伸ばせないような人でも、簡単に丈夫な長い爪を作ることができる。

【デメリット】
アクリルリキッドには、独特のきつい匂いがある。スカルプチュアをつける際に爪への接着をよくするため、地爪をファイルで削ることから、爪が薄くなってきてしまう。高い技術力が必要になるのでセルフでは難しく、オフもサロンでなくてはできないため、時間と料金がかかる。

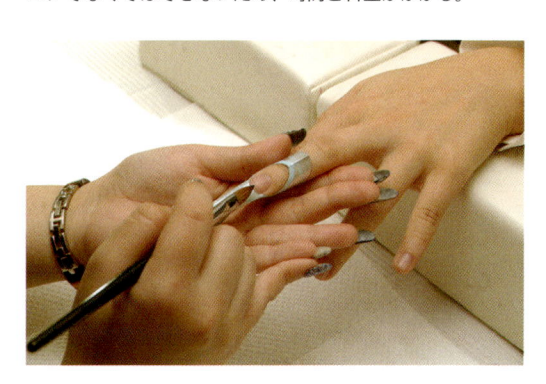

ブライダルの基礎

■ ドレスのディテール・アイテムの名称

ヘッドドレス
頭につける飾りの総称のことをいう。ティアラ、クラウン、ボンネなどのさまざまな種類があり、華やかさを演出する。

ブーケ
ドレスのシルエット、デザインや会場の様子とのバランスにより印象が異なる。

ネックライン
ドレスの首回りの形のこと。顔に近い場所なので、形やボリュームによって顔の印象が変わる。

ベール
キリスト教挙式の必須アイテム。素材、ボリュームや付け方によって、印象が大きく変わる。

スリーブ、ショルダー
袖や袖部分の形のこと。袖がないデザインも多くあるが、袖があると上品で落ち着いた印象を与えられる。

グローブ
長さ、素材がいろいろあり、ドレスの色に合わせて選ぶ。「露出を控える」「無垢を表す」という意味合いがある。

スカート
ドレス全体のイメージを決める部分。ラインとシルエット、ボリュームでいろいろな種類がある。

トレーン
長く引きずったスカートの裾の部分。長いトレーンはエレガントな印象になり、短いトレーンはカジュアルでキュートな印象になる。

パニエ
ドレスのスカートを膨らませ、スカートラインをきれいに見せるためにスカートの下に着用する下着のこと。

【イヤリング】　【ネックレス】
アクセサリー
グローブをしているため、アクセサリーはイヤリングとネックレスだけで揃いのデザインとすることが多い。耳元・首まわりを飾る大切なコスチュームといえる。

シューズ
身長とドレスの丈によって、ヒールの高さを調節する。

■ フォーマルスーツの種類

フロックコート
上着の着丈がひざまである昼の正礼服。モーニングの原型となった最上級の礼服だが、現在は結婚式や披露宴で新郎が着用する程度。

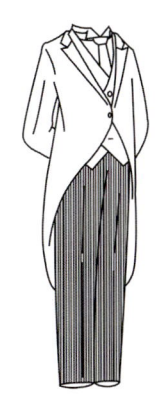

モーニングコート
昼間の正礼服。通常は昼間の結婚式、披露宴での新郎や父親、媒酌人、主賓が着ることの多い、フォーマルと華やかさを備えた装い。

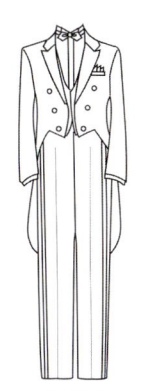

燕尾服（えんびふく）
イブニングベストと呼ばれる白いベスト、ウイングカラーのシャツに側章[※1]が2本入ったパンツを合わせるのが基本である。

タキシード
燕尾服に代わる夜間用準礼装。シングル襟に黒絹をかぶせ、パンツにも黒絹を使った側章で縁取り、タイは黒の蝶結びが基本。

ディレクターズスーツ
昼間の準礼装で、モーニングの略装。重役という意味なので、ある程度の立場の人は揃えておくと弔事にも使えて重宝する。

■ フォーマルウェアの格式

☀ 昼　🌙 夜　Ⓗ 招く人(Host)　Ⓖ 招かれる人(Guest)

			格式の高い結婚式・披露宴	ごく普通の結婚式・披露宴	やや略式の結婚式・披露宴	結婚式	祝賀会・落成式・記念式典	成人式	謝恩会などのパーティー	音楽会・観劇・発表会	入学式・卒業式など	年始などの改まった挨拶・訪問	親しい方々とのパーティー	葬儀・告別式	急な弔事・通夜
正礼服	フロックコート	☀	H												
正礼服	モーニングコート	☀	HG	H		H	H	H			H	HG		H	
正礼服	燕尾服	🌙	H												
正礼服	タキシード	🌙	HG	HG			HG		HG	HG			HG		
準礼服	ディレクターズスーツ	☀	HG	HG	H	HG	HG	HG	HG	HG	HG	HG			
準礼服	ブラックスーツ[※2]	☀🌙	G	HG	HG	HG	HG	HG	HG	HG	HG	HG	HG	H
略礼装	ダークスーツ[※3]	☀🌙		G	G	G	G	G	G	G	G	G	G		G

※1 フォーマルパンツの両脇にある飾りのラインのこと
※2 通常のスーツで、黒色のスーツのこと　　※3 通常のスーツで、濃紺やダークグレーなど暗めの色のスーツのこと

スーツ用語の基礎

■ ジャケットのディテール

シングルブレステッド（フロント）

下襟（ラペル）
上襟にゴージラインより下で接続している部分が下襟。デザインによって、さまざまな呼び名がある。

フロントダーツ
前身頃の胸から腰にかけて縦に入るつまみ縫い。布裏につまんで縫い込むことで、胸のふくらみを表現する。

フラップポケット
フラップとはフタのこと。外では埃と雨をよけるように機能する。室内では、ポケット内に収納するのが正式。

上襟（カラー）
ジャケットの襟のゴージラインと呼ばれる接続部より上の部分。下の部分は、下襟と呼ばれる。

フラワーホール
ラペル上部にある穴。もともと生花を挿すために使われていたため、フラワーホールといい、現在は組織のバッジ装着用に用いられる。

胸ポケット
左胸にあるポケット。ポケットチーフを入れるためのもの。

（バック）

カラー
襟裏は、座りをよくするための別布で補強する。カジュアルな着こなしでは、襟を立てて見せることも。

ベント
裾にある切り込みのこと。後ろ身頃中央にあるものをセンターベント、両脇はサイドベンツ、ベントがないものはノーベント。

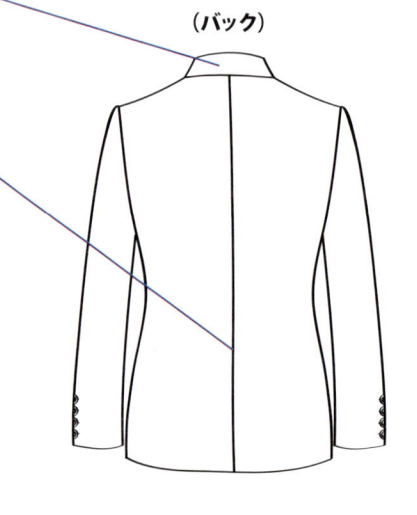

ダブルブレステッド 4つ釦／ピークドラペル

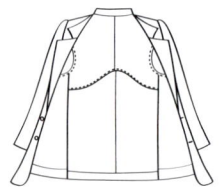

背抜き仕立て
前身裏地＋背裏地（下3分の2をカット）された背抜き。

総裏仕立て
胴裏地と背裏地が裾まですべて付く。

【 ベントの種類 】

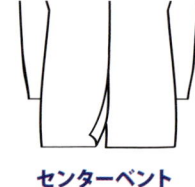

センターベント
後ろ身頃の中心にある切れ込み。

サイドベンツ
両脇に設けられた切れ込み。

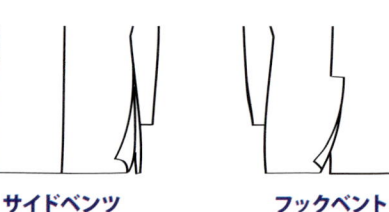

フックベント
センターベントに似ているが、縫製が鈎（フック）のようになることからこの名で呼ばれる。

■ ジャケット・パンツのディテール

【 パンツのディテール 】

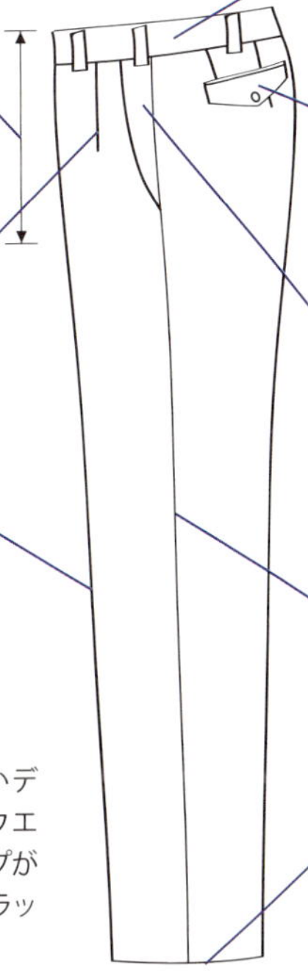

ウエスマン
スラックスの腰帯部分のこと。ウエストバンドがなまった和製英語。

ライズ（股上）
股からウエストまでの深さのこと。2000年代以降、ローライズとよばれる浅い股上のパンツが流行。

尻ポケット（ピスポケット）
ピスポケットはピストルポケットの略で、その名のとおりピストルを入れていたポケット。

フロントプリーツ（タック）
ダーツとは逆に、外側につまみを入れゆとりをもたせるディテール。年配の人向け。

脇ポケット
パンツの両脇にあるポケット。脇の縫い目に沿って作る方法と斜めに作る方法がある。

センタープレス
クリースともいう。パンツの折り目のこと。

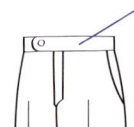

サイドシーム
パンツの脇の縫い目のこと。

ベルトレス
ベルトを使わないデザインなので、ウエストにベルトループがついていない、クラシックなデザイン。

カフレス（ストレートカット）
折り返しをつけないパンツの裾上げの仕方。

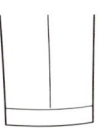

ターンナップカフ
パンツの裾の仕上げ方法で、ダブルとも。折り返して仕上げる方法。

モーニングカット
フォーマルウェアのモーニングコートに合わせるコールパンツの裾上げ方法で、前上がりに仕上げられる。

【 ジャケットポケットの種類 】

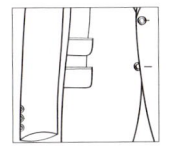

チェンジポケット
Change（小銭）を入れるために作られた、右ポケットの上にある小さなポケットのこと。

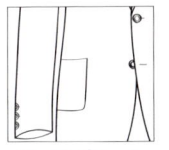

パッチポケット
スーツの本体に上から縫いつけたポケット。簡易なポケットのためカジュアルな印象。

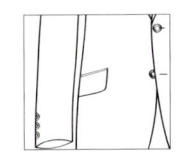

スラントポケット
Slantは斜線。ポケット口が裾に対して斜めになっている。ハッキングポケットとも。

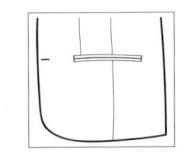

玉縁ポケット
もっともポピュラーなスーツのポケット。パッチポケットに比べて構造が複雑でエレガントな印象。

【 パンツポケットの種類 】

クレセントポケット
ポケット口が三日月型にカーブしているポケット。

フォワードセットポケット
ポケット口が前傾して斜めになっているポケット。

バーティカルポケット
バーティカルは垂直。脇線に沿ったまっすぐなつくりのポケット。

【 カフ（袖口）の種類 】

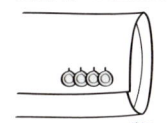

重ねボタン（キス釦）
袖口のボタンを少しずつ重ねて付ける方法。キッシングとも。

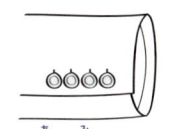

開き見せ
ボタンはついていても開かない、見せかけの袖口。

本切羽
ボタンで開閉できるように縫製された袖口のこと。

接客の基本

■ 接客では接客するスタイリストの「第一印象」がきわめて大事

- 顔・身だしなみに注意
- お客さまのお名前を呼ぶ
- お客さまの情報をおぼえる
- 常連のお客さまをおぼえる
- 再来店されたときの接客に注意する
- 二度目のお客さまには「こんにちは」と挨拶する
- 接客はお客さまと同じ目線で
- 案内や説明時は手のひらを見せる（人に安心を与える）
- オウム返し（傾聴のサイン）＋共感（理解のサイン）＋ヒアリング（興味サイン）
- 顧客の不安や心配を払拭する（お客さまの声・実績・信用など）
- 人間の3つの自尊心、『自己有能感』『自己重要感』『自己好感』を満たしてさしあげる

■ 具体的な接客アクション

① メモをとる
お客さまに対する印象やお話の内容、目の前の小さいことでもメモをとりましょう。メモをとると、誠実な印象を与えることができます。

② 人柄や本音を入れる
対応のよさや親身になってくれる人に好感をもちます。ときには自分の事例や感情、本音も交えながら話しましょう。

③ 質問の目的を明確にする
質問の種類は、目的別に3つに分けることができます。
　A. 聞きたい情報を聞くため
　B. 相手からの気づきを引き出すため
　C. 相手の行動を促すため
目的を認識したうえで、それぞれをうまく活用して質問しましょう。

④ できないことは代替案や情報を提供する
お客さまの希望に応えられない場合は、「もしよろしかったら、〇〇な方法もあります」と、代替案を提示します。

⑤ 自分ばかり話さない
お客さまは自分の話を聞いてほしいと思っています。「聞き上手」になって、うまく話を引き出しながら相手をリードしていきましょう。

⑥ 説得しない
無理に説得しようとすると、相手は「説得されてたまるか」と抵抗し、考えや態度を硬化させてしまいます。このような場合、結論はあえて言わずに誘導し、自分で結論を出させるのがいいでしょう。

⑦ 語尾を切る、はっきり言う

「いらっしゃいませぇ〜」「ありがとうございまぁ〜す」のように語尾をのばすと、だらしない印象を与えます。語尾ははっきりと切ったほうが、自信をもった発言に聞こえます。

⑧ 目を見て話す

相手の目をしっかりと見ることで、関心をもっていることを示すことが大切です。

⑨「え〜と」をなくす

「え〜と」を言わなくなると、ゆっくりと間を取って話せるようになっていきます。「え〜と」を口に出さないことで落ち着きを演出してくれます。

⑩ インパクトのあるキーワードを入れる

"このデータや話を出すと、お客さまが興味を示す可能性がすごく高い"という「とっておきデータ」を見つけておきましょう。

⑪ 焦らない

「絶対買ってもらおう」「絶対決めてもらおう」と一気にまくし立ててしまうのは逆効果です。焦らずゆっくり、やさしく背中を押す気持ちで接客することが大事です。

⑫ デメリットを伝えて警戒心をとく

商品の説明をする際は、"いいこと尽くし"ではかえって不審に思うタイプのお客さまもいます。デメリットもしっかり話して信用を得ましょう。

⑬ 言葉を繰り返す

お客さまが使った言葉をオウム返しで繰り返し使うと、じっくり話を聞いてもらえていると相手に感じさせることができます。

⑭「ポイントは3つです」

こう言って「間」をおき、相手から聞きたくなるように仕向けて、自発性と能動を促します。

⑮ 小さな「YES」をたくさんもらう

当たり前のことを聞き、「YES」という返事をたくさんもらうことで、お客さまが自分で納得していきます。

「人間の3つの自尊心」とは
1. 自己有能感〜自分は的確に意思決定や行動ができる。有能で価値があると認めてほしい。
2. 自己重要感〜自分を重要で大切な存在だと思ってほしい。
3. 自己好感〜自分を好きでいてほしい、もっと知ってほしい。

人間は相手からこのように思って接してほしいという欲求があります。これはとても大事なことです。それを理解して接客しましょう！

カルタ&カラーカードの使い方

■ カルタの目的
- アイテムの形や柄、素材の名前をしっかりおぼえる
- そのアイテムの特徴はテイストのどのような特徴を指しているのかを知る
- 4つのテイストの位置に置くことで視覚的に分析・分類キーワードのおさらいができる

■ カルタの使い方
① 自分の学んだ業種の形、柄、素材のカルタを切り取り線に沿って切ります。
② 切ったカルタのイラストや写真を表にして、机の上で各テイストの位置に並べてみましょう（形の特徴をとらえること）。
③ テキストを見て答え合わせをしましょう。
④ アイテム名や素材名を表にして並べましょう（名称をしっかりおぼえること）。
⑤ テキストを見て答え合わせをしましょう。

カルタ

もっとカルタを使いこなしましょう！

例えば、だれかと問題を出し合う
Q：アイテムの名前を聞く　A：答える
Q：そのアイテムのテイストはどこか聞く　A：そのテイストとなぜそのテイストにそのアイテムが入るのかを答える

例
Q この袖の形は？　A パフスリーブ
Q テイストは？　A ブライト。なぜならギャザーで生地の動きがあり、袖が丸い形になっているから
Q これはどのテイスト？　A 表面が凸凹していて生地が厚いからアース

■ カラーカードの目的
- 色の違いを見分ける
- どのような特徴の色がどのテイストかを知る
- 色の組み合わせによる見え方の違いを知る

■ カラーカードの使い方
① 横切りカラーカードを切り取り線に沿って横方向に切り分けましょう。
② カルタと同様にそのテイストの位置に置いてみましょう。
③ カラーカードを裏返して答え合わせをしましょう。
＊テキスト内の色の配置とは違います。
＊カラーカードの配色は、切り分けたときに各テイストの色の特徴がわかりやすい配色で配置されています。
④ 次に、縦切りカラーカードを切り取り線に沿って縦方向に切り分けましょう。

カラーカード

⑤ 各テイストの位置にカラーカードを並べてみます。横と縦で色の組み合わせが変わることで見え方が違って見えたと思います。
＊このカラーカードは、あくまでも各テイストの特徴が表れている色のサンプルです。
⑥ 4色カラーカードは、各テイストの特徴に沿って黄、緑、青、赤で表しています。配色ではなく単色で各テイストの特徴をとらえてカードを並べてみましょう。
※カルタのように、カラーカードでも問題を出し合って色の説明ができるように練習しましょう。

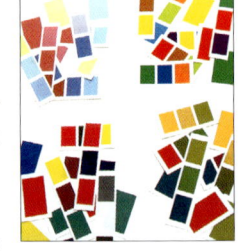

　カラーカードもカルタも、どのテイストなのか、なぜそのテイストに分析・分類されているのかを視覚的におぼえるだけでなく、言葉でも説明できるようになることが目的です。切り抜き集めもカルタ、カラーカード、人の目視など、すべて繰り返しの練習がプロフェッショナルとしてのスキルとなります。

　インプットした学習はアウトプットすることで、より理解度が増します。それは、人に説明することで自分のより深い知識として記憶されるからです。このことは、Styling Mapのテーマである「感性の論理化」ともつながります。

　この学習によって、お客さまに論理的裏付けのある説明ができるようになり、なんとなくおすすめするのではなく「なぜこれをおすすめするのか？」を自信をもって説明でき、お客さまから信頼を得る大きなカギとなります。

　さらにカルタやカラーカードで練習を重ねると、身の回りの物を分析する力も養われます。視覚的なトレーニングを行うことで、現場でもスピーディーにスタイリングできる力がつくでしょう。

ドローストリングネック	スカラップドネック	オーバルネック	ハイネック
パフスリーブ	キャミソールスリーブ	セットインスリーブ	フレンチスリーブ
ドレープドネック	ヘンリーネック	Vネック	ホルターネック
ドルマンスリーブ	ロールアップスリーブ	アメリカンスリーブ	シーススリーブ

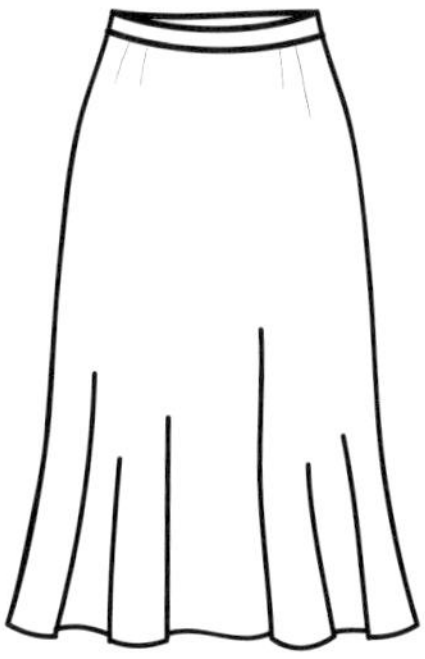
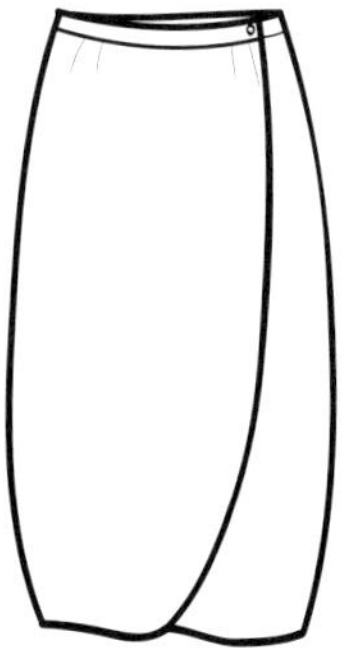
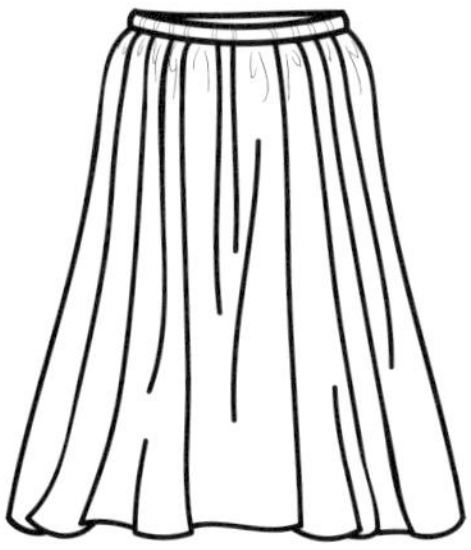
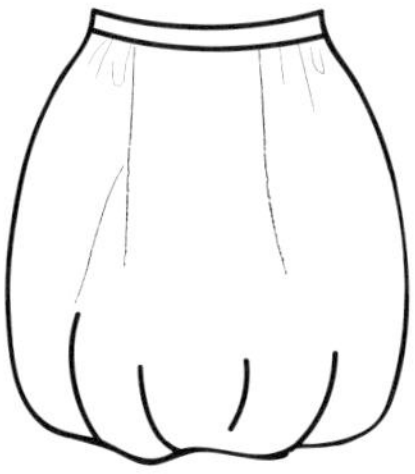
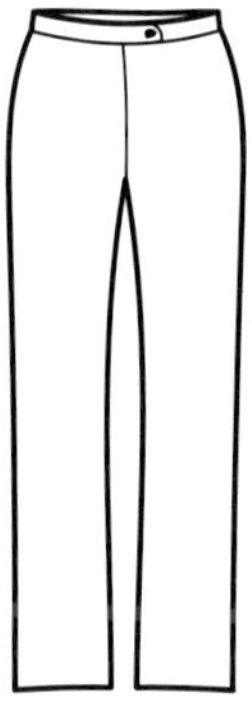
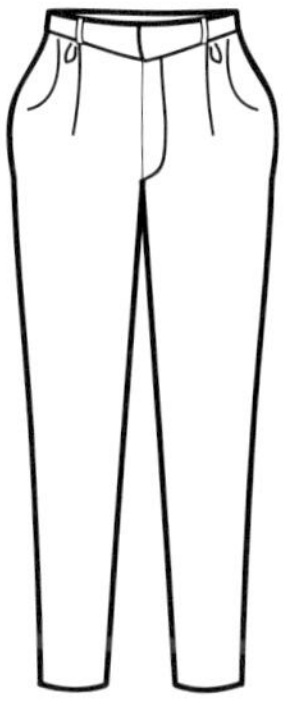
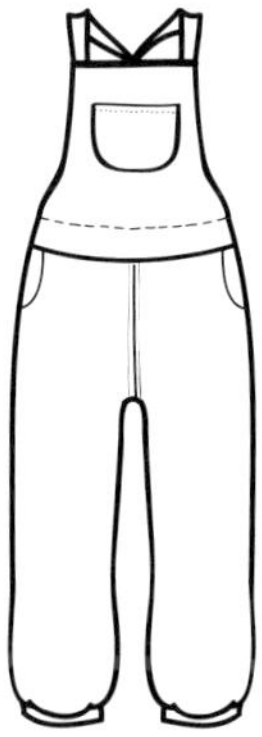
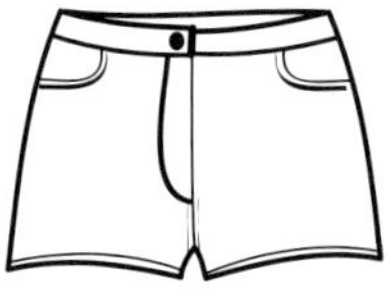
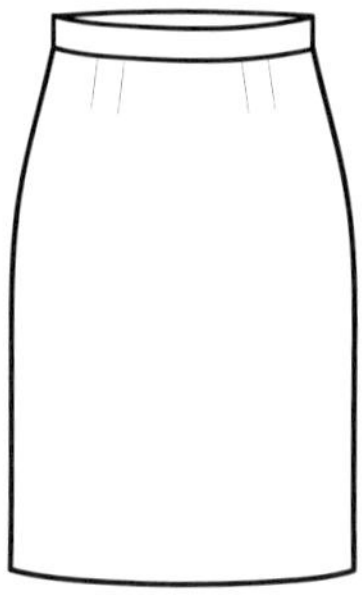
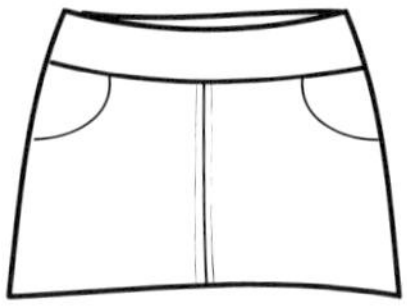
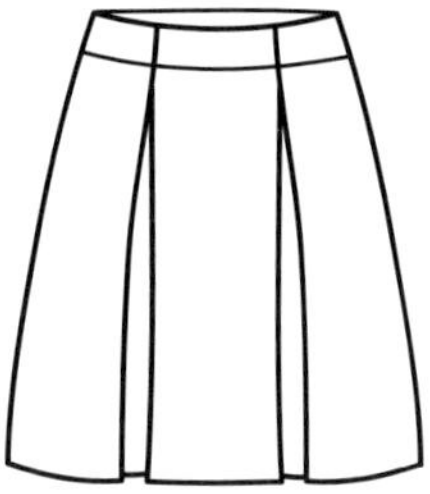
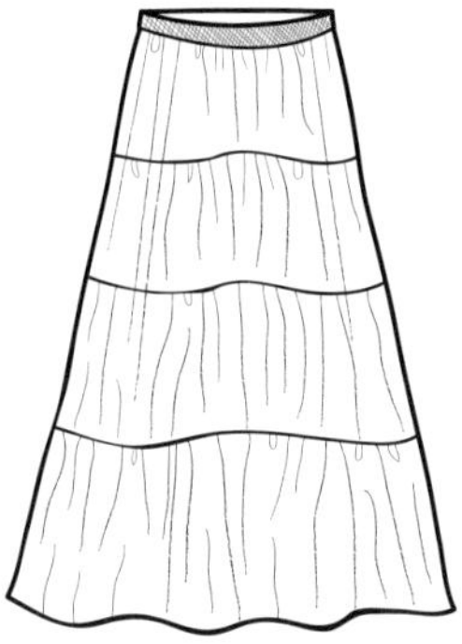
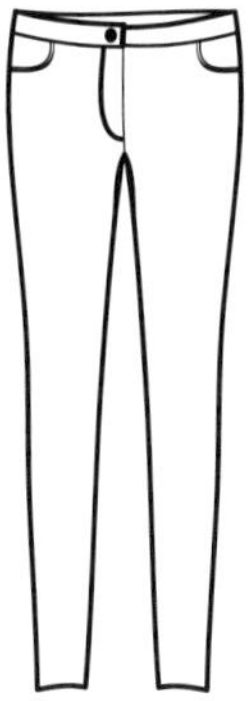
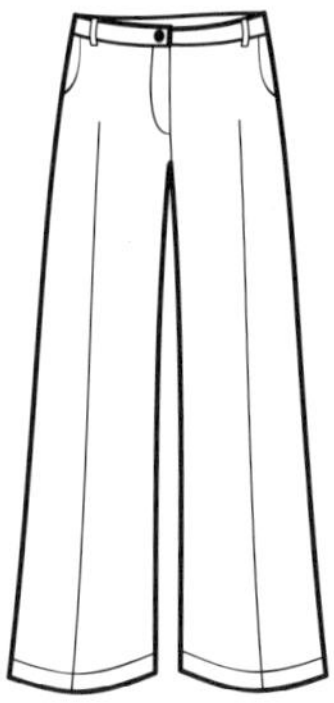
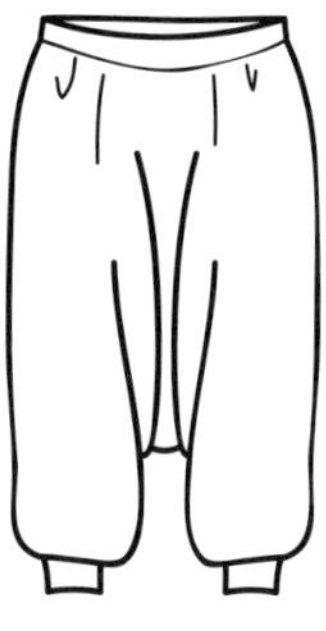
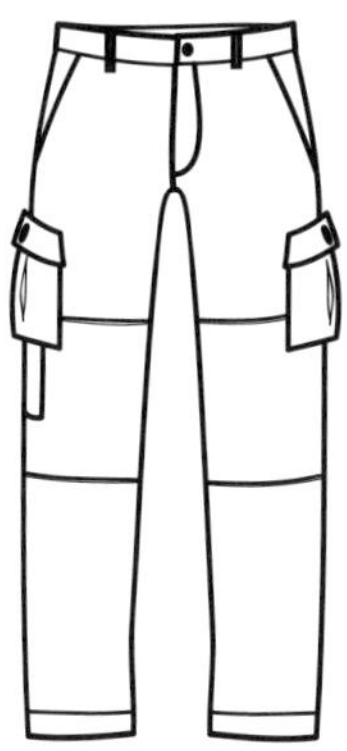

バルーンスカート	ギャザースカート	ラップスカート	フレアスカート
ショートパンツ	サロペット	テーパードパンツ	ストレートパンツ
ジプシースカート	ボックスプリーツスカート	マイクロミニスカート	タイトスカート
ワークパンツ	サルエルパンツ	ワイドパンツ	スキニーパンツ

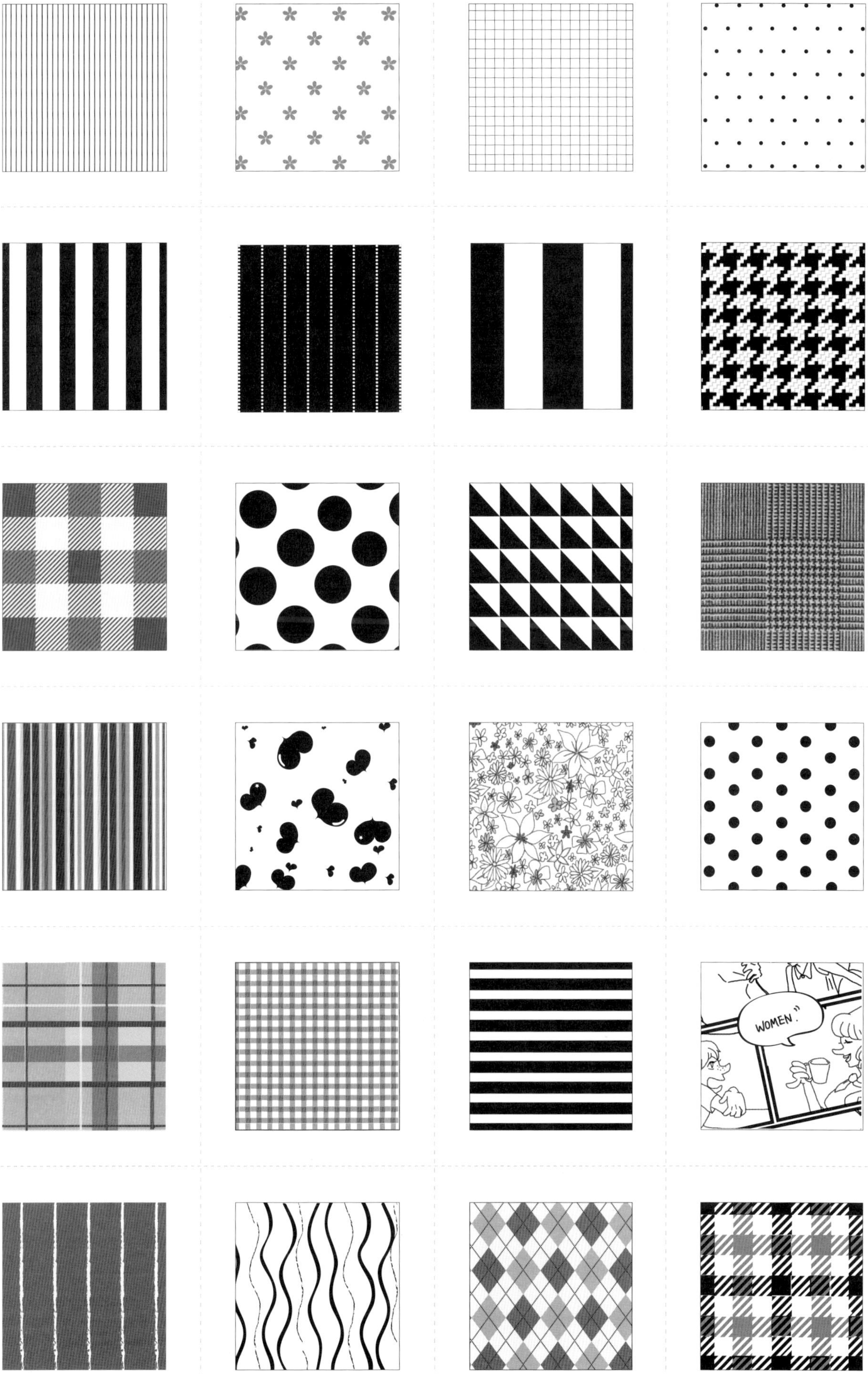
WOMEN

ピンドット	グラフチェック	こづき柄	ヘアラインストライプ
ハウンドトゥース	ボールドストライプ	ピンストライプ	ロンドンストライプ
グレンチェック	幾何学	コインドット	バッファローチェック
ポルカドット	小花柄	飛び柄	マルチストライプ
コミックプリント	ボーダー	ギンガムチェック	タータンチェック
ガンクラブチェック	アーガイル	よろけ縞	チョークストライプ

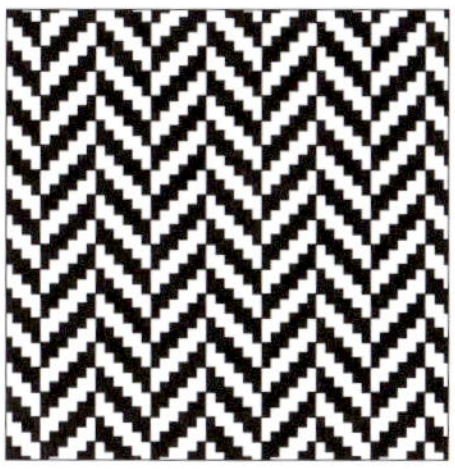
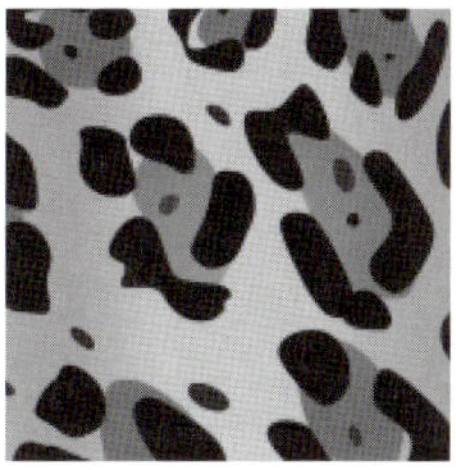
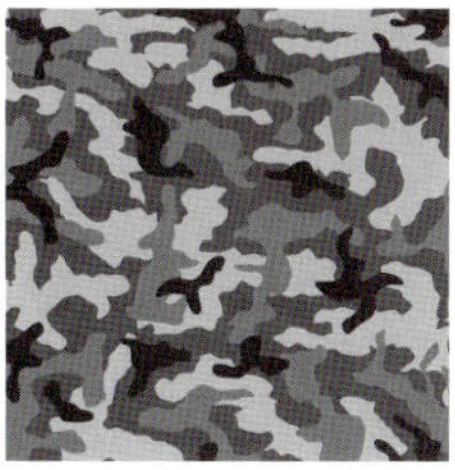
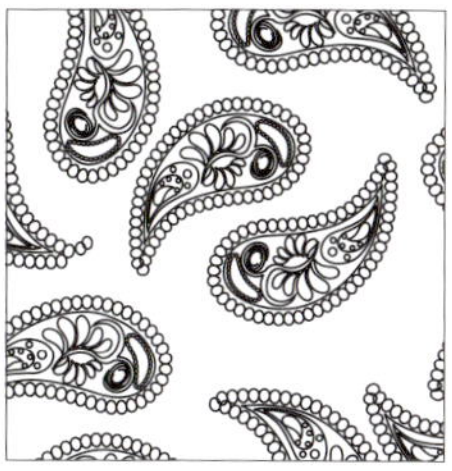
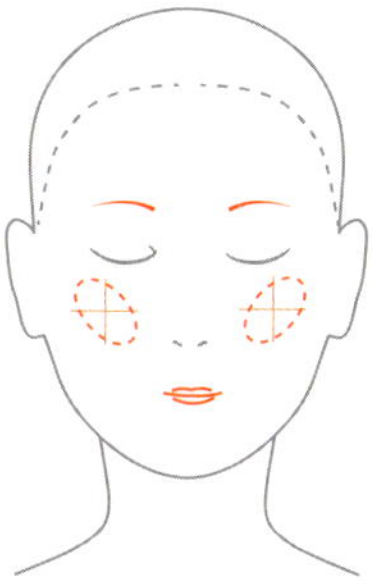
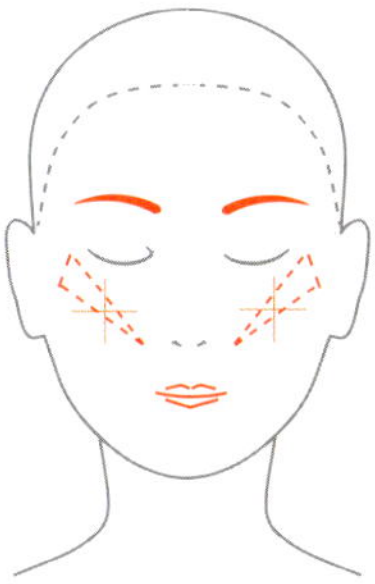
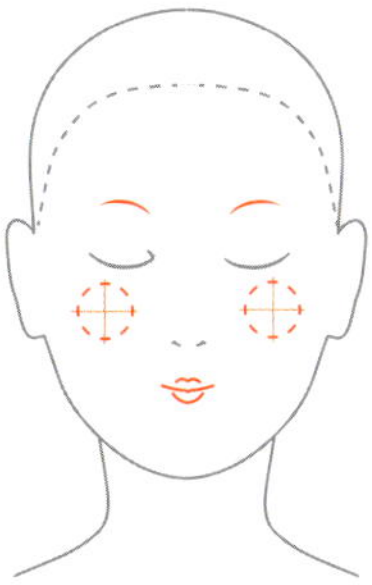
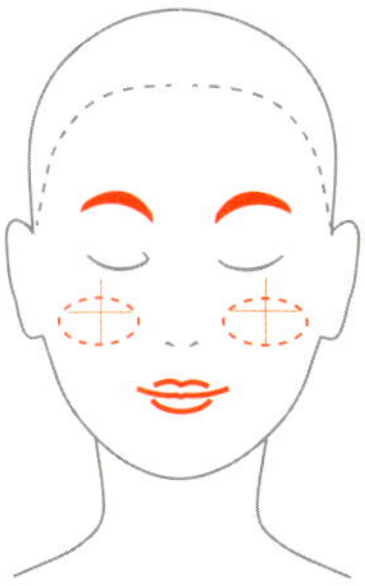
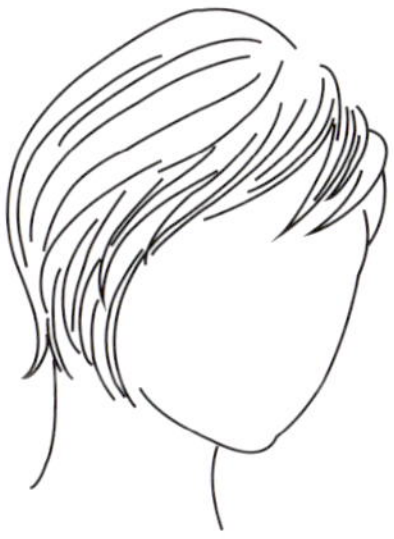
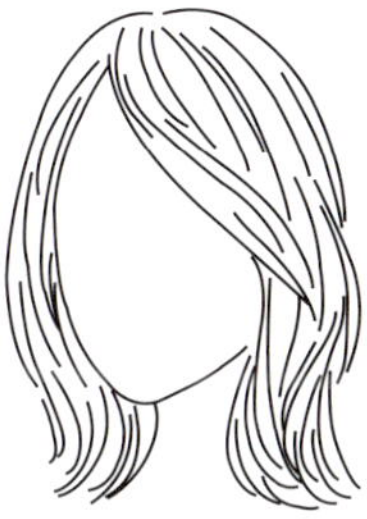
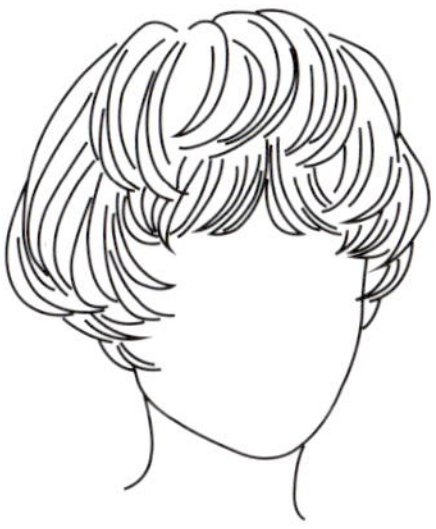
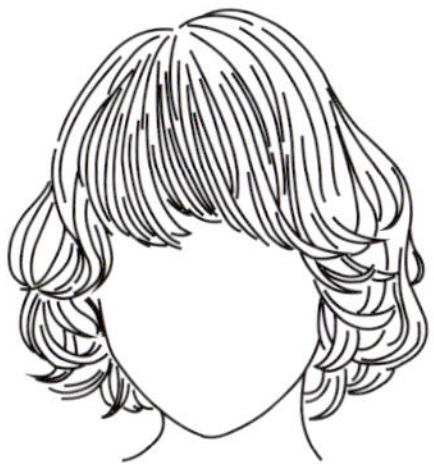
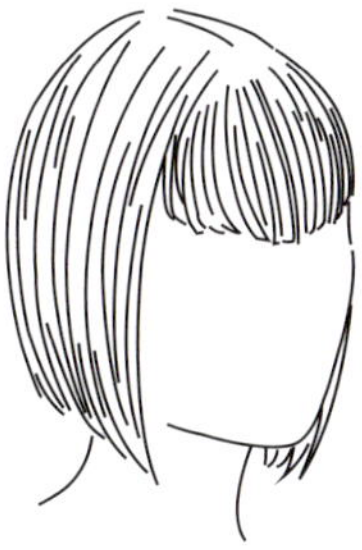
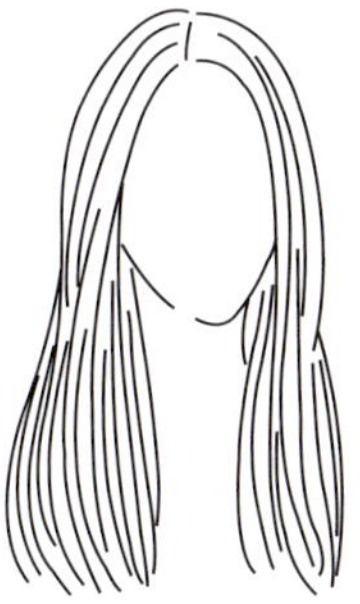
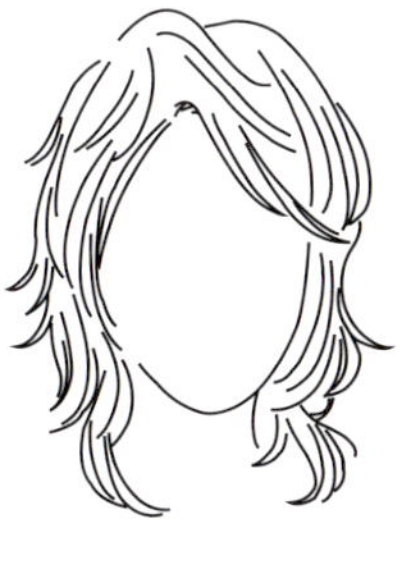
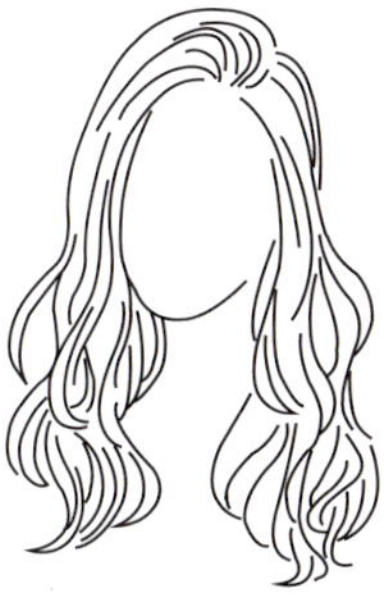
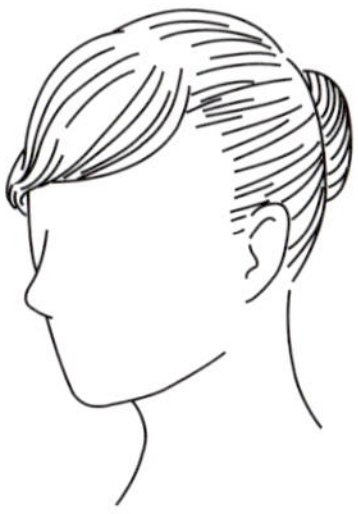
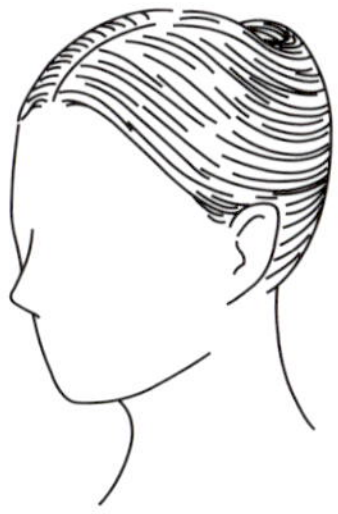
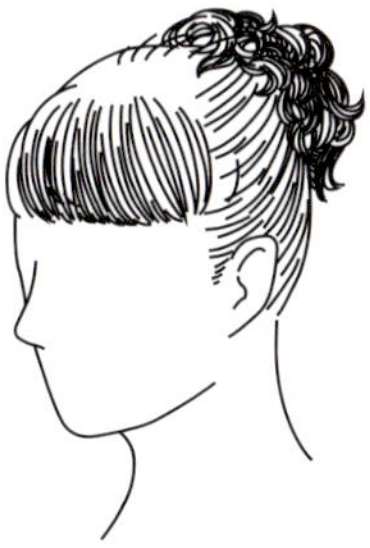
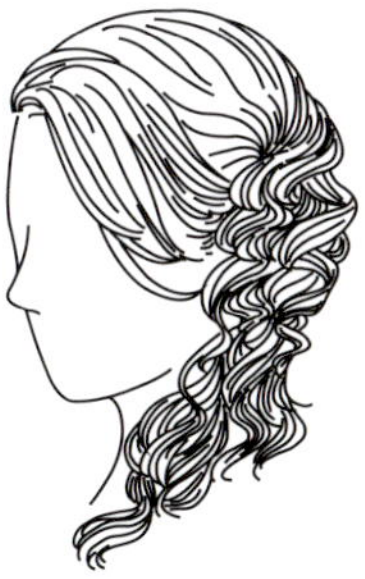
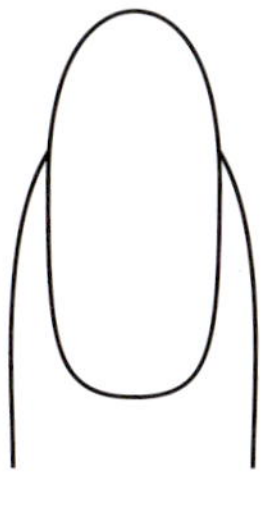
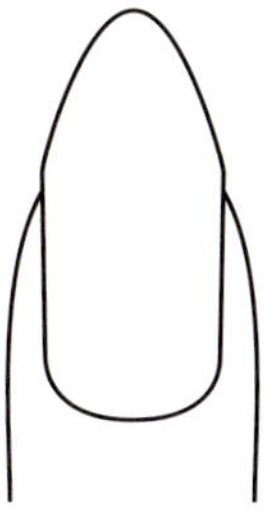
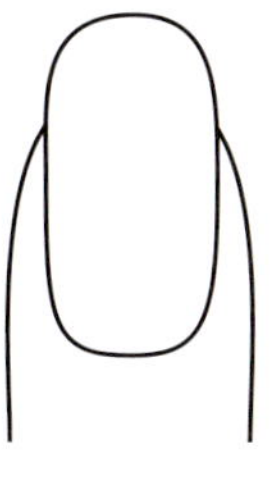
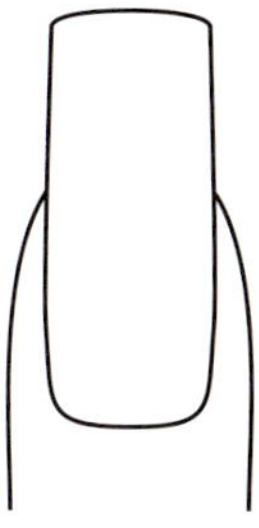

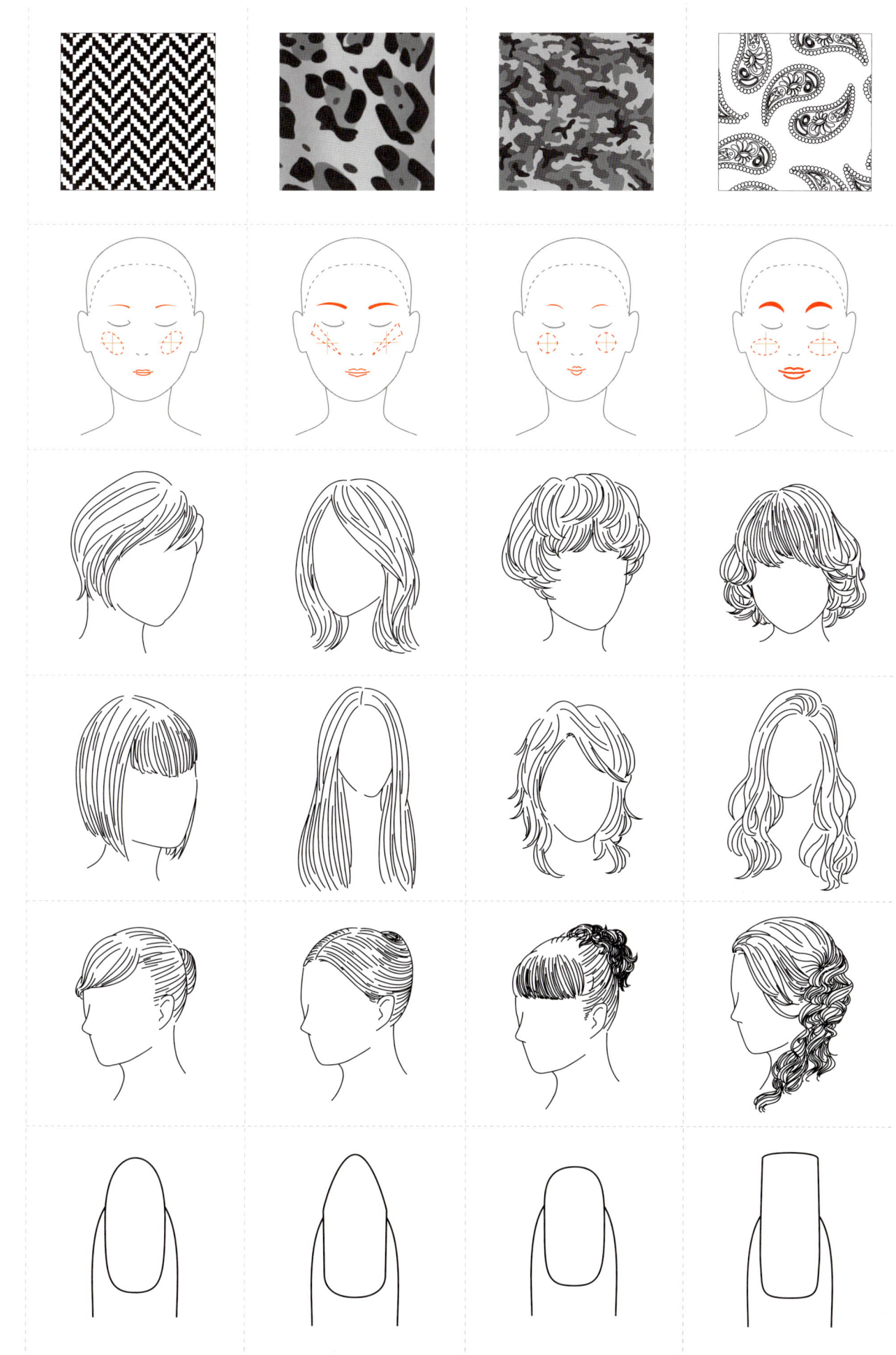

ペーズリー	迷彩柄	アニマルプリント	ヘリンボーン
メイクライン	メイクライン	メイクライン	メイクライン
ヘア ミディアム	ヘア ショート	ヘア ミディアム	ヘア ショート
ヘア ロング	ヘア ミディアム	ヘア ロング	ヘア ミディアム
ヘア フォーマル	ヘア フォーマル	ヘア フォーマル	ヘア フォーマル
スクエアオフ	ラウンド	ポイント	オーバル

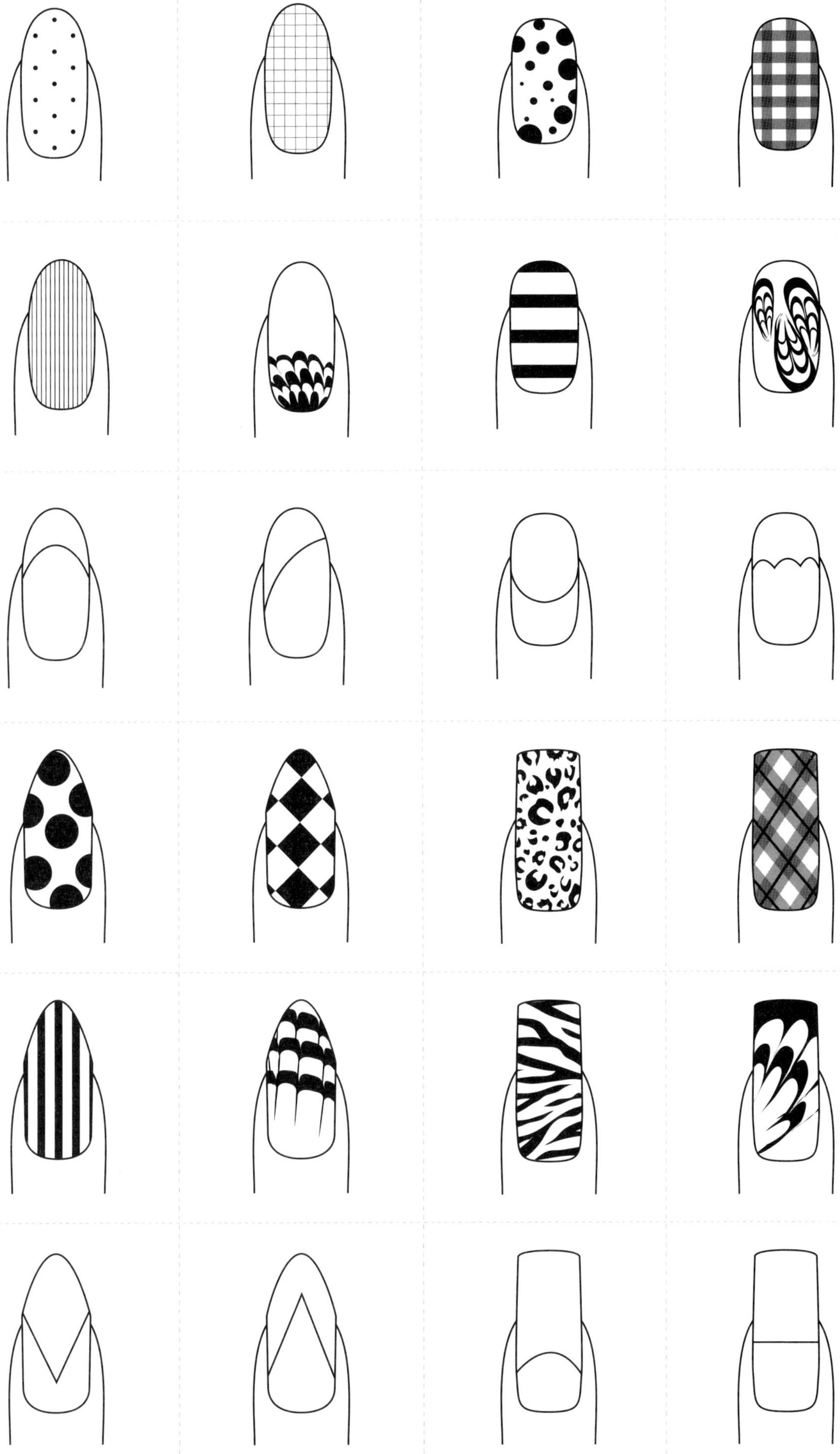

ギンガムチェック	ドット（飛び柄）	グラフチェック	ピンドット
ピーコック	ボーダー	ピーコック	ヘアラインストライプ
ラウンドフレンチ	丸フレンチ	斜めフレンチ	フレンチ
アーガイルチェック	ドット（アニマル）	ハーレキンチェック	コインドット
ピーコック	ゼブラストライプ	ピーコック	ロンドンストライプ
フラットフレンチ	逆フレンチ	三角フレンチ	Vフレンチ

ミニ　　　　　プリンセス　　　　Aライン　　　　エンパイア

マーメイド　　　ドーム　　　　　　　　　　　　スレンダー

ベリードラペル　クローバーラペル　ピークドラペル　ノッチドラペル

タブカラー　　　　　　　　　　　ナロータイ　　　ネクタイ（結び下げ）

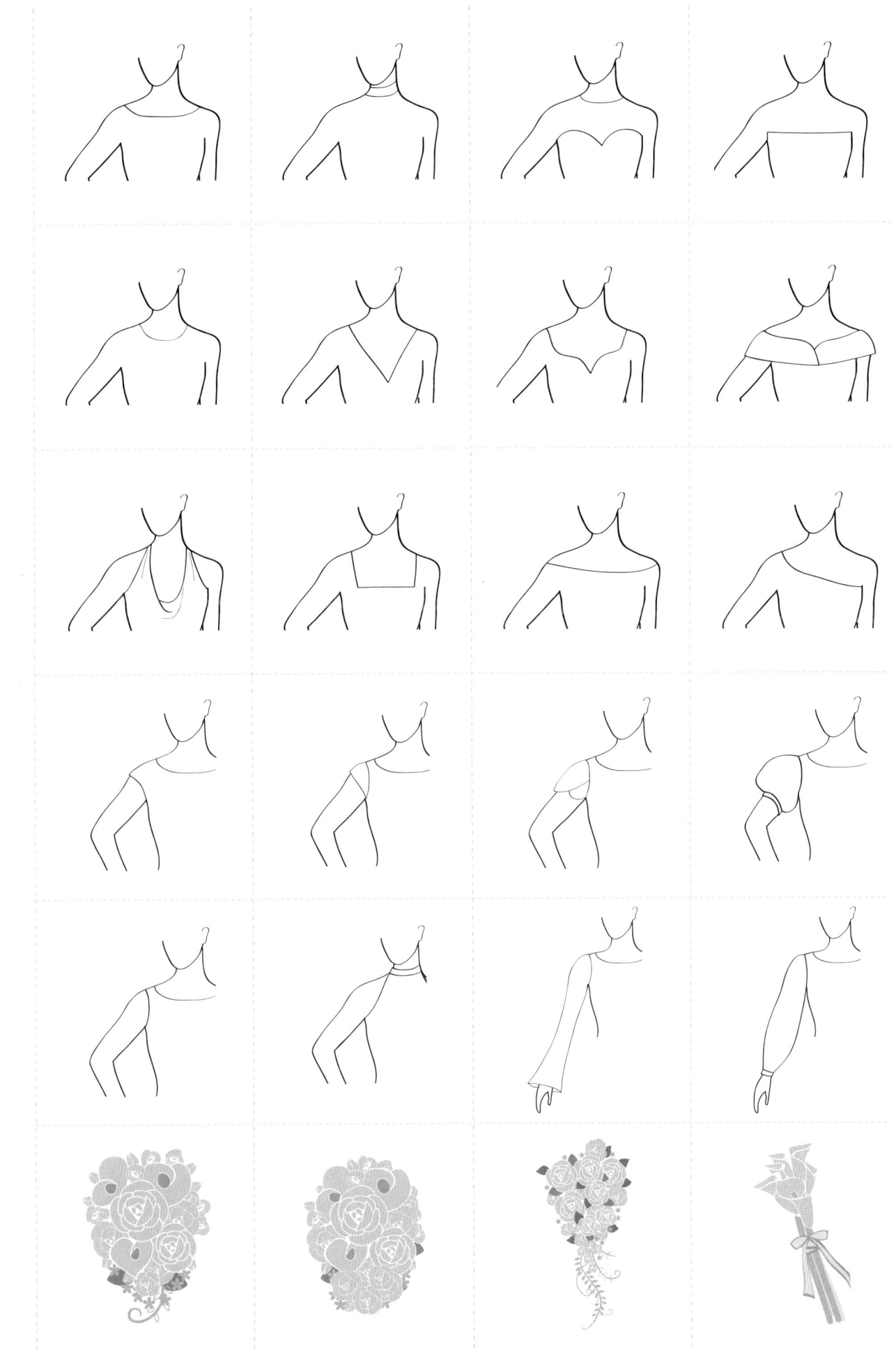

ストラップレスネック（ビスチェ）	シアーネック	ハイネック	ボートネック
ポートレートネック	スイートハートネック	Vネック	クルーネック
ワンショルダー	オフショルダー	スクエアネック	ホルターネック
パフスリーブ	ペタルスリーブ	キャップスリーブ	フレンチスリーブ
ビショップスリーブ	ベルスリーブ	アメリカンスリーブ	スリーブレス
アーム	キャスケード	オーバル	ティアドロップ

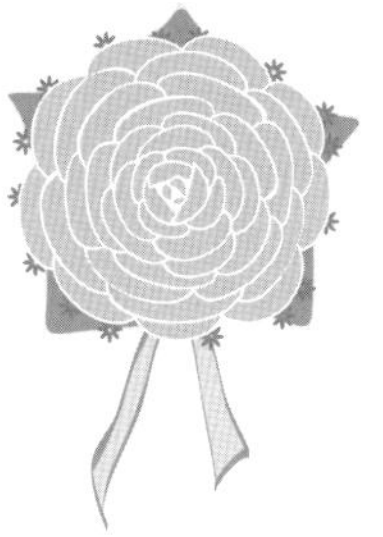

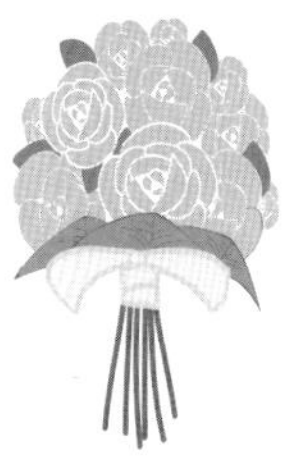

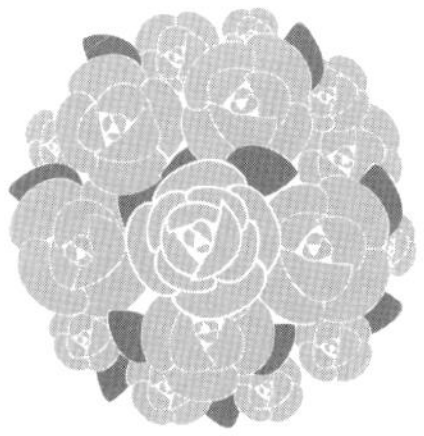
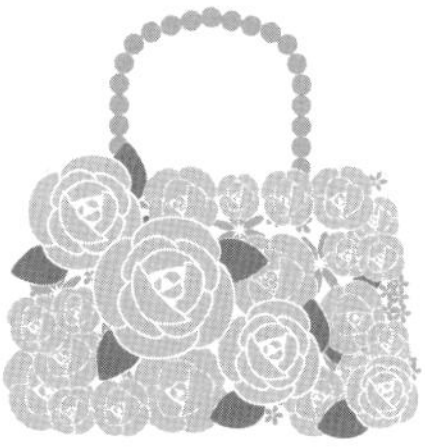
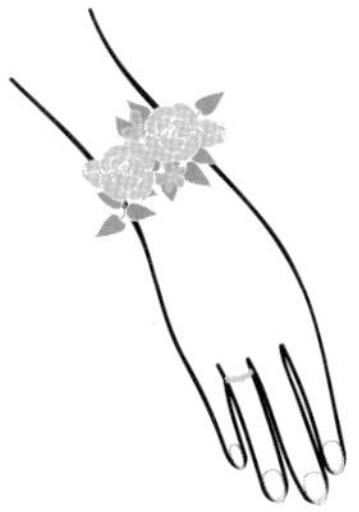
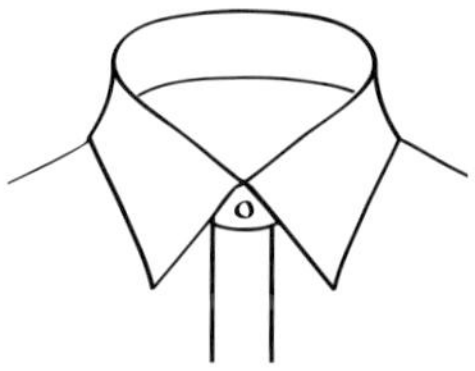
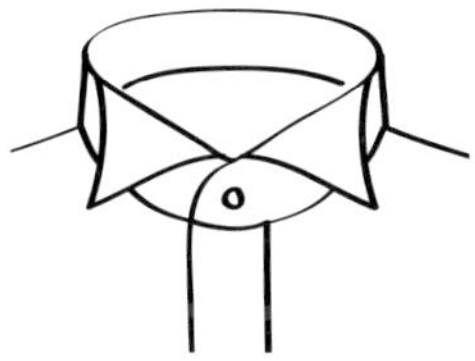
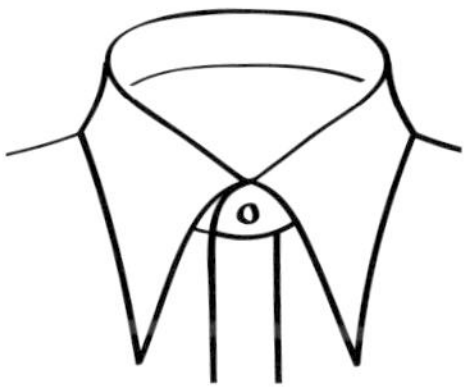
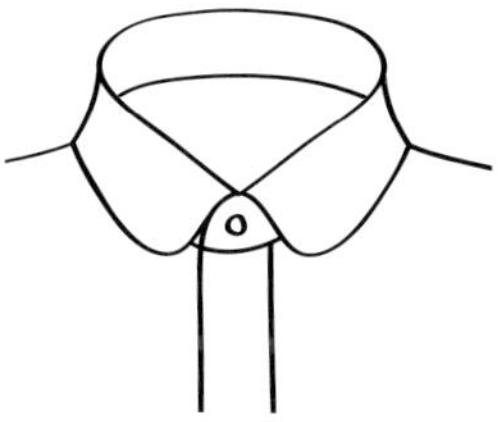
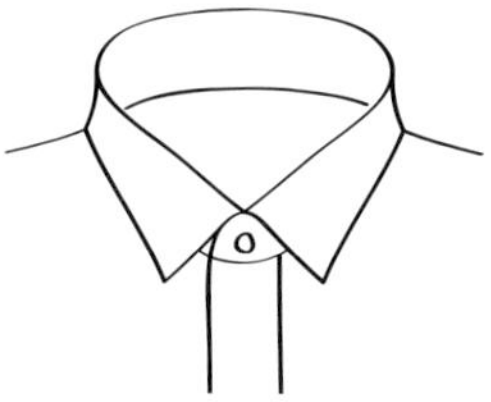
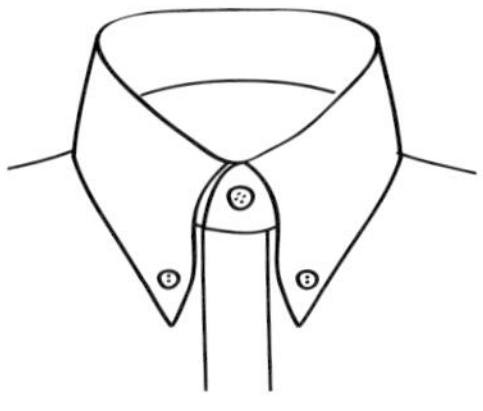
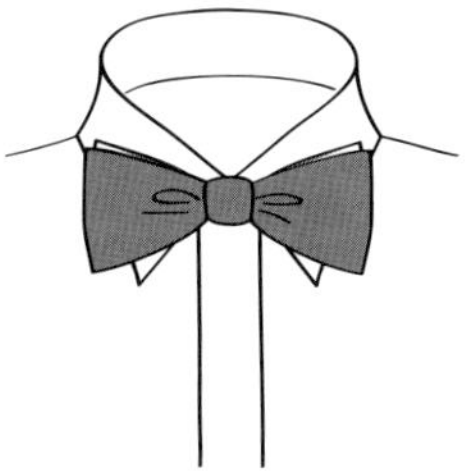
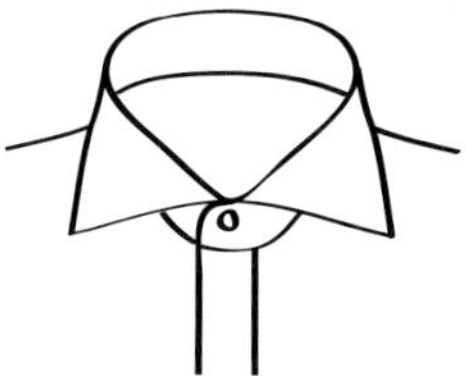
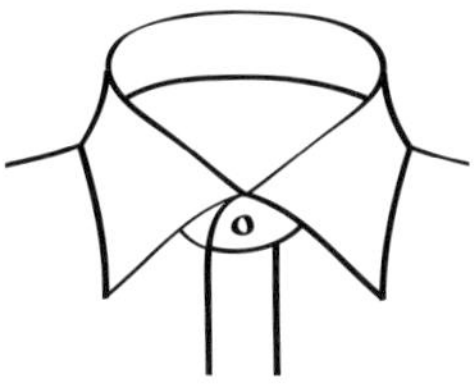
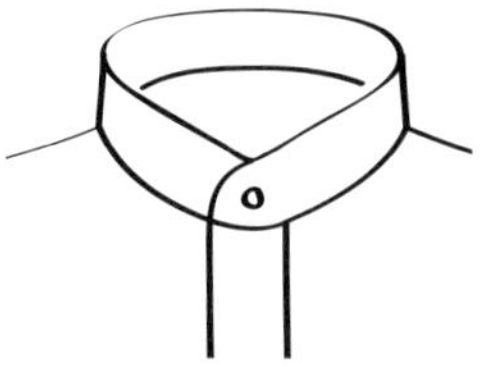
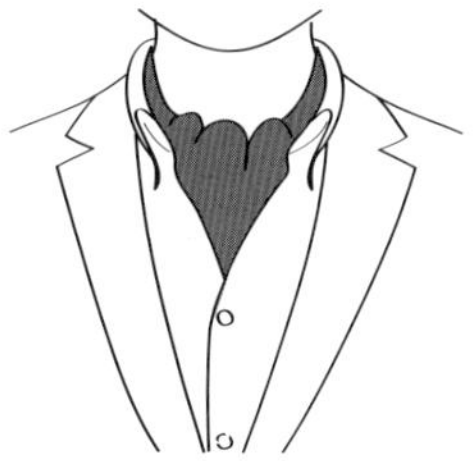
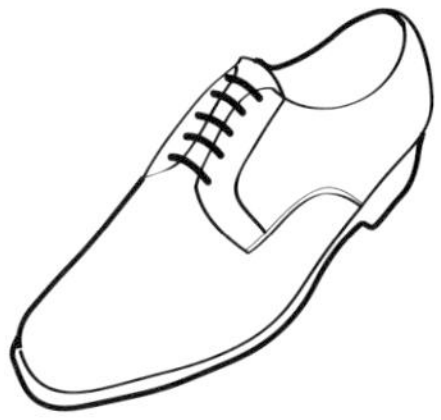
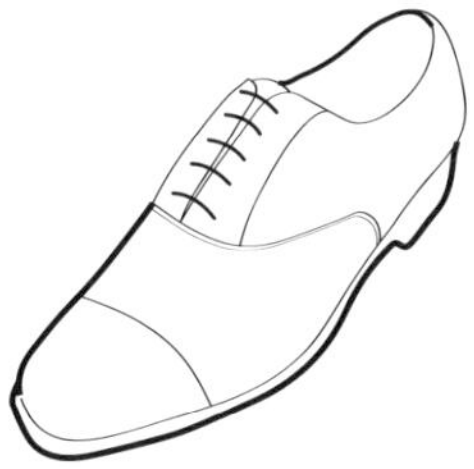
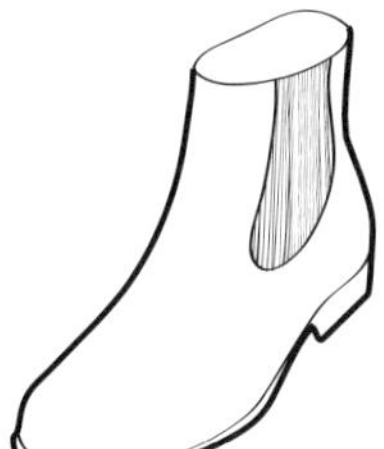
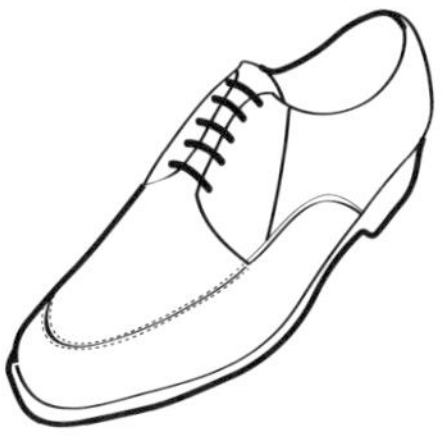
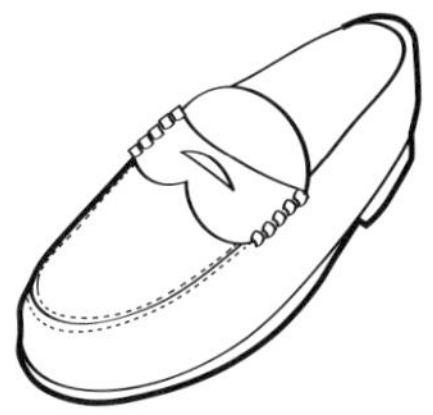

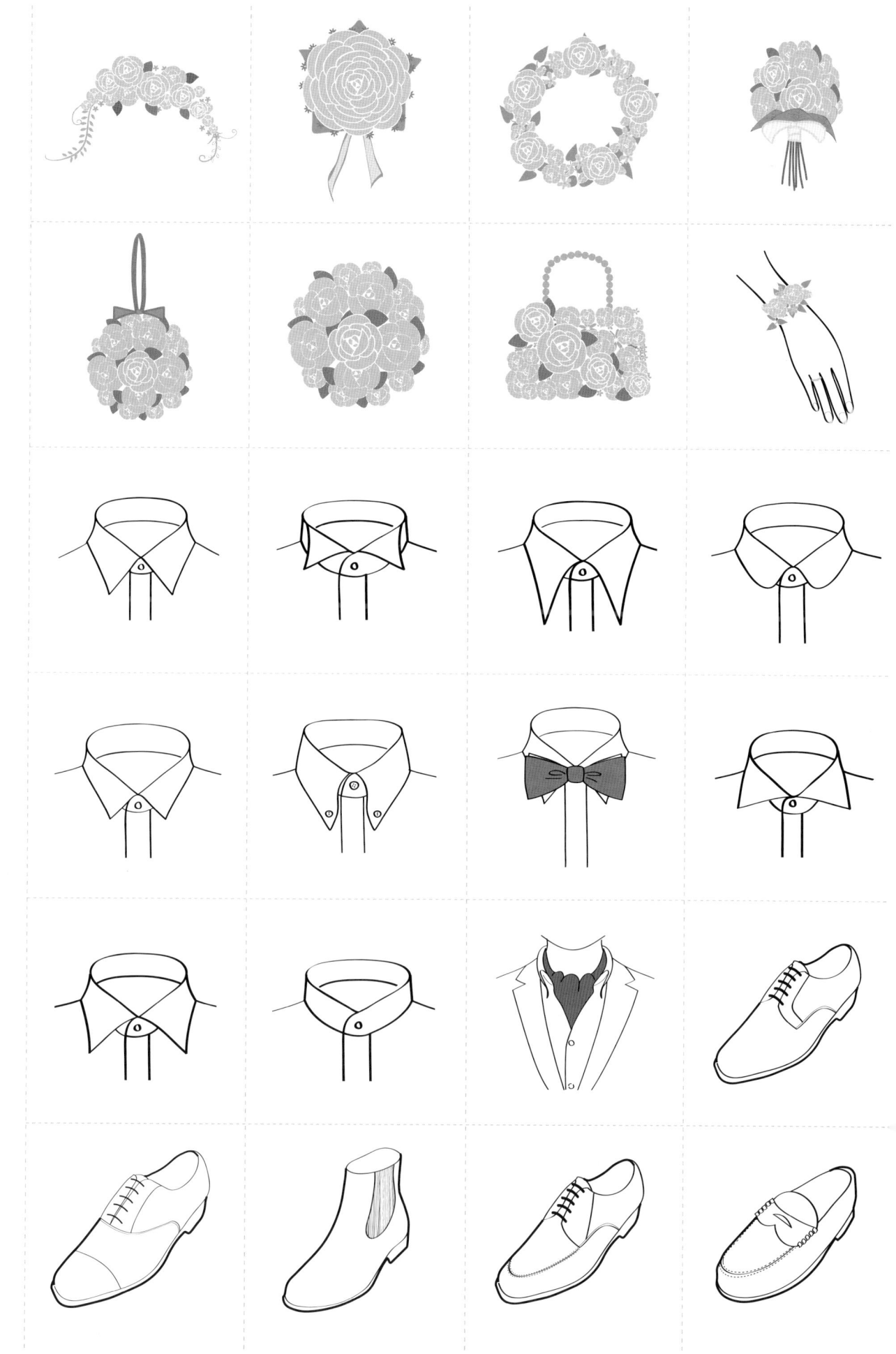

クラッチ	リング	メリア	クレッセント
リスト	バッグ	ラウンド	ボール
ラウンドカラー	ロングポイントカラー	ウイングカラー	レギュラーカラー
ホリゾンタルカラー	蝶ネクタイ	ボタンダウン	ショートポイントカラー
プレーントゥ	アスコットタイ	スタンドカラー	ワイドスプレッド
ローファー	Uチップ	サイドゴアブーツ	ストレートチップ

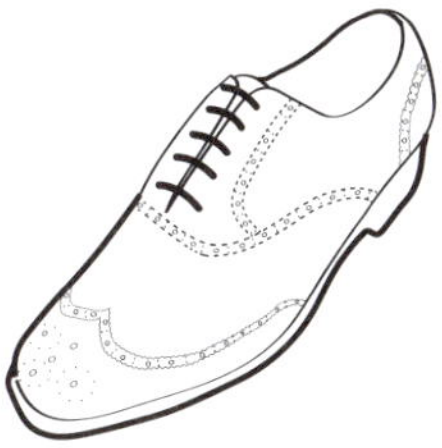
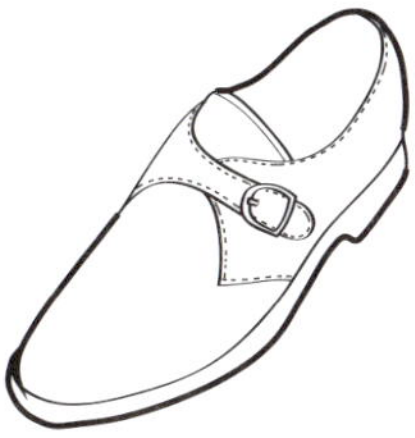
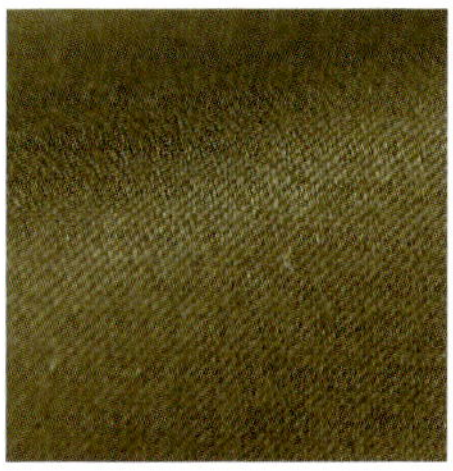
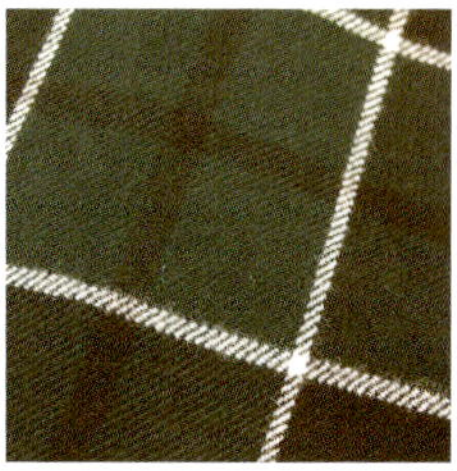
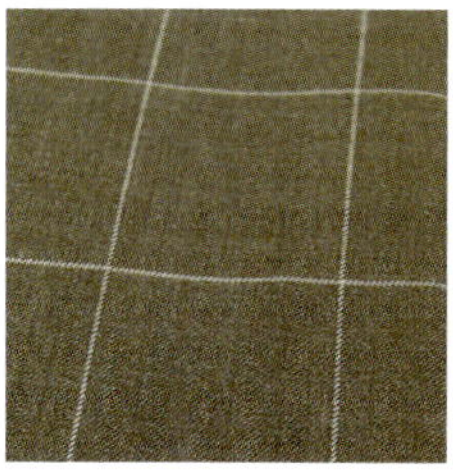
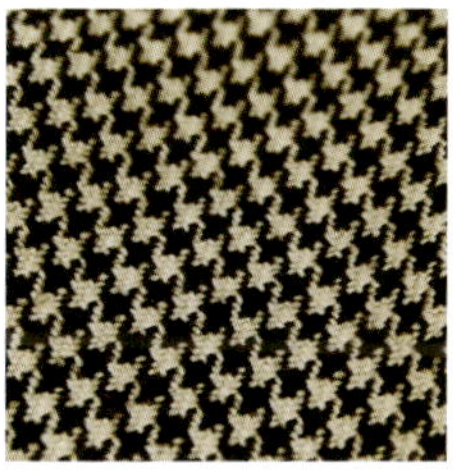
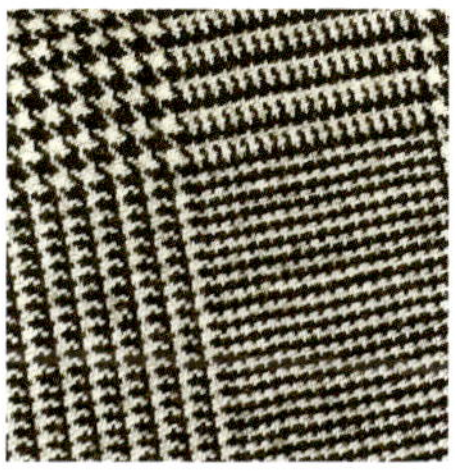
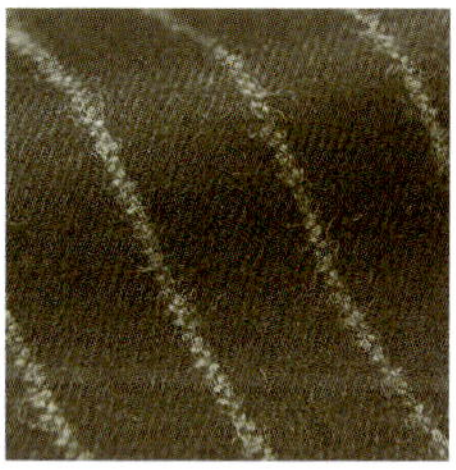
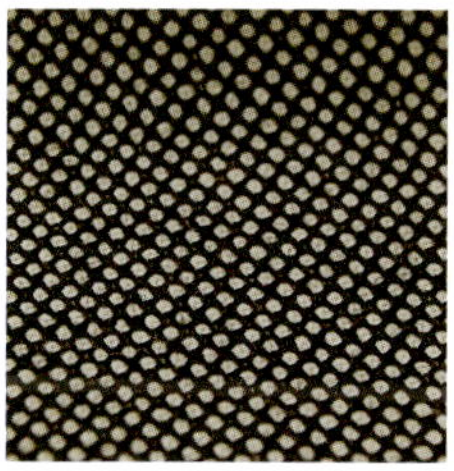
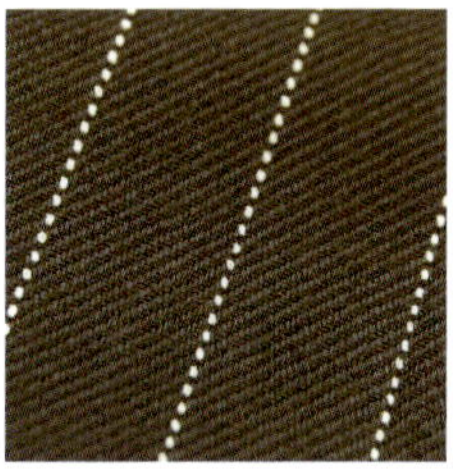
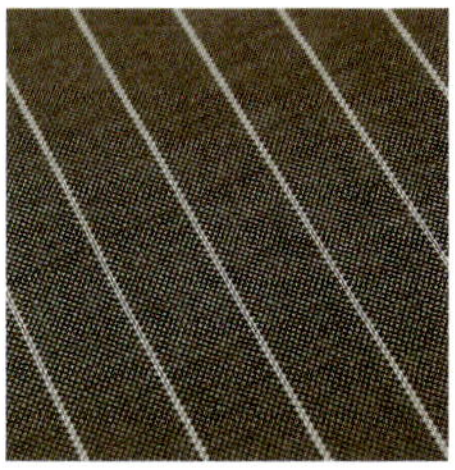
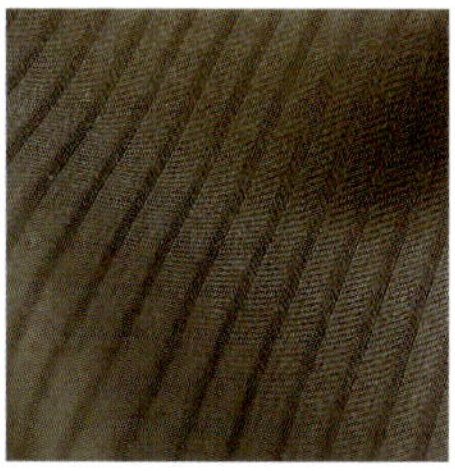
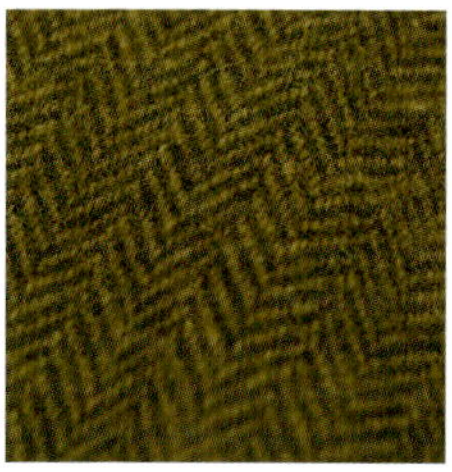
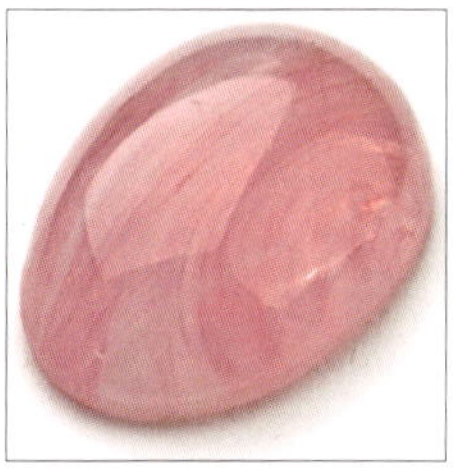
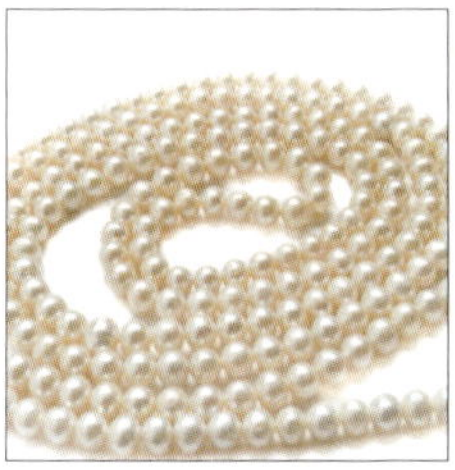
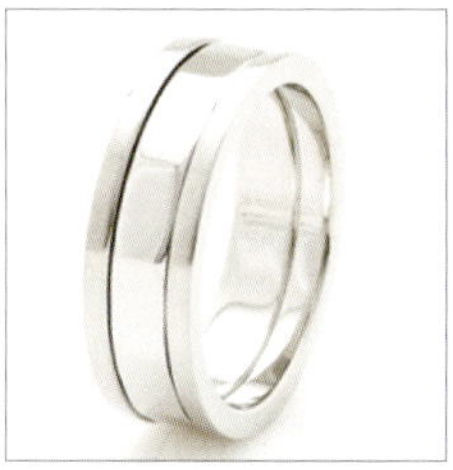
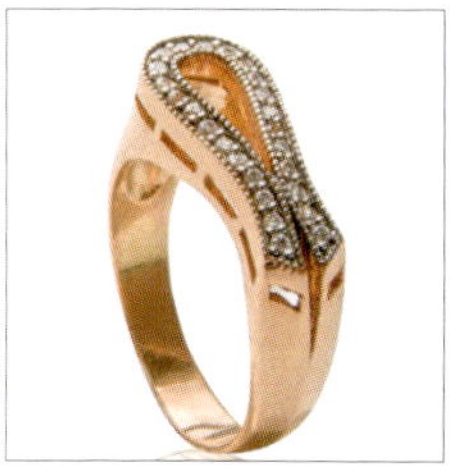
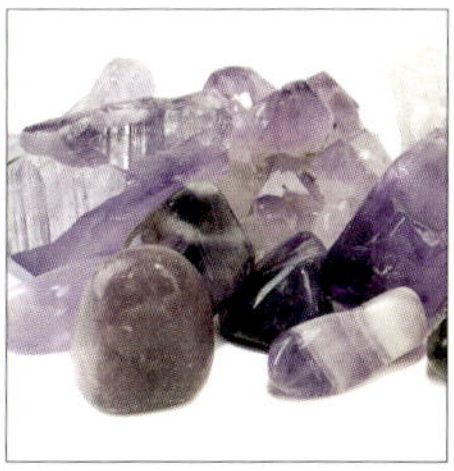
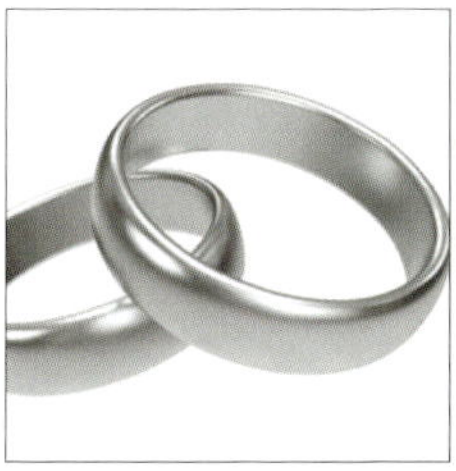
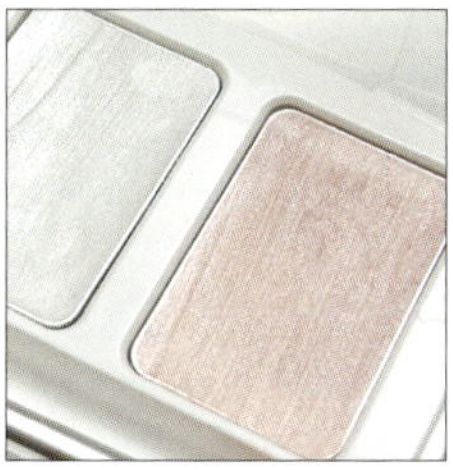
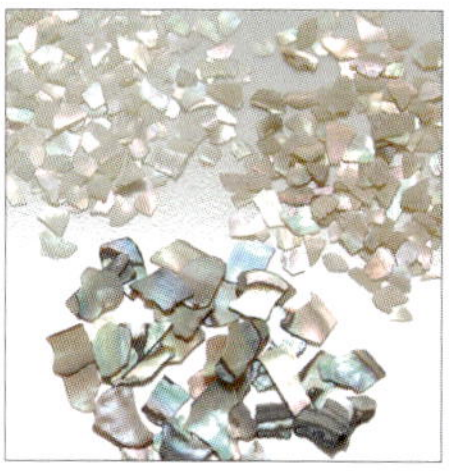

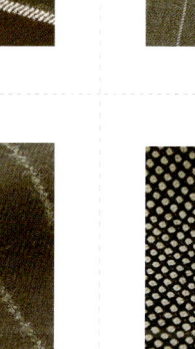

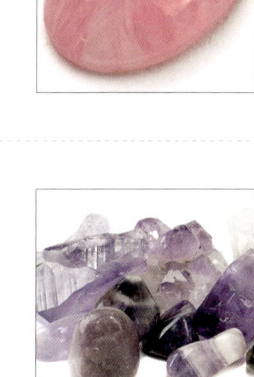

		モンクストラップ	ウイングチップ
ウィンドウペーン	タッタソールチェック		無地（ソリッド）
バーズアイ	チョークストライプ	グレンチェック	千鳥格子（ハウンドトゥース）
ヘリンボーン	シャドウストライプ	ペンシルストライプ	ピンストライプ
ピンクゴールド	シルバー	パール	ローズクォーツ
シェル（ネイル）	パール（メイク・ネイル）	ホワイトゴールド	アメジスト

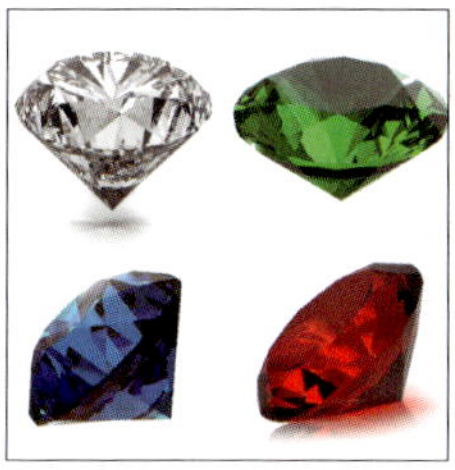
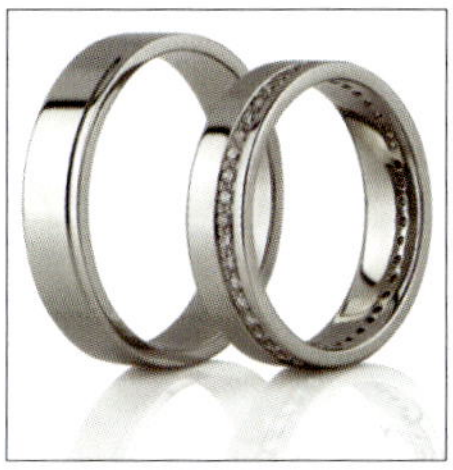
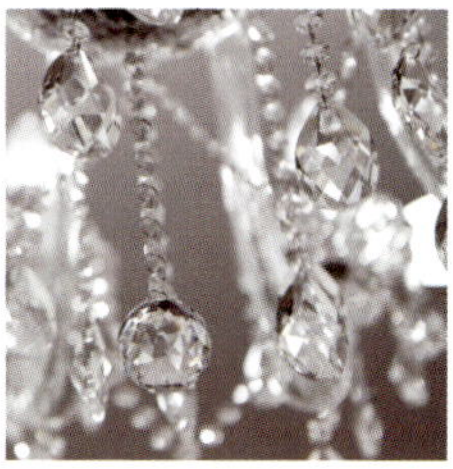
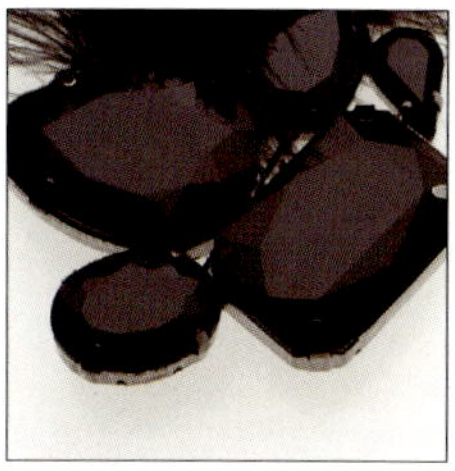
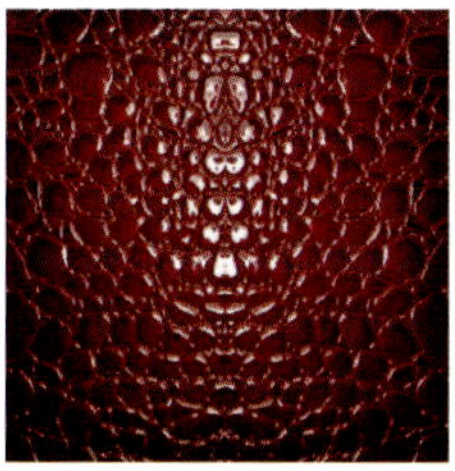
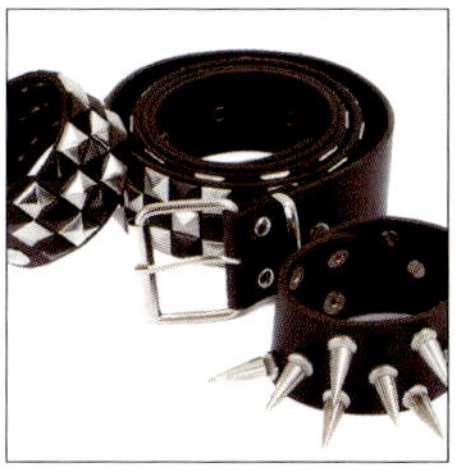
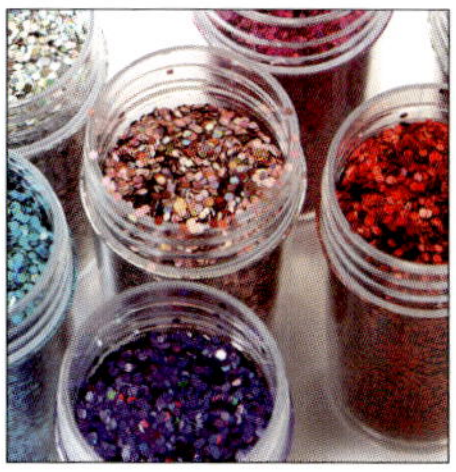
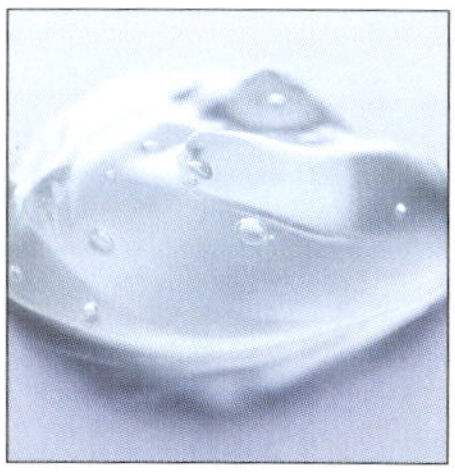
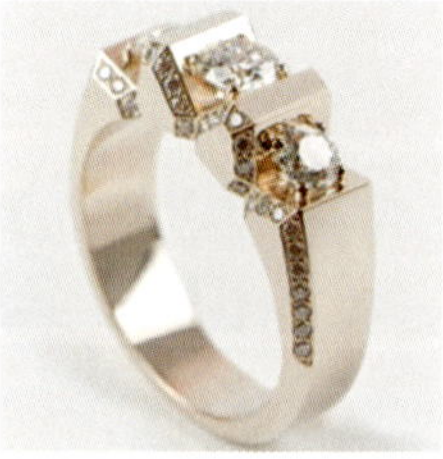
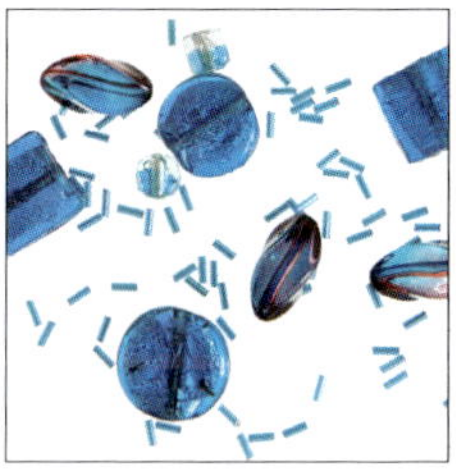
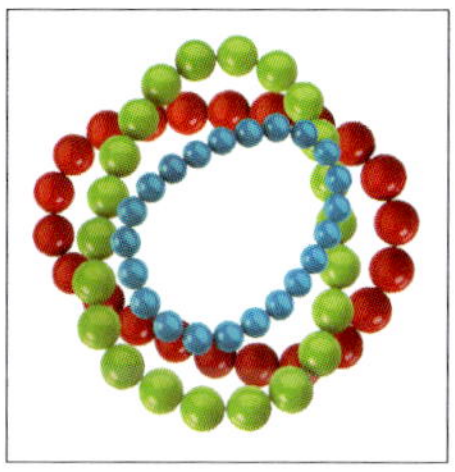
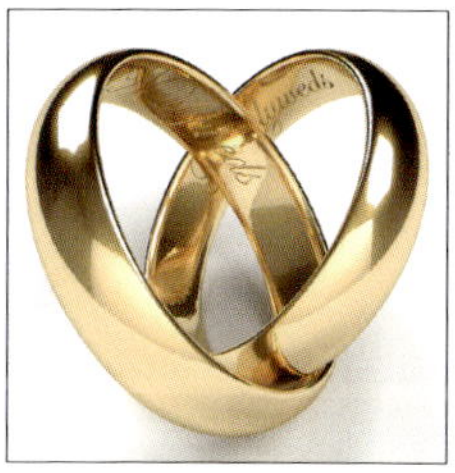
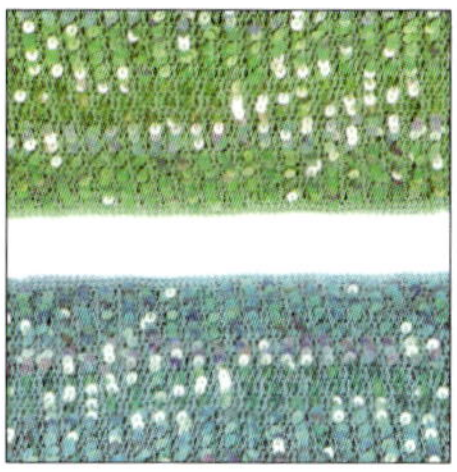
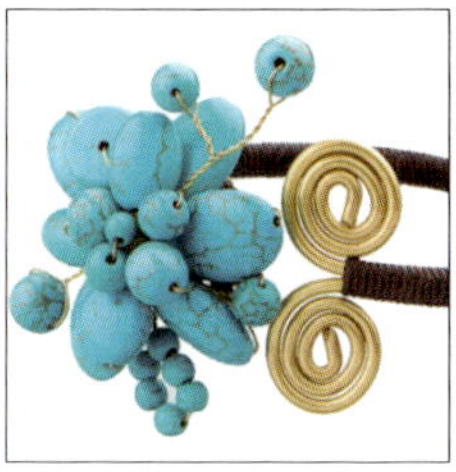
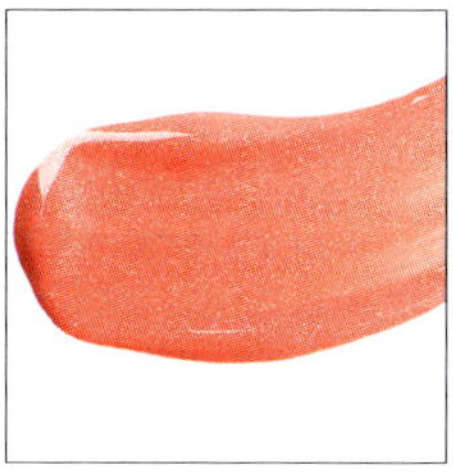
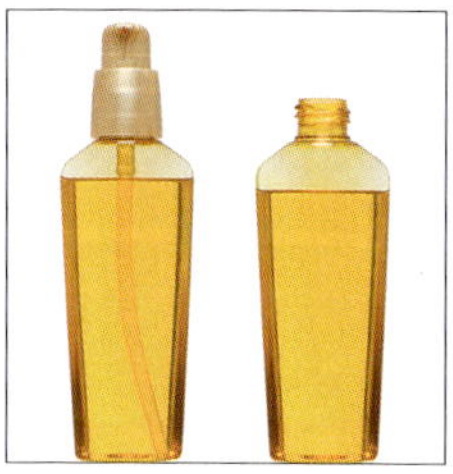
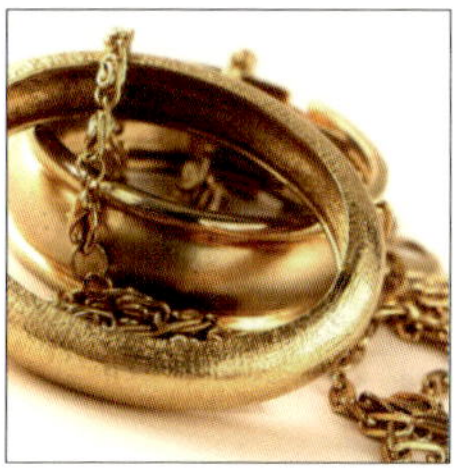
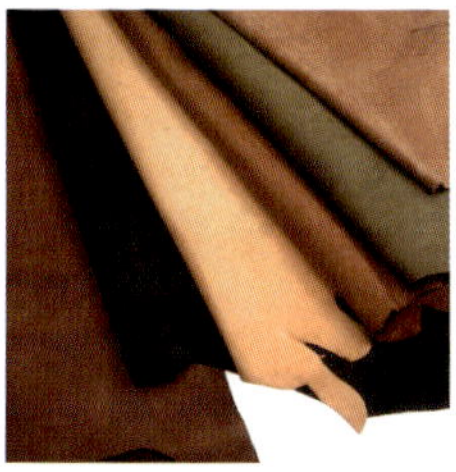
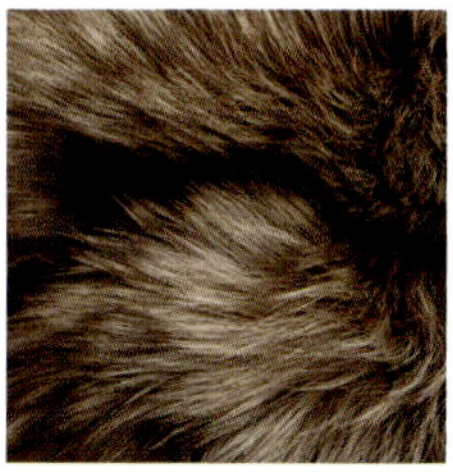
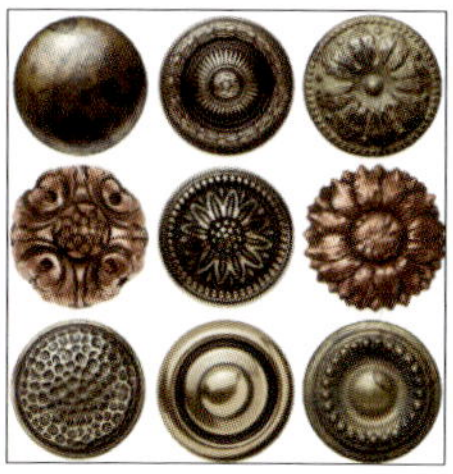
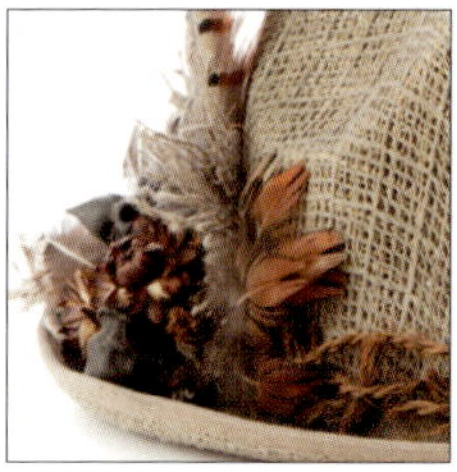
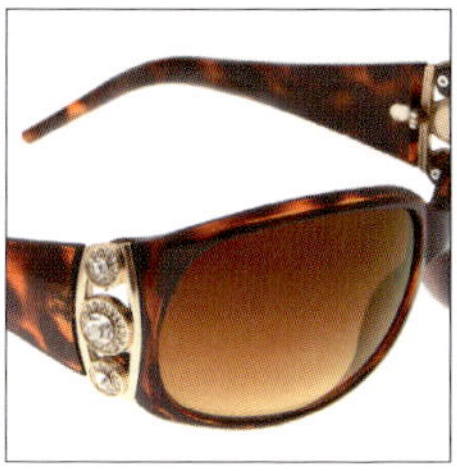
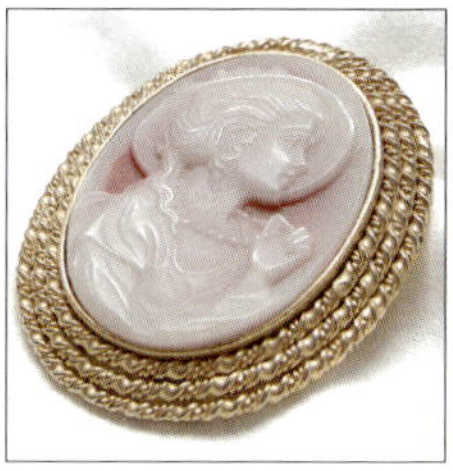
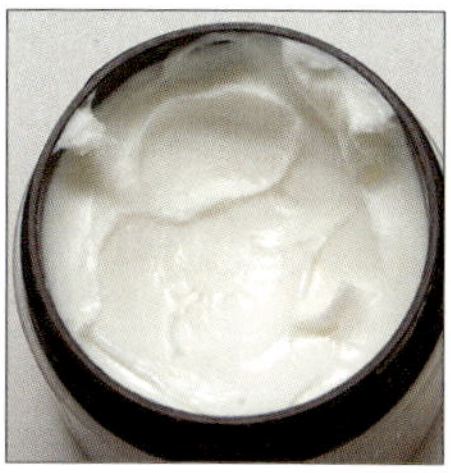

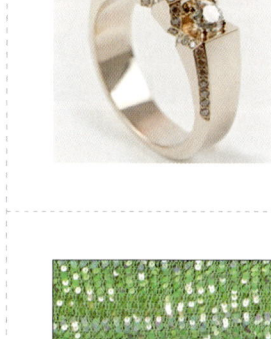

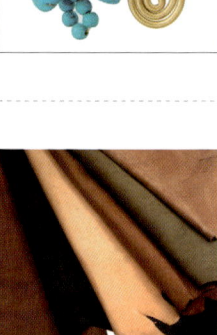

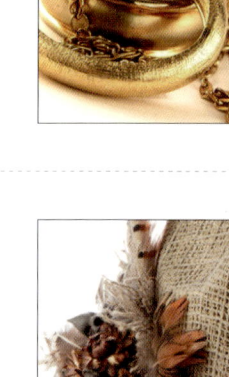

オニキス	スワロフスキー	プラチナ	ダイヤ、エメラルド、サファイア、ルビー
ヘアディップ	グリッター	スタッズ	クロコダイル
イエローゴールド	プラスチック	ビーズ・ガラス玉	シャンパンゴールド
ヘアオイル	リップグロス	ターコイズ	スパンコール
ブロンズ	毛皮	皮革(ひかく)	ゴールド
ヘアワックス	カメオ	べっ甲	木・石・麦・籐(とう)

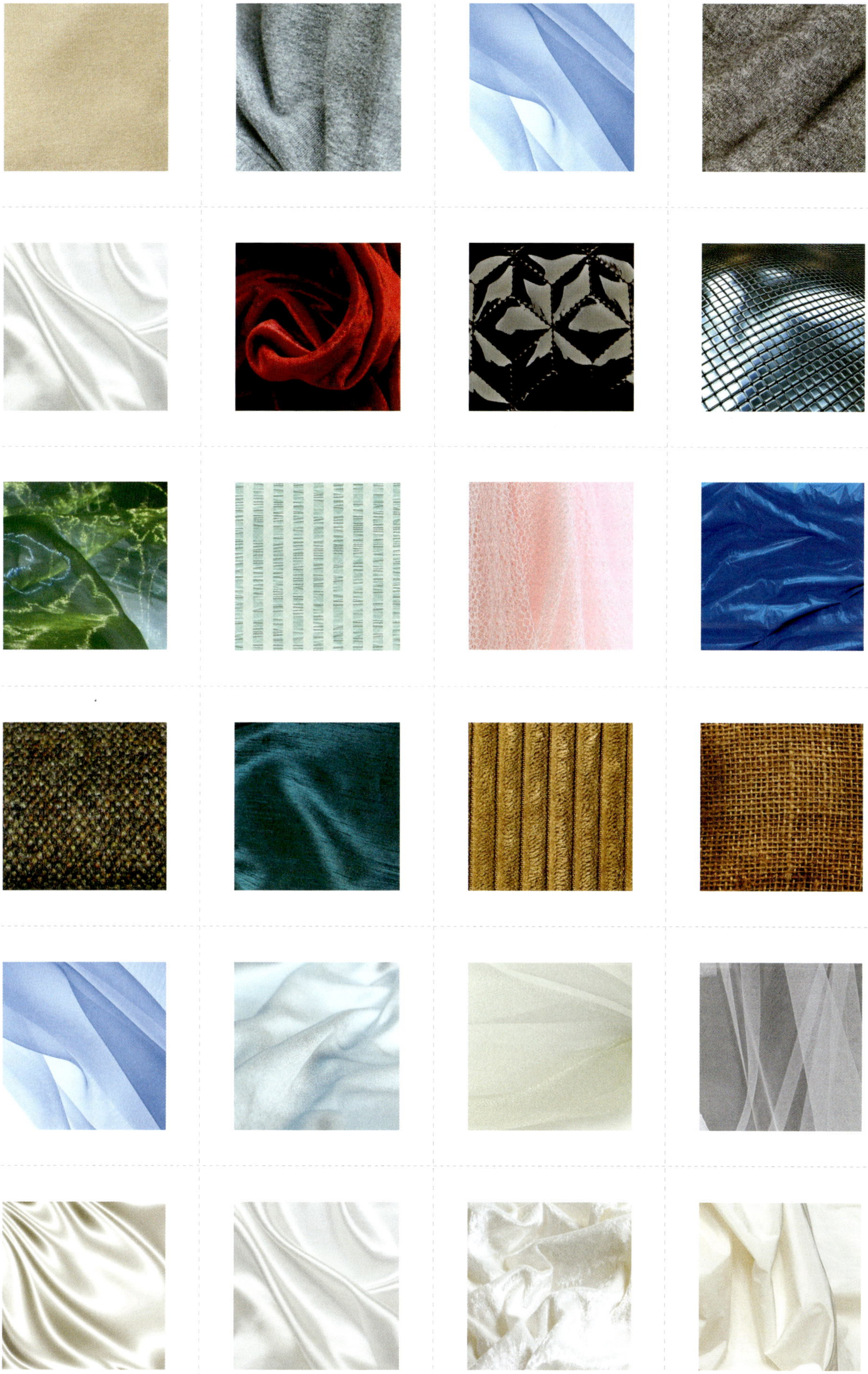

アンゴラ	シフォン	ジャージ	カシミヤ
メタリック	エナメル	ベルベット	サテン
ナイロン	チュール	サッカー	オーガンジー
麻	コーデュロイ	シャンタン	ツイード
チュール	オーガンジー	ジョーゼット	シフォン
タフタ	ベルベット	サテン	ミカド

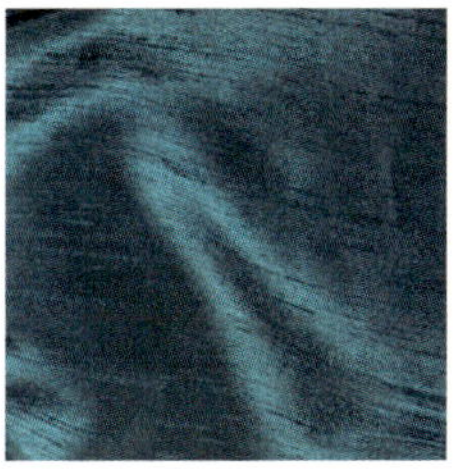
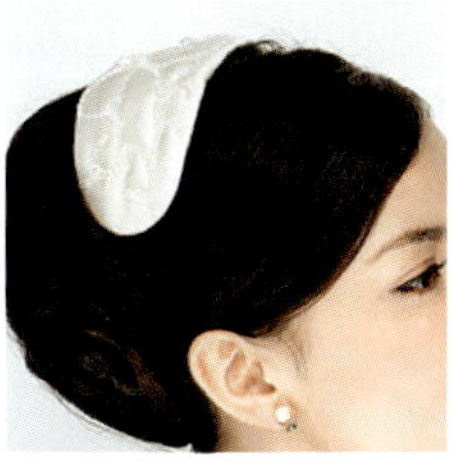
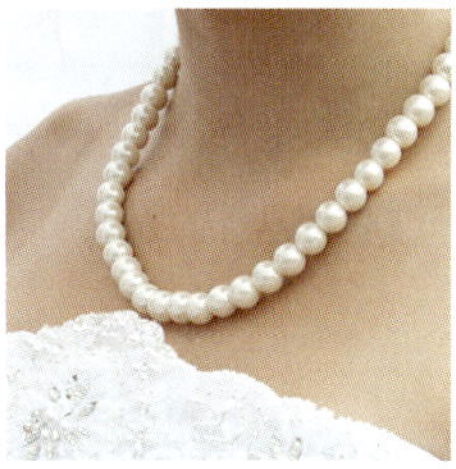
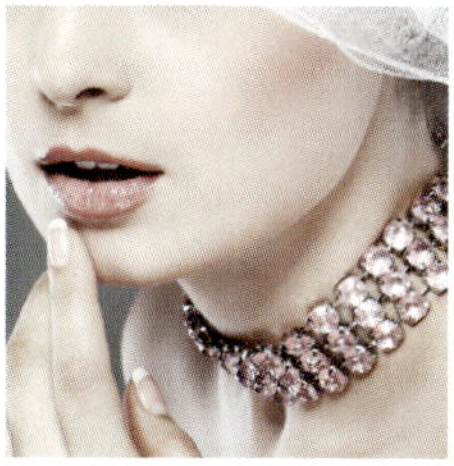
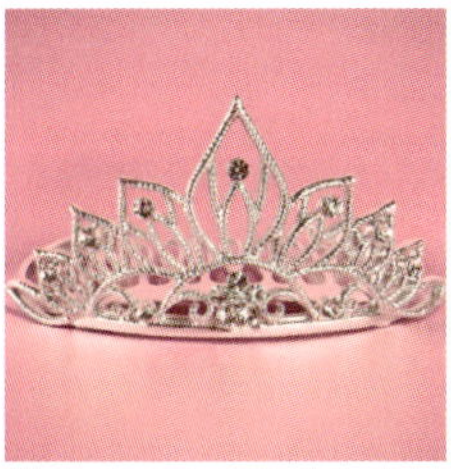
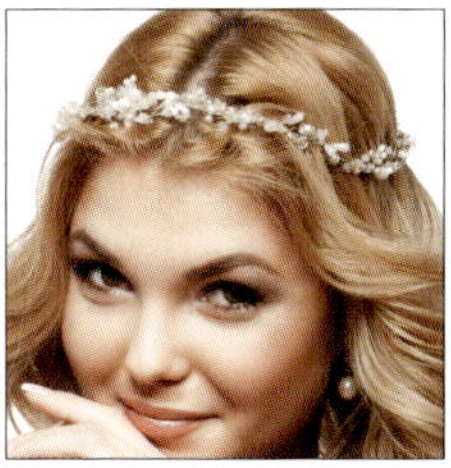
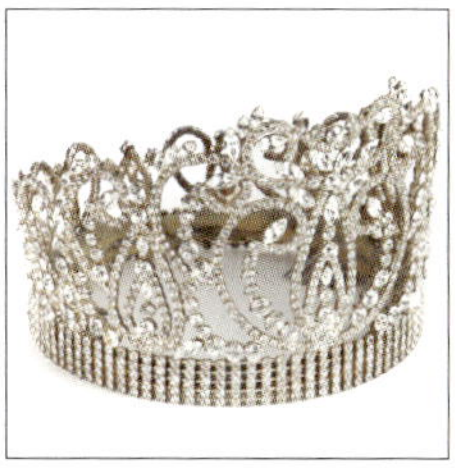
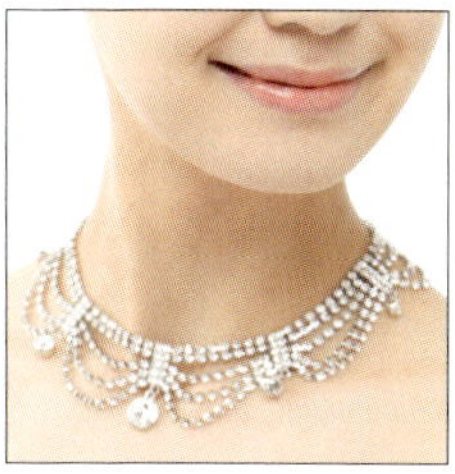
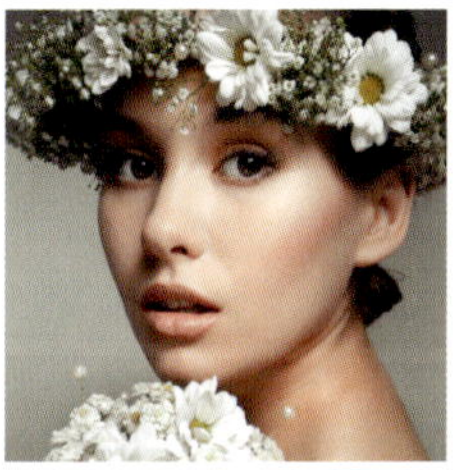
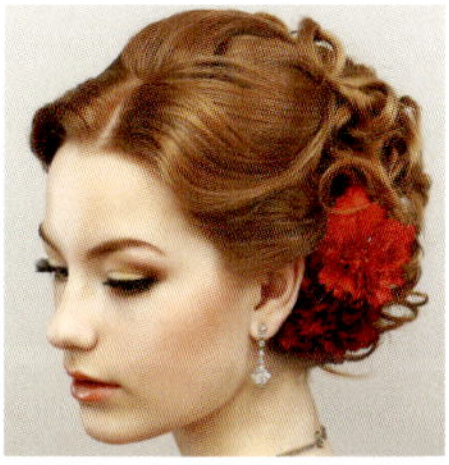
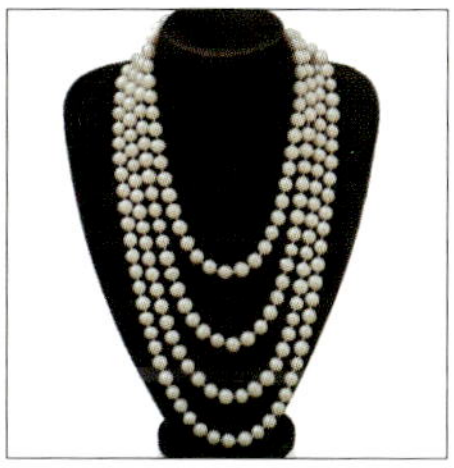
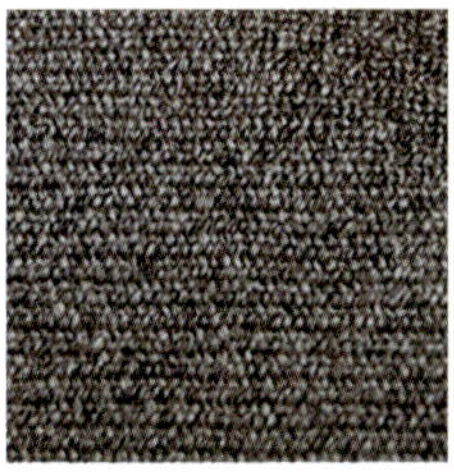

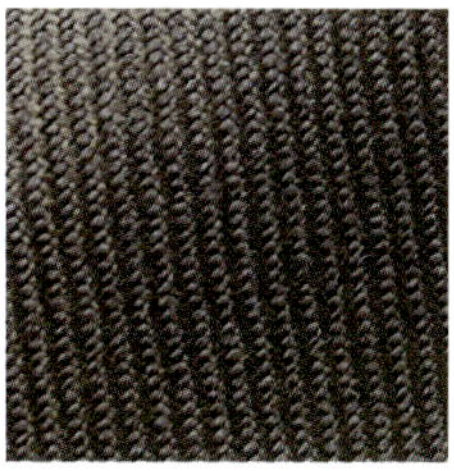
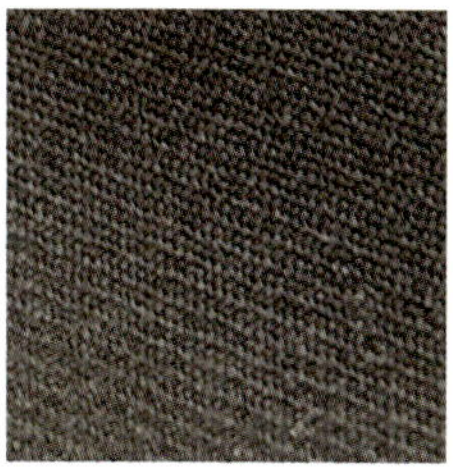
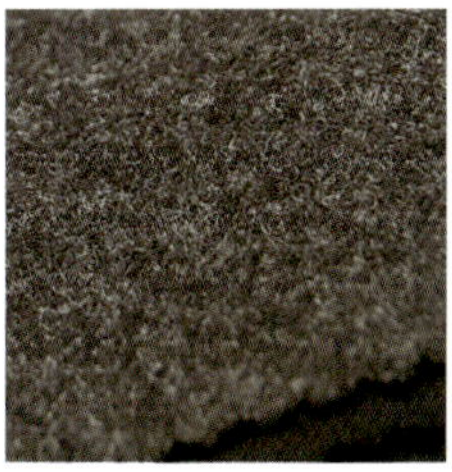
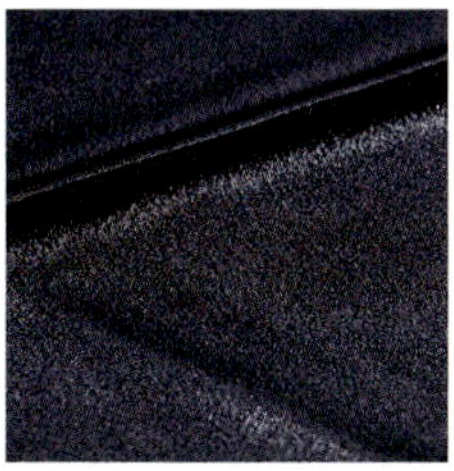
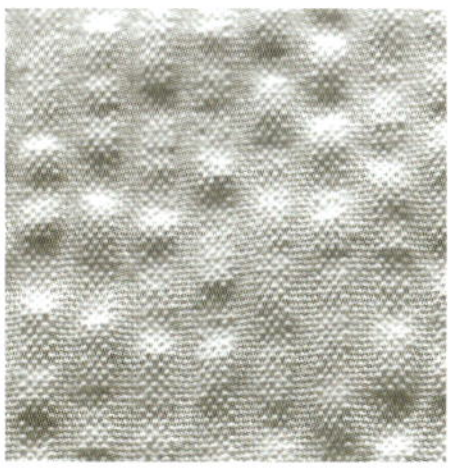
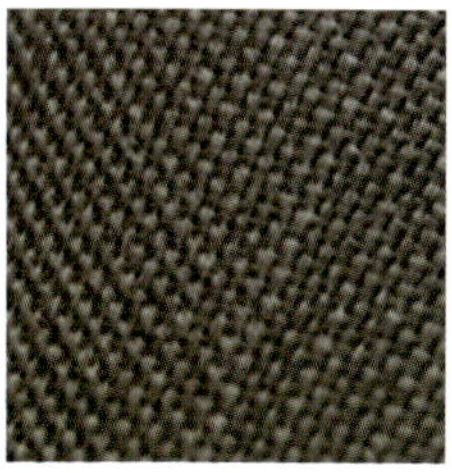
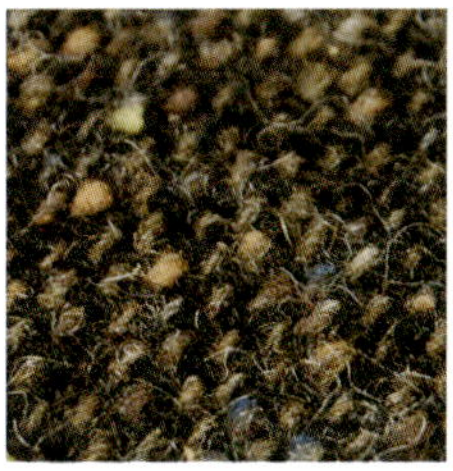
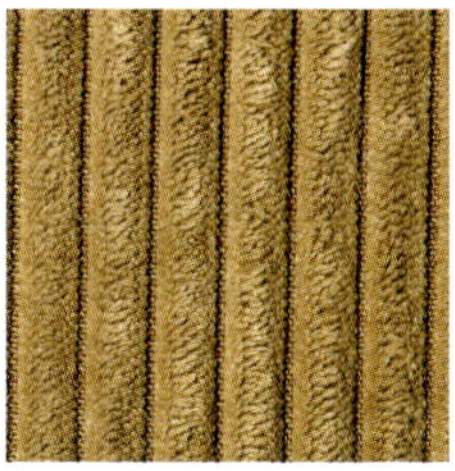

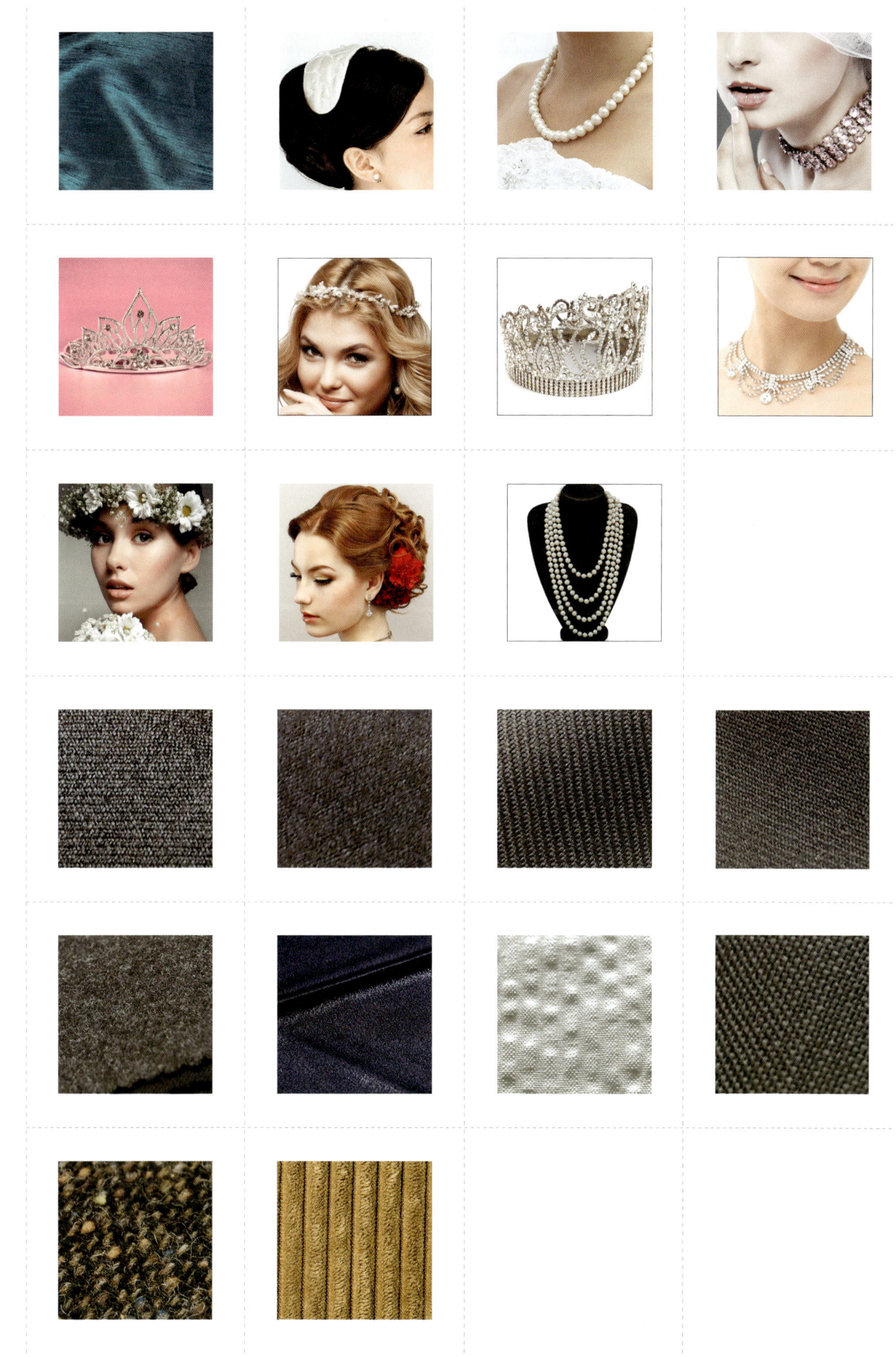

チョーカー	ユニフォーム	ボンネ	シャンタン
ビブ	クラウン	ラリエット	ティアラ
	ロング	コサージュ	花冠
サージ	ギャバジン	サキソニー	トロピカル
リネン(麻)	シアサッカー	サテン	フランネル
		コーデュロイ	ツイード

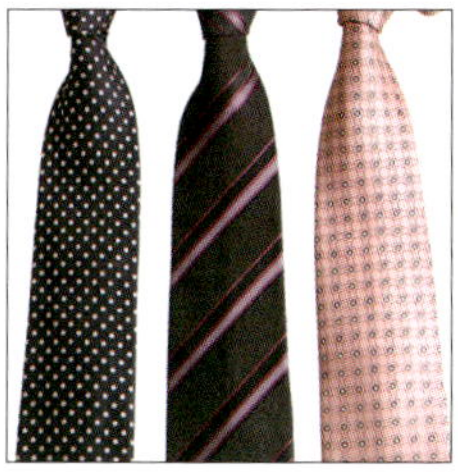
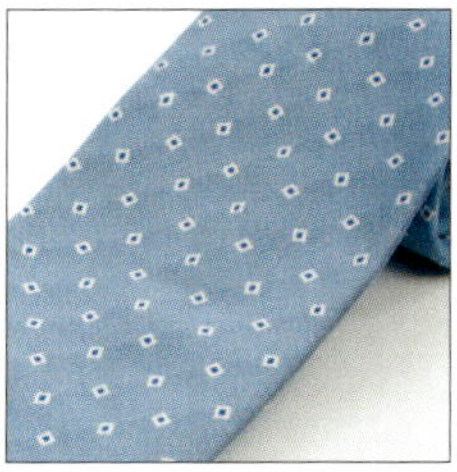
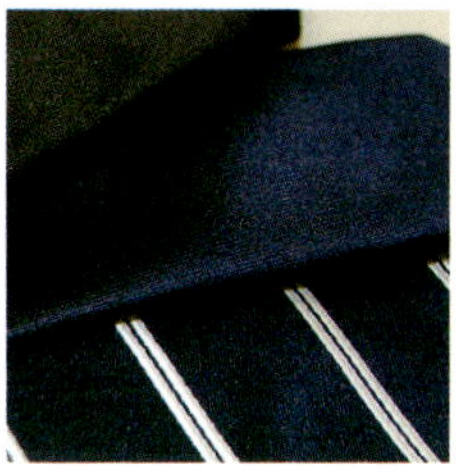
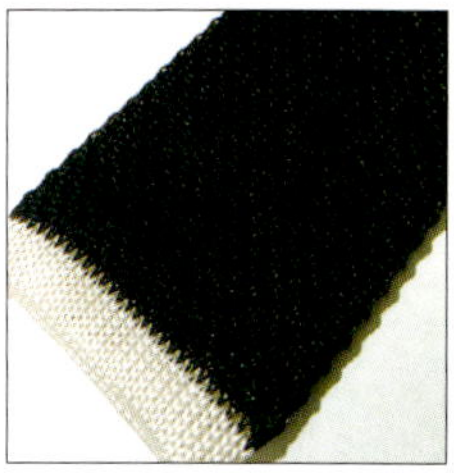
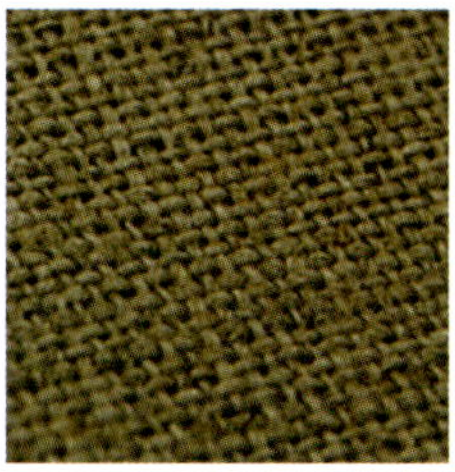
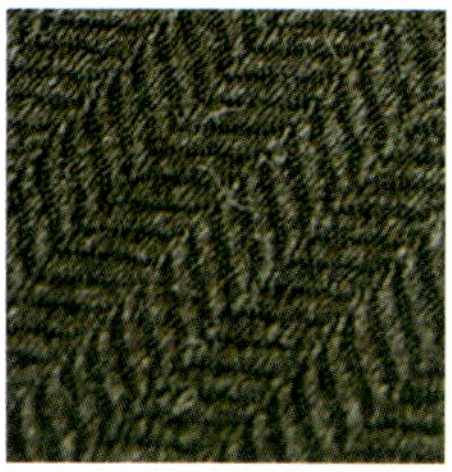
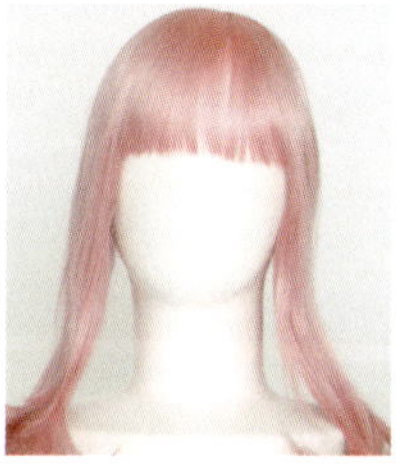
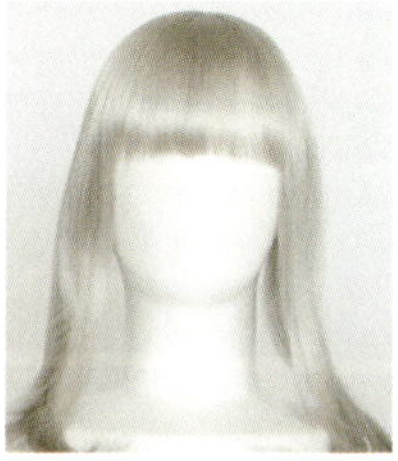
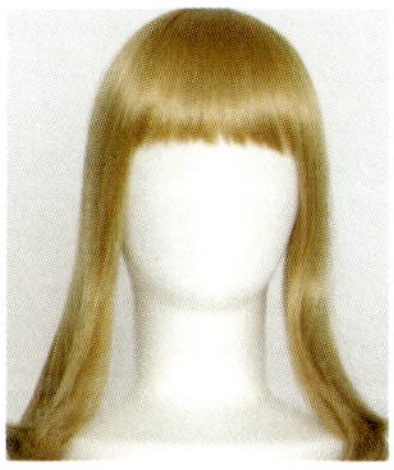
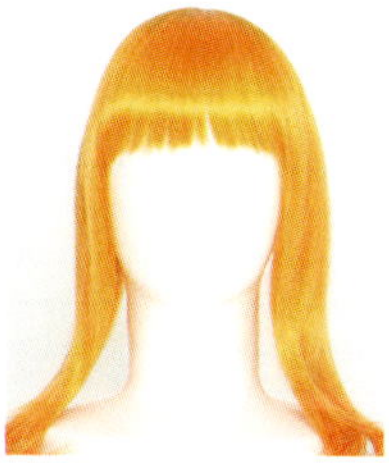
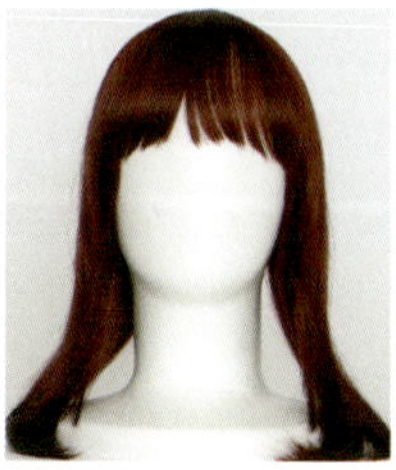
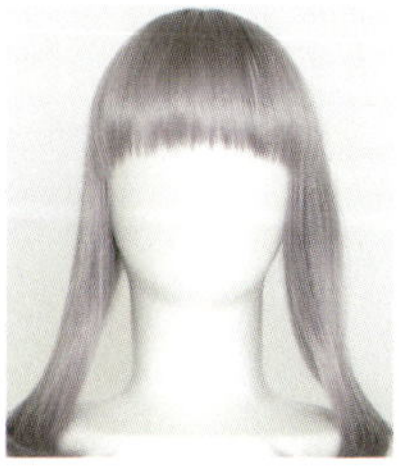
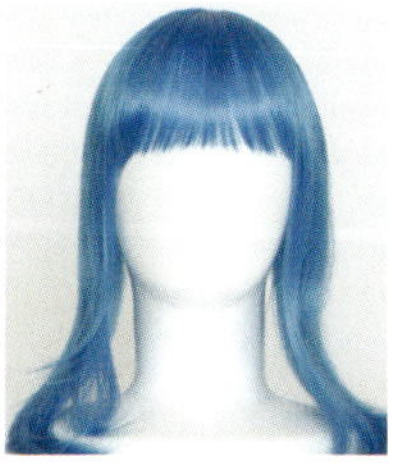
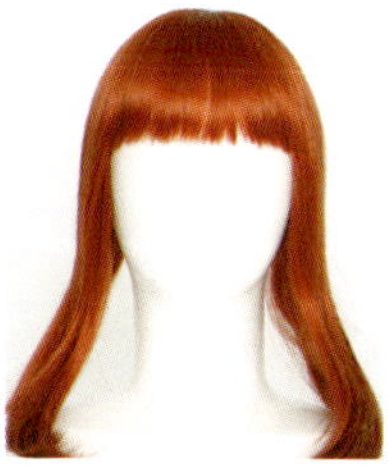
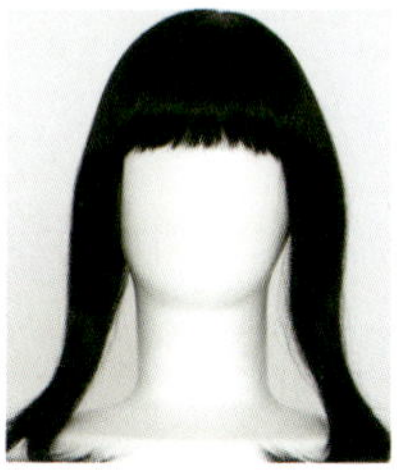
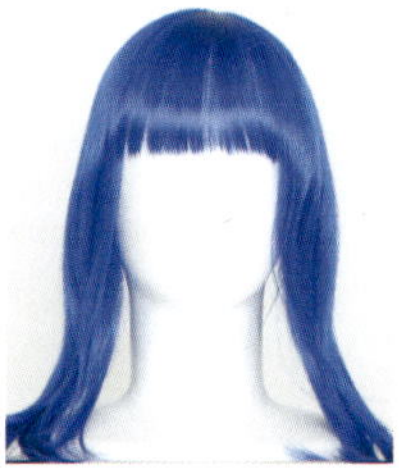
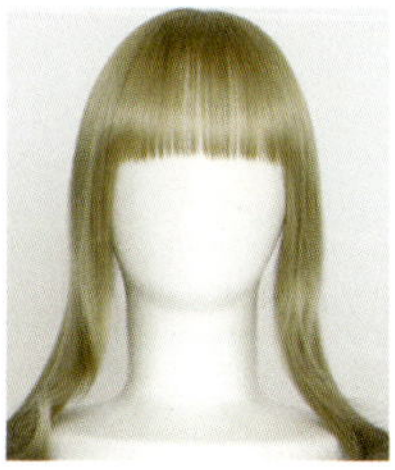
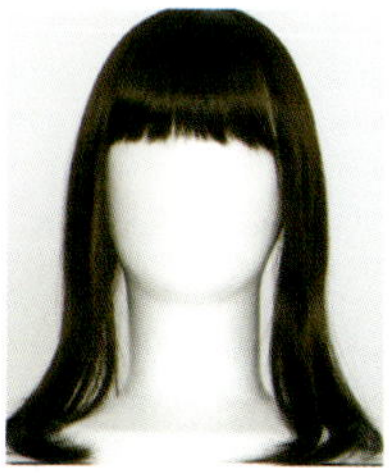

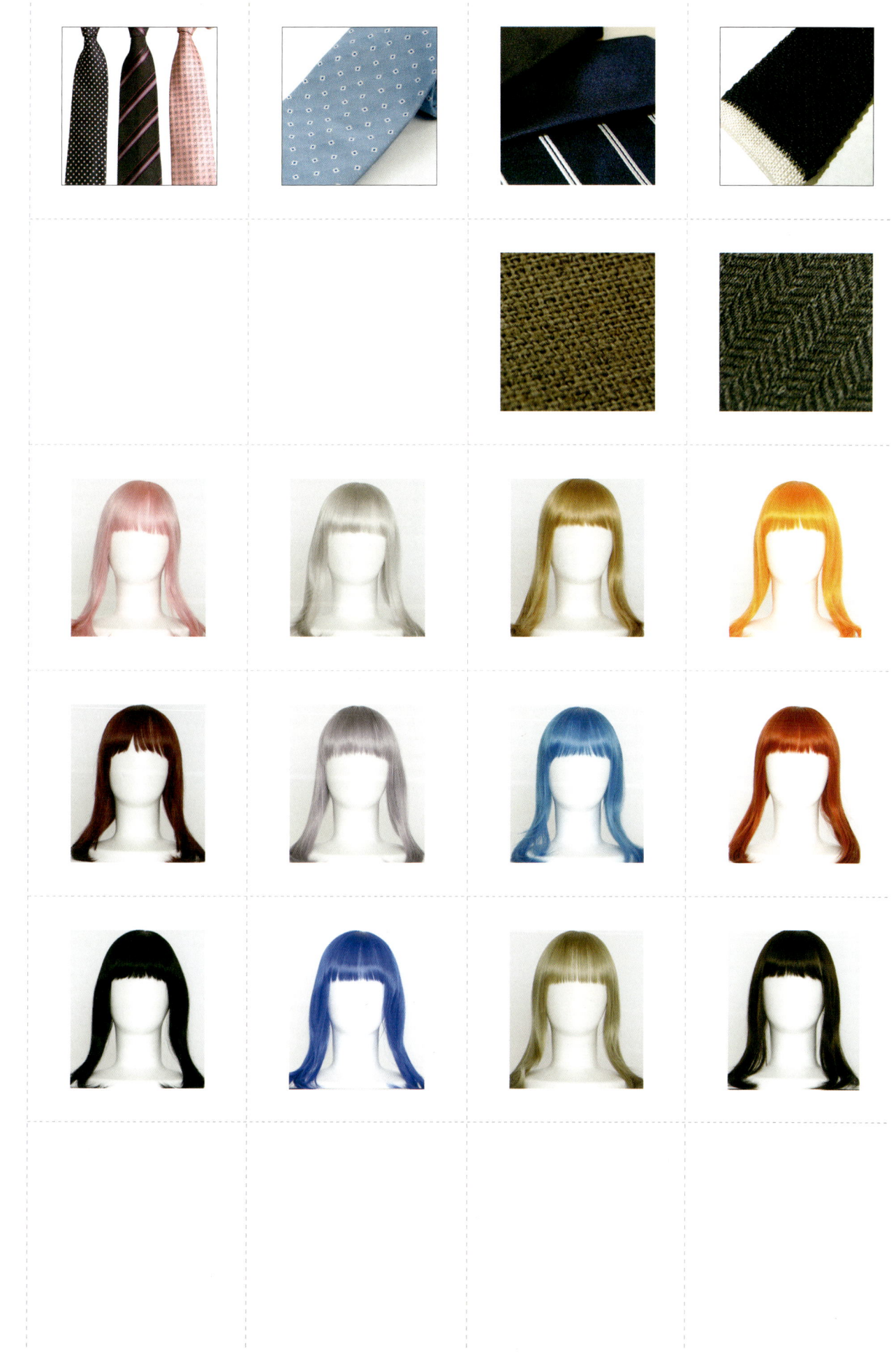

ニット	サテン	コットン	シルク
ウール	リネン (麻)		
オレンジ	ゴールド	シルバー	ピンク
カッパー	ターコイズ	パープル	ワイン
ブラウン	グリーン	ブルー	ブラック

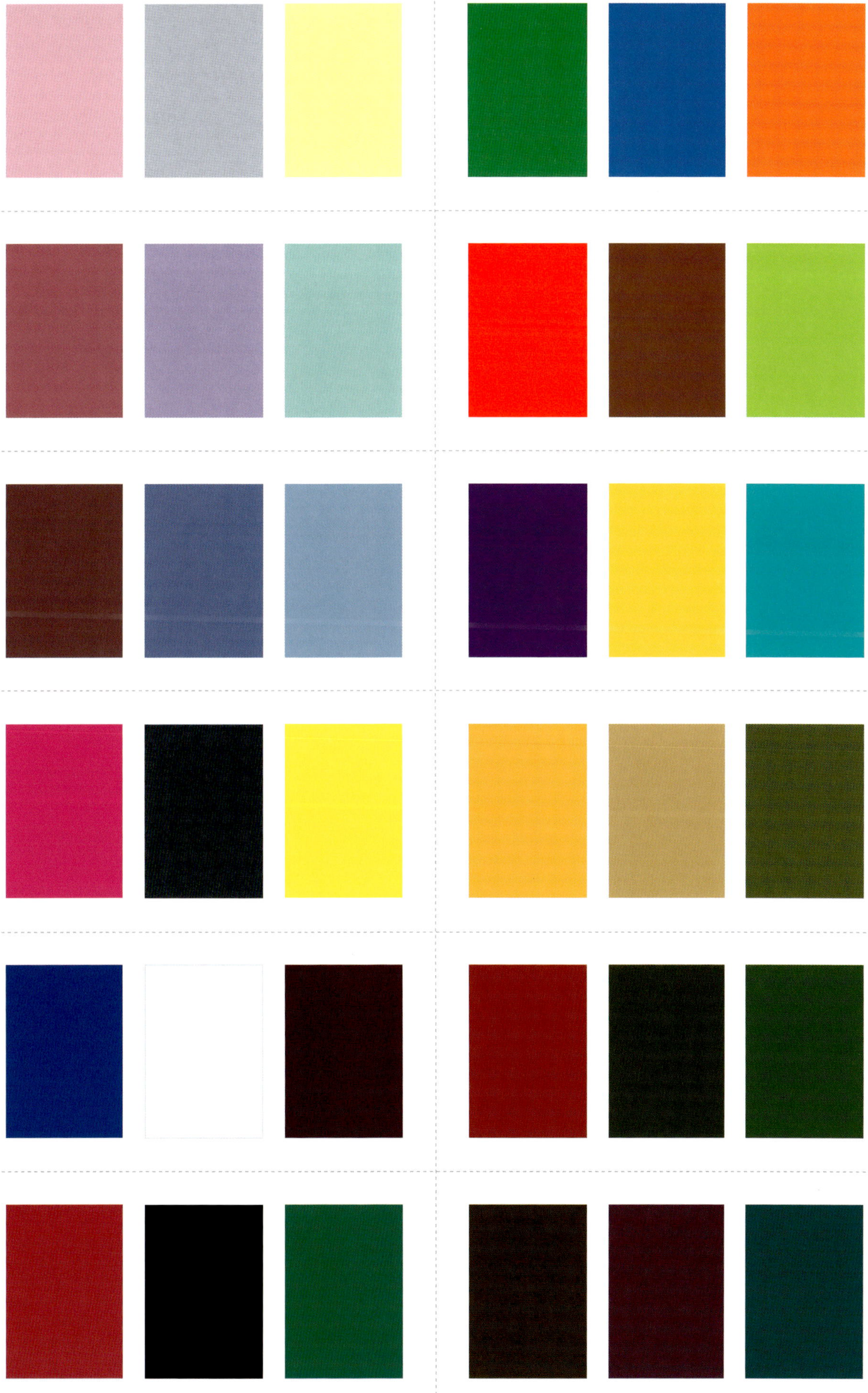

ブライト 横1	アクア 横1
ブライト 横2	アクア 横2
ブライト 横3	アクア 横3
アース 横1	クリスタル 横1
アース 横2	クリスタル 横2
アース 横3	クリスタル 横3

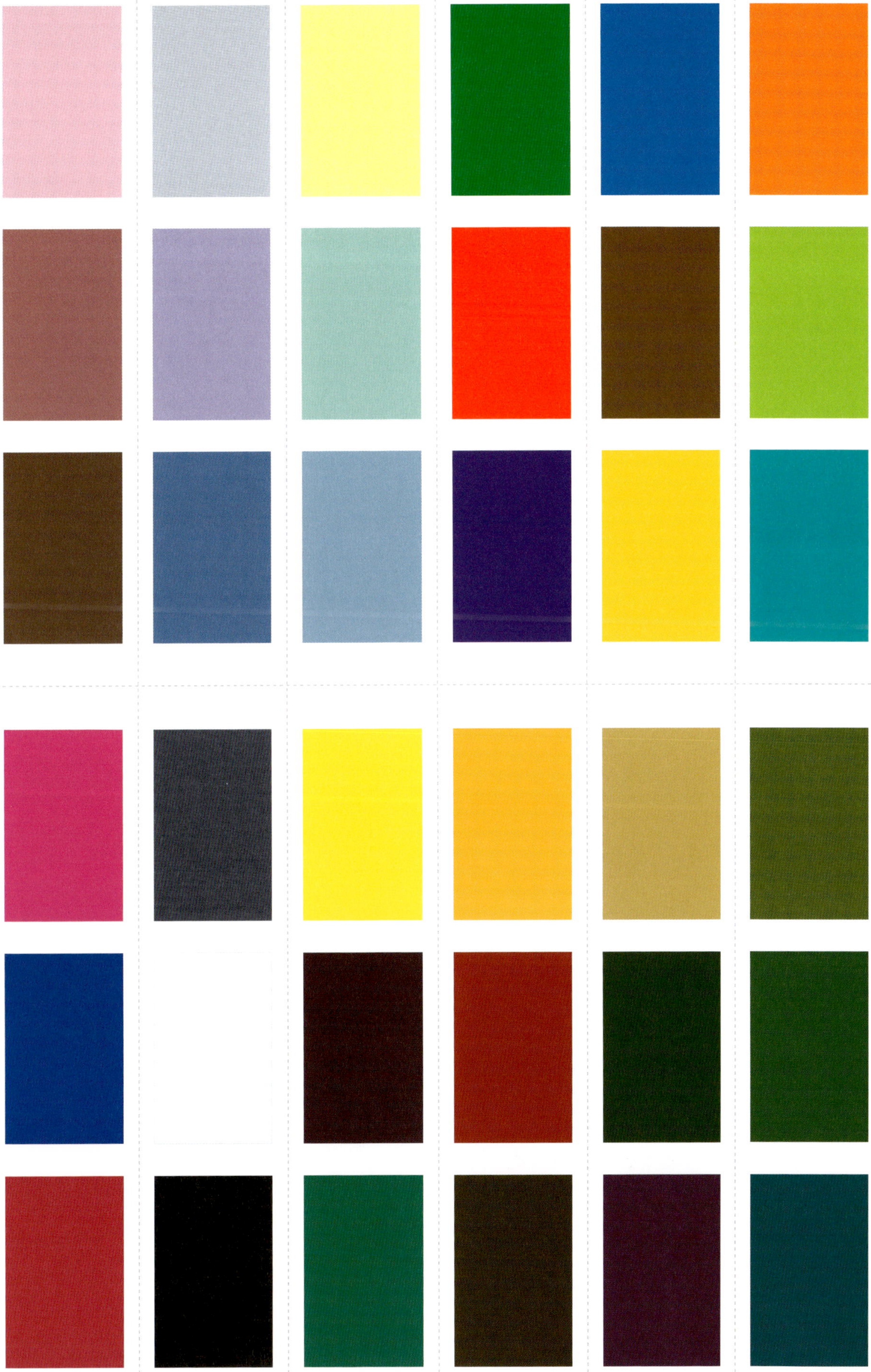

ブライト
縦3

ブライト
縦2

ブライト
縦1

アクア
縦3

アクア
縦2

アクア
縦1

アース
縦3

アース
縦2

アース
縦1

クリスタル
縦3

クリスタル
縦2

クリスタル
縦1

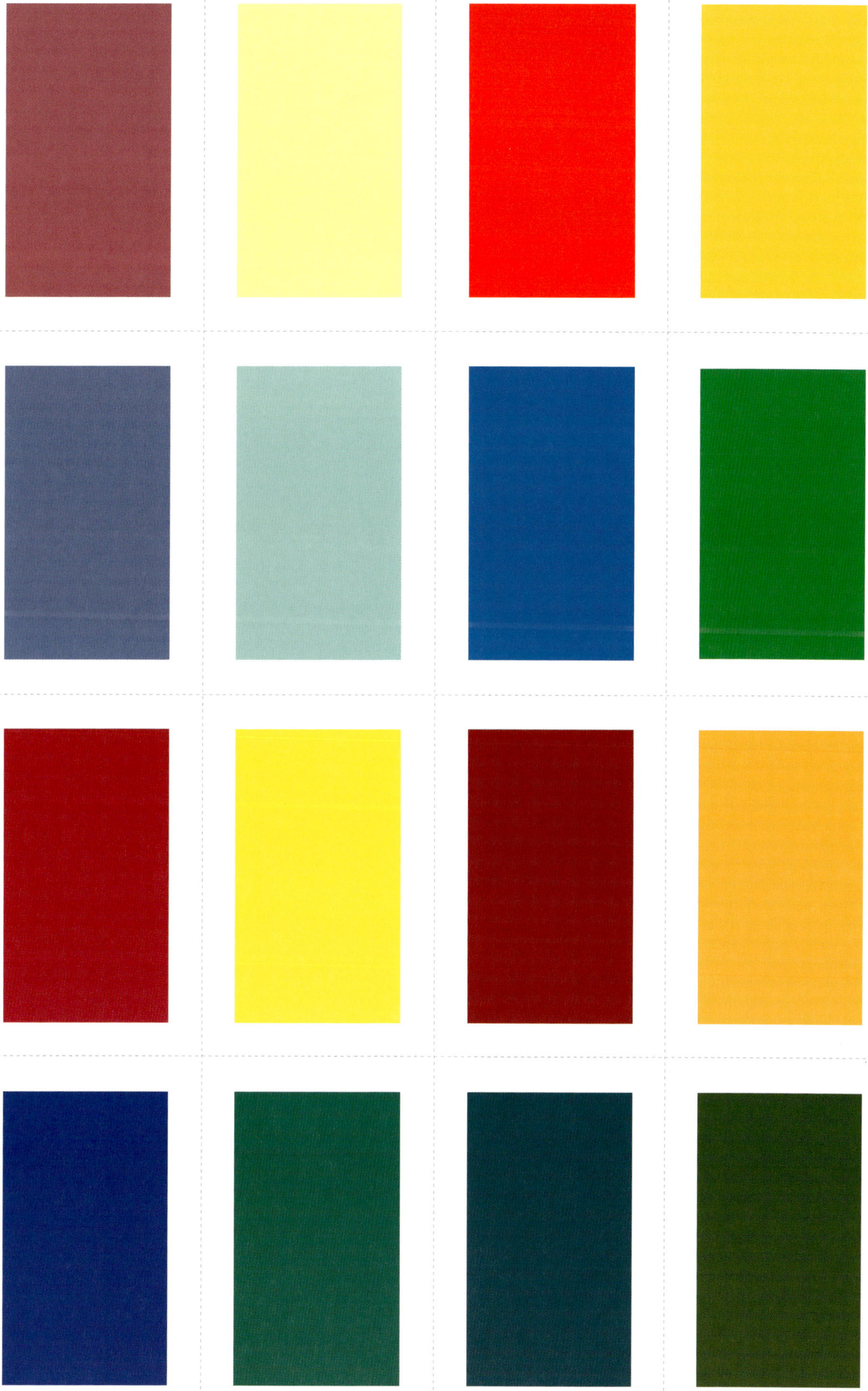

ブライト 黄	ブライト 赤	アクア 黄	アクア 赤
ブライト 緑	ブライト 青	アクア 緑	アクア 青
アース 黄	アース 赤	クリスタル 黄	クリスタル 赤
アース 緑	アース 青	クリスタル 緑	クリスタル 青

おわりに

　Styling Map 検定テキストはいかがでしたでしょうか。4つのテイスト、6つのゾーン、それぞれの特徴はおぼえられましたか。論理的に Styling Map のメソッドを学んでみると、自分の好みではなく自分の個性や特徴を客観的に理解できたのではないでしょうか。

　ファッションは相手に与える影響が非常に大きいものです。知識があると、お客さまへの提案はもちろん、自分をより輝かせるスタイリングができるようになります。

　本書で基本を学習したら、身近な物や家族や友人の分類・分析をして、ぜひたくさんの経験を積んでください。知識を蓄え、そこに繰り返しの練習を積み重ねて初めて、自分のテクニックとなっていくからです。きちんとした裏付けをもとに、たくさんの実験と検証があって、プロフェッショナルといえます。知識だけあっても実践が伴わないと真のプロフェッショナルとはいえないでしょう。

　本書のワークや日常での観察や分析した量、経験した量によって、自分の力に自信がもてるようになります。

　みなさまのスタイリングスキルが上がり、お客さまによろこんでいただき、より充実した毎日になることを願ってやみません。

一般社団法人日本ファッションスタイリスト協会
代表理事　あいざわ　あゆみ

STAFF

- 表紙・本文デザイン／飯室雅子
- イラスト／大根マリネ、永田侑妙、まえだゆかり
- 取材・文／石井信子、小林三紀恵、中澤 舞、丸山さえ美
- 編集まとめ／島上絹子（スタジオパラム）

- 協力／岩崎清美、鈴木詩織、鈴木和美、園田順治、
  染谷明る実、戸澤直亮、八尋真澄、ネイルスタイリストサロン

編集内容に関するお問い合わせは
一般社団法人日本ファッションスタイリスト協会
〒150-0001 東京都渋谷区神宮前6-18-3
神宮前エスビル3階
電話 03-5464-0810　FAX 03-5464-0790
http://stylist-kyokai.jp/

Styling Map 検定テキスト

2016年4月1日　初版第1刷発行
2021年11月1日　第5刷発行

著　者　　一般社団法人日本ファッションスタイリスト協会
　　　　　代表理事　あいざわあゆみ

発行者　　川島 顕
発行所　　株式会社サンワードメディア
　　　　　〒107-0062 東京都港区南青山6-11-1
　　　　　スリーエフ南青山ビルディング3階
　　　　　電話 03-6805-0583
発売所　　株式会社祥伝社
　　　　　〒101-8701 東京都千代田区神田神保町3-3
　　　　　電話 03-3265-2081（販売部）
印刷・製本　凸版印刷株式会社

ISBN978-4-396-69217-9 C0076
ⓒ Fashion Stylist Association of Japan 2016　Printed in Japan
祥伝社のホームページ　http://www.shodensha.co.jp

■造本には十分注意しておりますが、万一、落丁、乱丁などの不良品がありましたら、「販売部」あてにお送りください。送料は小社負担にてお取り替えいたします。ただし、古書店で購入されたものについてはお取り替えできません。
■本書の無断複写は著作権法上での例外を除き禁じられています。また、代行業者など購入者以外の第三者による電子データ化及び電子書籍化は、たとえ個人や家庭内での利用でも著作権法違反です。